GRAF MICHAEL REUTERN

Die

Finanzielle Sanierung Rußlands

nach der Katastrophe des Krimkrieges 1862 bis 1878 durch den Finanzminister

Michael von Reutern

Herausgegeben und mit einer biographischen Skizze versehen von

W. Graf Reutern-Baron Nolcken

Berlin

Druck und Verlag von Georg Reimer

1914

Vorwort.

Das vorstehende Buch wurde im Jahre 1910 in Petersburg in russischer Sprache herausgegeben.

Zweck der Herausgabe war der Wunsch, die Persönlichkeit und das Wirken eines der hervorragendsten, aber auch der bestvergessenen Mitarbeiter Kaiser Alexanders II. wieder in Erinnerung zu bringen.

Dieses Ziel wurde nur sehr unvollkommen erreicht. Die Gestalt eines Staatsmannes von deutsch-baltischer Herkunft, der in seiner Gesinnung russischer Patriot, nicht aber Slawe war und der stets und überall die slawophilen Tendenzen bekämpft hatte, konnte in der Jetztzeit nicht auf das Interesse und die Sympathien weiterer russischer Kreise rechnen, und so ist denn das russische Buch heute fast ebenso vergessen wie das Andenken des Mannes, dem es galt.

Wenn ich mich nun entschließe, dasselbe Buch in deutscher Sprache erscheinen zu lassen, so treibt mich dazu der Wunsch, den Inhalt desselben einigen der russischen Sprache nicht mächtigen Verwandten und Freunden des verstorbenen Grafen M. v. Reutern zugänglich zu machen. Außerdem aber erscheint es mir nicht unzeitgemäß, im Hinblicke auf die jüngsten Ereignisse auf der Balkanhalbinsel die Schilderung eines gut informierten und ruhig urteilenden Zeugen der vor einem Menschenalter stattgehabten Balkankrisis weiteren Kreisen zugänglich zu machen. Was Rußland betrifft, ist die Gegenüberstellung lehrreich und instruktiv.

Damals stellte sich das offizielle Rußland, anfangs

zögernd, dann aber voll und ganz in den Dienst der slawischen Idee. Die Folgen?

Nach einem schweren, wenn auch siegreichen Feldzuge — die Demütigung des Berliner Kongresses — Undankbarkeit der befreiten Südslawen — beispielloser Rückgang des Volkswohlstandes und Zerrüttung der Reichsfinanzen — allgemeine Unzufriedenheit nebst Anwachsen des Nihilismus und endlich — in mittelbarer Folge — die erschütternde Katastrophe des 1./13. März [1]) 1881.

Wie anders jetzt! Auch dieses Mal drängten und hetzten die slawophilen Kreise und die nationalistische Presse die Regierung, aktiv einzugreifen und wieder einmal den Balkan mit russischem Blute zu färben.

Die Regierung blieb fest. Sie benutzte ihren Einfluß im Europäischen Konzerte, um nach Möglichkeit den berechtigten Wünschen der slawischen Staaten zur Verwirklichung zu verhelfen, der Krieg blieb lokalisiert, und die nichtbeteiligten Staaten konnten ruhig den Werken des Friedens und der Kultur weiter obliegen.

Und heute steht das Russische Reich da, geachtet im Rate der Völker, in glänzender finanzieller und intakter militärischer Verfassung.

Innerhalb der gesamten slawischen Familie hat es bisher nur der russische Stamm zu einer Großmacht gebracht, er allein aus der Familie hat gewissermaßen eine große, glänzende Karriere gemacht, und riesige Aufgaben und Perspektiven bieten sich ihm innerhalb seiner unermeßlichen Grenzen.

Ist es bei solcher Sachlage nun richtig, wenn der große Herr jede Angelegenheit, jeden Zweck seiner zahlreichen armen Verwandten zu seinem eigenen macht und mit Gut und Blut für sie eintritt, au risque selbst zu verbluten?

Gewiß soll man gegen Arme, überhaupt und besonders gegen arme Verwandte, hilfbereit und mildtätig sein, aber

---

[1]) Ermordung Kaiser Alexanders II.

nicht bis zu dem Maße der eigenen Verarmung und des eigenen Ruins.

Reuterns Lebenswerk — die Gesundung der russischen Finanzen und Einführung der Goldwährung — ist an solcher Politik zerschellt.

Nach schweren Jahren mit chronischen Defiziten und niedrigem, schwankendem Kurse des Papierrubels war es Reutern durch Konsequenz und Sparsamkeit am Anfange der 70er Jahre des vorigen Jahrhunderts gelungen, die finanzielle Lage des Staates so weit zu bessern, daß der Papierrubel mit 280—290 Pf. bewertet wurde und daher die Möglichkeit einer Valutareform al pari, oder nahe daran, in Aussicht genommen werden konnte.

Der Krieg von 1877 zerstörte endgültig und für immer diese Möglichkeit. Der Kurs des Rubels sank zeitweilig bis 160 Pf., und als zwei Dezennien darauf ein hochbegabter und energischer Nachfolger Reuterns, der Graf S. Witte, die Valutareform übernahm und mit fester Hand durchführte, konnte er es nur zum Kurse von 216 Pf. tun, also mit einer Devalvation von nahe an einem Dritteil des Nominalwertes des Rubels.

Der siegreiche türkische Krieg ist in seinen Folgen für das russische Staatswesen verhängnisvoller gewesen als selbst der unglückliche Krimkrieg, er hat für Dezennien jeden größeren Kulturfortschritt aus Mangel an Mitteln gehemmt und das Reich zu langjährigem wirtschaftlichen Stillstande und Marasmus verurteilt.

Reutern hat diese Folgen vorausgesehen und sprach diese seine Ansicht als treuer unerschrockener Diener seines Herrn und Kaisers auch an den Stufen des Thrones männlich fest aus.

Diese Überzeugungstreue und Charakterstärke gibt dem Mann das Recht, vor die Nachwelt zu treten.

Zu dem vorliegenden Buch selbst möchte ich bemerken, daß der finanzielle Teil, der naturgemäß weniger aktuell und mit Ziffern und Zahlen überladen ist, wohl nur einen geringen Leserkreis finden dürfte, daß aber die politischen Denkschriften und Aufsätze gewiß ein allgemeineres Interesse beanspruchen können.

Mitau, im Oktober 1913.

W. Graf Reutern-Nolcken.

Inhaltsverzeichnis.

Hinterlassene Denkschriften M. von Reuterns.

Biographische Skizze.

Hinterlassene
Denkschriften und Aufzeichnungen
M. von Reuterns

I.

Erwägungen über die Heranziehung gesellschaftlicher, nicht gouvernementaler Elemente zur Beteiligung an der Finanzverwaltung.

In Erfüllung des Allerhöchsten Willens Ew. Kaiserlichen Majestät habe ich das Glück, hiermit meine Erwägungen über die Heranziehung gesellschaftlicher, nicht gouvernementaler Elemente zur Beteiligung an den finanziellen Angelegenheiten vorzustellen.

Von Ew. Kaiserlichen Majestät dazu aufgefordert, meine Ansicht über einen so wichtigen Gegenstand auszusprechen, halte ich es für meine Pflicht, meine Gedanken mit voller Aufrichtigkeit zu äußern, und erkühne mich, alleruntertänigst um die Erlaubnis zu bitten, mir beim persönlichen Vortrage zu gestatten, einige Erwägungen über die weitere Behandlung dieser Frage der Allerhöchsten geneigten Beurteilung zu unterbreiten.

13. Mai 1866.

Staatssekretär M. Reutern.

In ihrer Gesamtheit zerfallen die finanziellen Angelegenheiten in zwei Gruppen oder Gebiete, nämlich einerseits die Bestätigung der Ausgaben, die Bestimmung der Einnahmen und die Maßnahmen, die erforderlich sind, um vermittelst Kreditoperationen den Fehlbetrag in den Summen zu decken, die der Staatsrentei zugehen, damit sie ihren Pflichten gerecht werden kann, und andererseits die Fragen der Abänderung des Steuersystems, der Reorganisation der Steuern, des Modus ihrer Erhebung, die Fragen der Tarife, der Handels- und Industriereglements usw.

I. Das Recht der Verausgabung und Bestimmung der Einnahmen und der Bestätigung der Maßnahmen, die erforderlich sind, um durch Kreditoperationen den Fehlbetrag in den Summen zu decken, die der Staatsrentei zugehen, damit sie den ihr auferlegten Verpflichtungen gerecht werden kann, bildet nicht nur die notwendige Vorbedingung, sondern auch die wesentlichste Grundlage der politischen Gewalt. Die Person oder die Versammlung, der diese drei Rechte gehören, besitzt damit auch die Staatsgewalt in ihrem ganzen Umfange. Die theoretische Teilung der Gewalt hat in der Praxis eine geringe Bedeutung; so wird das dem Monarchen zugeeignete Recht des Oberbefehls über die Kriegsmacht, das Recht der Entscheidung über Krieg und Frieden und das Recht der Auswahl der Minister und Ratgeber zu einem toten Buchstaben, sobald mit diesen Rechten nicht auch das sogenannte „pouvoir de la bourse" verbunden ist. Das wird durch die Erfahrung aller konstitutioneller Staaten erwiesen; aber dieses Recht ist nicht nur eine wesentliche Vorbedingung der staatlichen Gewalt — es kann auch nicht geteilt werden, ohne einen Dualismus, d. h. Anarchie oder zum mindesten Wirren, hervorzurufen. Das staatliche Leben kann sich, sowohl bei der Konzentrierung der Gewalt in den Händen eines Herrschers, als auch dann, wenn die wesentlichen Attribute derselben einer repräsentativen Versammlung zugeeignet werden, ruhig und gedeihlich entwickeln, aber es kann k e i n e Ruhe bestehen, wenn e i n Teil dieser Attribute dem Monarchen, ein anderer der repräsentativen Versammlung gehört. Eine solche Teilung kann immer nur einer Übergangszeit, einer Zeit des Kampfes, eigen sein, die erst nach einem entschiedenen Siege der einen oder anderen Partei ihr Ende findet. Eine solche Periode war die Regierungszeit der vier Könige aus dem Hause Stuart; die Revolution von 1688 und die Thronbesteigung Wilhelms III. aber ist der Anfang der Epoche des entschiedenen Übergewichts des Parlaments über die königliche Gewalt. Richtiger gesagt, ist es sogar die Periode der Herrschaft des Unterhauses, dem mit dem Rechte der Verausgabung und Besteuerung tatsächlich auch alle übrigen Rechte der Staatsgewalt, mit Ausnahme von Ehrenrechten, gehören. Die Berechtigung dieser Anschauung vom Verausgabungs- und Besteuerungsrecht wird nicht nur durch das Beispiel der konstitutionellen Staaten bewiesen, sondern beruht auch auf dem Begriff der Macht überhaupt und auf der menschlichen Natur. Der Begriff der Gewalt, an und für sich absolut, findet seine Beschränkung nur in einer anderen unabhängigen Gewalt. Konflikte zwischen zwei Gewalten, die auf einem und demselben Gebiet tätig sind, sind unvermeidlich, und es kann ihnen nur durch eine höhere Macht Einhalt getan und ein Ende bereitet werden. So ist es bei allen Konflikten zwischen untergeordneten Gewalten, die durch die Staatsgewalt beseitigt werden, nicht aber bei Staaten, die voneinander unabhängig sind, und auch nicht bei Streitigkeiten zwischen integrierenden Teilen einer konstitutionellen Regierung, denn in beiden Fällen gibt es keine höhere, regulierende Gewalt. Zwistigkeiten zwischen dem monarchischen Prinzip und der repräsentativen Versammlung, die das Recht der Votierung der Einnahmen und Ausgaben und der Bestätigung der Anleihen besitzt, können daher nur zweierlei Ausgang haben, d. h. entweder ein Nachgeben von seiten des monarchischen Prinzips oder eine Einschränkung des konstitutionellen Rechts der Versammlung — allmählich oder vermittelst eines Staatsstreichs.

Bei uns ist natürlicherweise von einer Staatsordnung, auf die sich die obigen Bemerkungen bezögen, d. h. von einer in finanzieller Hinsicht vollberechtigten repräsentativen Versammlung, noch nicht die Rede: es handelt sich nur darum, daß sich repräsentative, gesellschaftliche Elemente in der einen oder anderen beratenden Form an der Entscheidung über die Einnahmen, Ausgaben und Kreditoperationen beteiligen sollen.

Nach meiner festen Überzeugung ist die beratende Form der Beteiligung jener Elemente an den erwähnten Angelegenheiten die schädlichste und gefährlichste von allen. Die Repräsentanten, die nur zur Beratung, nicht zur Entscheidung berufen sind, tragen weder vor dem Volke noch vor der Regierung eine moralische oder juristische Verantwortung. Ansehen bei der Regierung und Popularität im Volke können sie nur durch Opposition gewinnen, die in finanziellen Angelegenheiten ebenso leicht ist, wie die Verwaltung schwierig; der größte Teil der Abgaben ist an und für sich lästig, und es unterliegt keinem Zweifel, daß sich ein talentvoller und beredter Tadler fiskalischer Maßnahmen mit Leichtigkeit Popularität erwerben kann. In vollberechtigten Versammlungen tritt gegen einen solchen Tadler stets die Majorität auf, denn sie ist mit den aus ihrer Mitte gewählten Ministern solidarisch, verantwortet für den Staatskredit und die Sicherheit der Verwaltung, kurz für das Leben des staatlichen Organismus, was nur durch das Einlaufen gewisser Einnahmen möglich ist. Was die Ausgaben betrifft, so wird ein für nichts verantwortender, nur mit einer beratenden Stimme ausgerüsteter Repräsentant im Interesse derselben Popularität zugunsten aller von seinen Auftraggebern gewünschten Ausgaben reden, auch, wenn es aus verschiedenen Gründen unmöglich sein sollte, sie zu machen. In der Tat, wozu braucht ein solcher Repräsentant für eine Abgabe und gegen eine gemeinnützige, aber außerhalb der Möglichkeit liegende Ausgabe zu stimmen? Hierdurch würde er nur seine Popularität, der er seine Wahl verdankt, gefährden, und zwar ohne besonderen Nutzen, denn er weiß es, daß seine Stimme die Angelegenheit nicht entscheidet, und daß die Regierung etwas Unerfüllbares nicht zulassen wird und kann. Eine solche Argumentation ist ganz natürlich und gewissermaßen begreiflich, gleichzeitig aber zeigt sie, welche Unbequemlichkeiten, ja Gefahren es mit sich bringt, wenn man gewählte Personen mit beratender Stimme zur Beteiligung an den Verhandlungen über derartige Angelegenheiten zuläßt. Die Regierung und sogar Ew. Kaiserliche Majestät wären bei einer solchen Ordnung der Dinge in die Notwendigkeit versetzt, sehr häufig die Angelegenheiten im Gegensatz zu der Meinung aller oder des größten Teils der Erwählten zu entscheiden, die dadurch in der öffentlichen Meinung zu Verteidigern der Volksinteressen gegen die Regierung und sogar gegen den Monarchen selbst würden.

Das russische Volk ist von alters her gewöhnt, im Zaren den Verteidiger gegen äußere und innere Feinde, den Wahrer und Beschützer der sittlichen und materiellen Interessen des Volkes zu erblicken. Diese Überzeugung ist so stark, daß Volksaufstände bei uns nur in solchen Fällen einen gewissen temporären Erfolg gehabt haben, wenn es den Rädelsführern oder Verschwörern gelang, das Volk zu betrügen und ihm einzureden, daß sie im Namen des Herrschers handelten. Dieses Gefühl des russischen Volkes ist eine der Hauptgrundlagen der ungeheuren moralischen Kraft des Selbstherrschertums und auch der sozialen Ordnung. Alles was, wenn auch allmählich, das Vertrauen des Volkes zum Herrscher, als der Quelle alles Guten, erschüttern kann, soll nach meiner Ansicht von der Regierung nicht nur nicht gefördert, sondern auf jegliche Weise verhütet werden. Die Beteiligung beratender Vertreter läuft aber direkt darauf hinaus; ihre Stellung wird unklar und heikel sein; ohne irgendeine Verantwortung zu tragen, werden sie außerstande sein, etwas Nützliches zu tun, immer aber die Möglichkeit haben, etwas zu hindern. Als Erwählte der Gesellschaft verfallen sie ganz natürlich in die Rolle scheinbarer Verteidiger des Volkes; um Popularität zu gewinnen, müssen sie Erleichterung der Lasten und Vermehrung der Vergünstigungen und Vorteile versprechen, wenn auch das eine wie das andere praktisch unmöglich ist, der Regierung und dem Herrscher selbst wird aber nichts übrig bleiben, als diese Vergünstigungen und Vorteile zu versagen.

Aus all dem Gesagten ziehe ich den Schluß, daß in einem

Staate, wo infolge kräftiger Entwicklung des bürgerlichen Lebens, Durchdrungenseins vom Rechtsbegriff und genügender Volksbildung der Moment der Beteiligung repräsententativer Elemente an der Festsetzung der Einnahmen und Ausgaben gekommen ist — der repräsentativen Versammlung volles, autonomes Bestimmungsrecht über die Finanzen einzuräumen ist; in Staaten aber, wo dieses als unmöglich oder verfrüht erkannt wird, soll man nicht nur nicht durch eine halbe Maßregel einen gewissen Anteil gewähren, sondern man muß sogar eine deutliche Grenzlinie ziehen zwischen den Angelegenheiten, die den gesellschaftlichen Elementen überlassen sind, und dem Rechte, die Einnahmen und Ausgaben festzusetzen sowie die Maßnahmen zu bestätigen, die erforderlich sind, um vermittelst Kreditoperationen den Fehlbetrag in den Summen zu decken, die der Staatsrentei zugehen, damit sie ihren Pflichten gerecht werden kann.

Eine der wichtigsten Reformen, die die Regierungszeit Ew. Kaiserlichen Majestät gekennzeichnet haben — die Einführung der Landschaftsinstitutionen — scheint mir gerade aus solchen Erwägungen, wie den oben angeführten, hervorgegangen zu sein. Die Regierung, die es für möglich erkannt hatte, Delegierten der Landschaften die örtlichen wirtschaftlichen Angelegenheiten anzuvertrauen, übergab hiermit der Landschaft ein ganzes Gebiet finanzieller Angelegenheiten zum vollen, man kann sagen, fast unbeschränkten Besitz; sie verlieh den Landschaftsinstitutionen das Recht der Verausgabung, Besteuerung und Schuldenaufnahme, d. h. wesentliche Attribute des pouvoir de la bourse, und beschränkte sie nur insofern, als sie nicht die Grenze ihres Tätigkeitskreises überschreiten und das staatliche Gebiet betreten sollten. Wenn die Landschaftsinstitutionen, wie ich zu hoffen wage, ihre Tätigkeit — vielleicht nach einigen Schwankungen — auf dem ihnen direkt zugewiesenen Gebiet, dem der örtlichen Interessen, konzentrieren, so werden sie nicht nur wirtschaftlichen, sondern auch sittlichen und politischen Nutzen bringen, denn sie werden zu einer Stätte, aus der nützliche Männer hervorgehen, zu einer Schule des bürgerlichen Lebens. Wenn sie dagegen binnen kurzem den gesellschaftlichen Elementen das Trugbild einer beratenden Anteilnahme an den staatlichen Angelegenheiten zeigen werden, so wird sie das nur von ihrer wirklich nützlichen Tätigkeit im Dienste der direkten wirtschaftlichen Interessen der Landschaft abziehen.

II. Was die zweite Seite der Frage der Heranziehung gesellschaftlicher, nicht gouvernementaler Elemente zur Anteilnahme an den finanziellen Angelegenheiten, d. h. zur Beteiligung an der Beratung über eine Abänderung der Basis der Steuern, über die Repartition der Steuern, den Modus ihrer Erhebung, über Tariffragen, Handels-, Industrie- und Zollstatuten usw. betrifft, so bin ich überzeugt, daß in allen diesen Fragen die Beteiligung nicht gouvernementaler Elemente durchaus nützlich ist, und das Finanzministerium hat mehr als jedes andere Ressort diese Beteiligung herbeigeführt, verdankt ihr seinen Erfolg in vielen Angelegenheiten.

Schon im Jahre 1861 hielt das Finanzministerium es für notwendig, die von ihm auszuarbeitenden Projekte der Reglements und Statuten verschiedener Steuern der vorherigen Begutachtung von Personen zu unterbreiten, die entweder mit der Sache selbst als Spezialisten und durch die Praxis bekannt oder aber an dem Modus der Repartition und Erhebung der Steuern unmittelbar interessiert waren. Anfangs suchte man eine solche Beteiligung von Spezialisten und Interessenten dadurch zu erzielen, daß man die bereits ausgearbeiteten Projekte zum Zweck ihrer Besprechung in der periodischen Presse zur öffentlichen Kenntnis brachte oder durch die Zeitungen sachverständige Personen aufforderte, ihre praktischen Bemerkungen über die Mängel der bestehenden Gesetze und die Reform derselben zu äußern; aber sowohl der eine als der andere Modus erwies sich als unzulänglich, da die eintreffenden Gutachten einerseits nicht alle durch das Projekt aufgeworfenen Fragen betrafen, andererseits die Unbequemlichkeit mit sich brachten, daß sie die Arbeiten erschwerten und verzögerten, weil sie die Festsetzung recht weitgesteckter Termine für die literarische Besprechung der Projekte oder die Einreichung schriftlicher Gutachten erforderten und außerdem die redaktionelle Arbeit bei der Herstellung von Auszügen aus den durch die Presse oder brieflich verlautbarten Meinungsäußerungen in hohem Grade vermehrten. Diese Umstände haben das Finanzministerium zu der Überzeugung gebracht, daß eine unmittelbare Beteiligung auswärtiger Elemente an der Aufstellung und mündlichen Beratung der Projekte vorzuziehen sei.

Bei der Beratung der Frage des Modus der Heranziehung dieser Elemente zu den organischen Arbeiten des Ministeriums machten sich zwei Anschauungen geltend: die einen hielten es für nützlich, erwählten Vertretern bestimmter Territorien, einer Stadt, eines Gouvernements oder einer Gruppe von Gouvernements, Anteil an diesen Angelegenheiten zu gewähren, die anderen hingegen erachteten diesen Modus für ungeeignet und machten den Vorschlag, diejenigen Personen heranzuziehen, von denen nach der Ansicht des Ministeriums oder der Ortsobrigkeit ein besonderer Nutzen für die Sache zu erwarten sei. Das Ministerium der Finanzen entschied sich für den letzteren Modus, und zwar aus folgenden Gründen: ganz abgesehen von den Unbequemlichkeiten, welche sich bei einer häufigen Wiederholung der Wahlen ergeben konnten, konnte es sich leicht ereignen, daß der gewählte Vertreter, obwohl er im allgemeinen das Vertrauen der Gesellschaft genoß, in der einen oder anderen zu bearbeitenden Frage keine Spezialkenntnisse besaß; und selbst in dem Falle, wenn der entsandte Vertreter in dieser Beziehung allen Anforderungen genügte, wäre er doch immer ein Vertreter der Majorität und wahrscheinlicherweise ein Gegner der Interessen der Minorität gewesen. In den meisten der in Rede stehenden Fragen gibt es aber Interessengegensätze, die miteinander auszusöhnen sind, statt daß die einen von ihnen durch die anderen erdrückt würden, wie es bei einer auf dem Wahlprinzip beruhenden Vertretung zu befürchten wäre. Bei der großen Ausdehnung des Reiches und der Mannigfaltigkeit der Interessen könnte sich außerdem eine Majorität der Vertreter von Gegenden, die an der Sache wenig interessiert sind, gegenüber den Vertretern derjenigen Reichsteile herausstellen, für welche die zu beratende Frage eine vitale Bedeutung besitzt.

Beim Studium des Wesens der Sache hat daher das Finanzministerium erkannt, daß es wünschenswert sei, nicht Vertreter der Gesellschaft überhaupt, sondern solche jeder einzelnen, durch die Entscheidung der zu beratenden Frage berührten Interessensphäre und Personen, die mit der Angelegenheit speziell oder technisch vertraut sind, zur Prüfung der erwähnten Fragen heranzuziehen. Die Berufung solcher Personen zur Anteilnahme an den Angelegenheiten hat auf verschiedene Weise, den Umständen und Verhältnissen entsprechend, stattgehabt, und zwar: in Fragen, welche vornehmlich solche Interessen berühren, die ihre gesetzlich bestimmten Organe haben — wandte sich das Ministerium an diese letzteren und überließ es, sozusagen, ihnen, sich durch die Heranziehung von anderen Personen, die in der Sache nützen konnten, zu komplettieren. Hierzu gehören vor allem die Angelegenheiten des Handels, der Börse, der Tarife und Fabriken. Als Spezialorgane dieser Interessen sind vom Gesetze das Kommerz- und das Manufakturkonseil nebst ihren Moskauer Abteilungen, das Börsenkomitee und einige ähnliche Komitees bestimmt. Die Tätigkeit dieser Institutionen war mit der Zeit entweder matt geworden oder beschränkte sich auf das Formale. Zum großen Teil waren sie zu Zwischeninstanzen oder aber zu Institutionen geworden, die nur die äußere Ordnung überwachten.

Zur Belebung aller dieser Institutionen und um aus ihnen sowohl zu organischen Reformen als auch zum Zwecke administrativer Anordnungen Nutzen zu ziehen, wurden in der Hauptsache folgende Maßregeln getroffen:

Die Fragen des Tarif-, Handels- und Manufakturwesens beriet man in dem Manufaktur- und dem Kommerzkonseil, die gewöhnlich zu diesem Zwecke zu einer gemeinsamen Session vereinigt und durch die Hinzuziehung von Experten vervollständigt wurden, die durch ihre Spezialkenntnisse bekannt oder an der Sache interessiert waren. Die Moskauer Abteilungen dieser Konseils standen früher unter dem Präsidium eines Staatsbeamten, im Jahre 1862 aber geruhte Ew. Kaiserliche Majestät ihnen das Recht zu verleihen, sich einen Präsidenten aus ihrer Mitte zu erwählen. Seit dieser Zeit begannen jene Abteilungen unter der Leitung eines unserer hervorragendsten Fabrikanten die Meinung der Fabrikanten Moskaus und des Moskauer Rayons zum Ausdruck zu bringen, ihre Interessen — manchmal sogar ihre Vorurteile — kraftvoll zu verteidigen und gleichzeitig sich sowohl mit ihren Spezialangelegenheiten als auch mit den ihnen vom Ministerium zur Prüfung vorgelegten Fragen eifrig zu beschäftigen.

Auf dieselbe Weise suchte das Ministerium auch die Tätigkeit der Börsenkomitees der wichtigsten Handelsstädte zu beleben und übergab ihnen nicht nur Angelegenheiten, die direkt in ihren Tätigkeitskreis gehörten, sondern auch viele andere, die mit den Handelsinteressen in Verbindung standen, zur vorherigen Beratung. In wichtigen Fragen oder in solchen, in denen verschiedene Interessen kollidierten, zog das Ministerium sowohl Glieder des Moskauer Kommerzkonseils als auch Glieder der verschiedenen Börsenkomitees heran oder begründete besondere Komitees mit Hinzuziehung von Spezialisten und unter Vertretung möglichst aller verschiedener Meinungen.

Mit einem Worte — auf dem ganzen weiten Gebiete des Tarif-, Fabrik- und Zollwesens und überhaupt auf dem des Handels ist im Laufe der letzten fünf Jahre keine einzige einigermaßen wichtige Angelegenheit geprüft und entschieden worden, ohne daß man interessierte gesellschaftliche Elemente hierbei zu Rate gezogen hätte. Meistenteils gelang es auch, diese Fragen in Übereinstimmung mit Vertretern der hierbei berührten Interessen zu entscheiden.

Sobald es sich um Fragen des Steuerwesens und andere organische Reformen handelte, ging das Finanzministerium nach folgenden Regeln zu Werke: wenn es sich an die Prüfung einer Frage heranmachte, stellte es fest, welche Interessen hierbei berührt würden, und zog dann zur Beratung solche Personen hinzu, die nach ihrer Berufstätigkeit als Vertreter der Interessen gelten konnten und sowohl durch ihre Kenntnisse als durch ihre Fähigkeiten bekannt waren. Die Auswahl dieser Persönlichkeiten ging entweder direkt vom Ministerium aus, oder sie wurde den örtlichen Behörden oder Ständen überlassen. Außerdem wurden Techniker und andere Spezialisten zu den Beratungen herangezogen.

Diese gemeinsamen Beratungen von Beamten, welche die Interessen des Staates vertreten, mit solchen verschiedenartigen gesellschaftlichen Elementen hatten größtenteils nicht nur eine bessere Klärung der Frage zur Folge, sondern es wurde sehr häufig eine Vereinbarung zwischen den verschiedenartigen und manchmal sogar feindlich einander gegenüberstehenden Interessen erzielt. Es ist natürlich, daß der Vertreter irgendeines Spezialinteresses mit einer starken, aber einseitigen Überzeugung zugunsten dieser Interessen zur gemeinsamen Beratung erschien, hier aber traten ihm andere öffentliche Interessen und die ebenso starken, manchmal ebenfalls einseitigen Überzeugungen der anderen nicht zur Regierung gehörigen Mitglieder entgegen. Die Konflikte zwischen den konkurrierenden Elementen äußerten sich nicht selten in der Form andauernder, heftiger und für das Finanzministerium schwieriger Debatten und Streitigkeiten, fast immer aber führten sie zu einer Vereinbarung oder doch wenigstens zu einer Milderung der Gegensätze. Hierbei repräsentierten die Regierungsvertreter die vermittelnde, gegen alle gleich wohlwollende und gerechte Gewalt.

Ohne die Aufmerksamkeit Ew. Kaiserlichen Majestät

durch die Aufzählung aller Fragen zu ermüden, die in dieser Weise gelöst worden sind, wage ich nur auf die hauptsächlichen hinzuweisen.

Die Reform der Getränkesteuer und die an ihr späterhin vorgenommene Änderung. An der ersten zu diesem Zweck berufenenen Kommission waren beteiligt: zwölf Branntweinfabrikanten, darunter die Vertreter von Gegenden, in denen der Branntwein aus gedarrtem Getreide, aus ungedarrtem Getreide und aus Kartoffeln gewonnen wird, d. h. die Vertretern dreier nicht nur verschiedener, sondern sogar miteinander konkurrierenden Interessengruppen. Von sieben Bierbrauern gehörten vier zur Zahl der Besitzer großer hauptstädtischer Brauereien, während drei Vertreter der örtlichen Kleinindustrie waren, die ständig über die monopolistischen Neigungen der Großindustrie geklagt hatte. An der im Jahr 1863 erfolgten Revision des Getränksteuer-Reglements beteiligten sich fünf Techniker und Gelehrte, zehn Besitzer von Branntweinbrennereien, vier Bierbrauer, drei Schnapsfabrikanten und vier Chemikalienfabrikanten. An der im Jahre 1864 vorgenommenen Normierung der Branntweinausbeute aus den verschiedenen Materialien waren drei Chemiker und Technologen und sechs Branntweinbrenner beteiligt. Zu der Revision der Frage des akzisefreien Überbrands und des Rauminhalts der Maischbottiche sowie zu der Revision der Regeln über die Strafen für Verletzung des Akzise- und Getränkehandel-Reglements waren zehn Branntweinfabrikanten, -händler und andere Privatleute hinzugezogen.

Die Revision des Reglements über die Staatseinnahmen vom Salz wurde unter Hinzuziehung der Vertreter der Besitzer von Salzsiedereien, der mit ihnen konkurrierenden Besitzer von Salzseen, ferner der Fischereibesitzer, Landwirte und Chemikalienfabrikanten, deren Interessen in mancher Beziehung mit denen der Besitzer nicht übereinstimmen, und schließlich der Techniker und Gelehrten vorgenommen.

Bei der Ausarbeitung des Projekts der Sandzuckerakzise und der Bearbeitung der Frage der Einfuhrzölle für Zucker wurden acht Rübenzucker-Fabrikanten aus verschiedenen Rayons des Reiches vier Besitzern von Raffinerien und Engros-Zuckerhändlern gegenübergestellt.

An der Prüfung des Goldindustrie-Reglements waren zwölf Goldindustrielle aus verschiedenen Gegenden — darunter die bedeutendsten und auch sehr kleine Leute — beteiligt.

Zur Beratung über die Binnenschiffahrtszölle und die Hafensteuer wurden neun Kaufleute geladen, die ihre Waren auf dem Wasserwege versenden, Direktoren von Dampfschiffahrts-Gesellschaften und Reeder.

Zur Ausarbeitung des Projekts des Stempelsteuer-Reglements wurden neun Börsenkaufleute, Börsenmakler und städtische Notare geladen.

Aus den angeführten Beispielen, die übrigens durchaus keine vollständige Aufzählung aller derartigen Fälle darstellen, werden Ew. Kaiserliche Majestät, wie ich zu hoffen wage, zu ersehen geruhen, daß das Finanzministerium stets bemüht gewesen ist, gesellschaftliche, nichtgouvernementale Elemente, soweit es von ihm abhing, zur Prüfung der auf das Steuerwesen, den Handel, die Industrie, das Tarif- und Fabrikwesen bezüglichen, d. h. aller derjenigen Fragen heranzuziehen, in denen nach meiner Überzeugung diese Beteiligung stets nützlich ist und jene Prinzipien der Staatsordnung, auf denen das politische und bürgerliche Leben Rußlands unter dem Schutze einer starken monarchischen Gewalt beruht, nicht verletzt.

II.

Nach dem Karakasowschen Attentat, dem Eintritt des Grafen Schuwalow ins Ministerium und der Entfernung Golownins vom Posten des Unterrichtsministers begann im Jahre 1866 eine Hetze gegen mich, die bald von der einen, bald von der anderen Seite ausging, immer aber von Schuwalow inspiriert war. Als Walujew dem letztern näher getreten war, begannen sie einen pseudoliberalen Feldzug, d. h. sie wollten auf das Publikum den Eindruck des Liberalismus machen, gleichzeitig aber die Autokratie in keiner Weise beschränken. Nachstehende Denkschrift vom September 1866 machte diesen Angriffen auf mich ein Ende.

Denkschrift über die finanzielle und wirtschaftliche Lage des Staats.

Zarskoje Sselo, 16. September 1866.

Ew. Kaiserliche Majestät

haben mir zur Pflicht gemacht, bei Ew. Majestät wegen der jetzigen finanziellen Schwierigkeiten und der Maßnahmen, die zur Hebung der finanziellen und wirtschaftlichen Lage des Staates getroffen werden könnten, vorstellig zu werden.

Die finanzielle und wirtschaftliche Lage eines Staates ist eine komplizierte Angelegenheit: sie wurzelt nicht allein in den fiskalischen Maßnahmen und rein wirtschaftlichen Vorbedingungen, sondern auch in den Erscheinungen der allgemeinen staatlichen und nationalen Entwicklung. Wenn es einerseits unzweifelhaft ist, daß ein Mangel an Sparsamkeit, schlechte Verwaltung und auf falscher Kalkulation beruhende, drückende fiskalische Maßregeln die Finanzen und damit die wirtschaftlichen Grundlagen des Staates zerrütten müssen, so ist es andererseits auch richtig, daß in gewissen Epochen der staatlichen Entwicklung finanzielle Schwierigkeiten als eine unvermeidliche Folge der Verhältnisse, gleichsam als ein Symptom des im Inneren des sozialen Organismus vor sich gehenden Prozesses anzusehen sind.

Rußland ging aus dem gewaltigen Ringen um die Krim ermüdet, mit entkräfteten Finanzen und einer Valuta hervor, deren Grundlage durch die Emission von 400 Millionen Kreditbilletten zerrüttet war; die moralische Autorität der Regierung war erschüttert; der Krieg hatte viele Mängel unserer Militär- und Zivilverwaltung aufgedeckt und auch jene dominierende Stellung erschüttert, die Rußland seit der Zeit des Wiener Kongresses in Europa einnahm. Die Folge davon war im Auslande — das Sinken unserer Autorität, im Inneren des Reichs — Mißtrauen gegen die Kraft und Fähigkeit der Regierung. Selbst wenn die Regierung nach dem Krimkriege den Wunsch gehabt hätte, zu den Traditionen der letzten 40 Jahre, d. h. zu unentwegtem Widerstande gegen die Bestrebungen der neuen Zeit, zurückzukehren, so wäre sie auf unüberwindliche Hindernisse, einen wenn nicht offenen, so doch wenigstens passiven Widerstand gestoßen, der mit der Zeit sogar die Ergebenheit des Volkes — diese breite Basis, auf dem das monarchische Prinzip in Rußland beruht — ins Wanken bringen konnte.

Zum Heile Rußlands hat Ew. Kaiserliche Majestät den anderen Weg erwählt. Die Geschichte aller Völker lehrt, daß Revolutionen nur durch rechtzeitige Reformen vorgebeugt werden kann, die dem Volke auf friedlichem Wege dasjenige geben, was es durch Revolutionen zu erreichen sucht, d. h. die Beseitigung der veralteten Formen und eingewurzelten Mißbräuche. Die Reformen, die die Regierung Ew. Kaiserlichen Majestät unsterblich machen werden, haben nicht nur die Oberfläche der gesellschaftlichen Ordnung berührt, wie das bei den meisten Reformen der Fall gewesen ist, die von den Regierungen selbst unternommen wurden. Kühn und konsequent gingen sie dem Übel auf den

Grund, und es wurde die rechte Grundlage für die bürgerliche Ordnung geschaffen. Millionen wurden zum bürgerlichen Leben geweckt, ohne gleichzeitig von der Scholle losgerissen zu werden; das offiziell geduldete und sogar begünstigte System der Käuflichkeit der Administration fiel mit dem System der Branntweinpacht, und erst jetzt ist die Möglichkeit einer redlichen Administration gegeben; das große Prinzip der Trennung der Justiz von der Verwaltung, ohne das sich bei den Untertanen das Gefühl der Gesetzlichkeit nicht entwickeln konnte, ist in der Gerichtsreform streng durchgeführt. Endlich ist auf dem Gebiet der lokalen wirtschaftlichen Interessen der Landschaften das Prinzip der Selbstverwaltung zur Geltung gelangt.

Diese und viele andere Reformen haben schon jetzt, d. h. unmittelbar nach ihrer Durchführung, Rußland völlig und, wie ich anzunehmen wage, zum Besseren verändert, sie haben sich aber noch nicht völlig eingebürgert und haben in den Gemütern radikale und bedauerliche Tendenzen hervorgerufen oder doch wenigstens in Erscheinung treten lassen. Große Reformen müssen in den Gemütern eine tiefgehende Erschütterung hervorrufen, wie das die Geschichte aller Umwälzungen lehrt. Auf die Einführung der Reformen folgt eine Übergangszeit, in der die Begriffe noch nicht feststehen, die durch die Reformen verletzten Interessen sich noch nicht beruhigt haben, es noch nicht genügend erkannt ist, daß den verliehenen neuen Rechten auch neue Pflichten entsprechen müssen. Das ist eine Zeit der Schwankungen, des Mißtrauens gegen die Regierung und dabei auch einer relativen Schwächung in politischer und wirtschaftlicher und folglich auch in finanzieller Hinsicht. Die bäuerliche Reform hat die wirtschaftliche Lage des Volkes auf dem Eigentum basiert, hat ihm die Möglichkeit persönlicher wirtschaftlicher Initiative verliehen, jedem die Früchte seiner eigenen Fähigkeit gesichert, d. h. diese Reform hat den Grund gelegt zu einer regelrechten wirtschaftlichen Entwicklung, die wiederum eine gesicherte Finanzlage ermöglicht.

Die Regierung läßt die organisierte Bestechlichkeit der Administration nicht mehr stillschweigend bestehen und ist erst jetzt berechtigt, von ihren Werkzeugen völlige Intaktheit zu verlangen. Der Anfang ist gemacht, aber bis zur allgemeinen Durchdringung ist es noch weit. Die zweifellos richtigen Prinzipien der Gerichtsreform und der örtlichen Repräsentation müssen ihre praktische Bedeutung durch die Männer der Öffentlichkeit erhalten, deren Fähigkeiten und Tendenzen bisher noch nicht genügend zum Ausdruck gelangt sind. Mit einem Worte — die Reformen sind so umfassend, reichen so sehr in die Tiefe unserer staatlichen Organisation und unseres gesellschaftlichen Lebens, daß noch viel Zeit, viel Arbeit und viele Opfer erforderlich sein werden, bevor Rußland das Übergangsstadium überwindet und auf neuer, vernunftgemäßer Grundlage gefestigt dasteht. Erst dann wird die wirtschaftliche Entwicklung eine dauerhafte Basis finden, werden Vertrauen und Kredit wiederhergestellt werden, wird jene zuverlässige Grundlage für die Finanzwirtschaft, welche jetzt nicht vorhanden ist, gefunden werden.

In dem jetzigen Übergangsstadium aber läßt sich auf eine rasche und vollständige Besserung unserer finanziellen Lage nicht rechnen. Deshalb muß man nicht nur jeglichem Überflüssigen, sondern auch vielem Nützlichen und Notwendigen entsagen. Die finanziellen Saiten können nur bis zu einem gewissen Grade angespannt werden, wenn man nicht die produktiven Kräfte der Nation schädigen will und in Zukunft nicht noch größere Verarmung eintreten soll.

Ich erlaube mir, in nachstehenden Ausführungen Eurer Kaiserlichen Majestät zur Allerhöchsten Einsichtnahme meine Überzeugung davon zu unterbreiten, was zur Verstärkung unserer Ressourcen gemacht und welche Bestimmung ihnen gegeben werden kann, damit unsere jetzigen Schwierigkeiten vorübergehen, allmählich abnehmen und nicht bis zur völligen Erschöpfung der Mittel der Regierung und der Kräfte des Volks anwachsen.

Alle finanziellen Fragen sind nicht nur untereinander eng verbunden, sondern bilden sogar ihrem Wesen nach eine einzige Frage; wegen des großen Umfanges der Frage muß man aber auf jede von den unten angegebenen hauptsächlichen Spezialfragen gesondert eingehen und hierauf erst die allgemeine Schlußfolgerung hinsichtlich unserer Lage und der Mittel zu ihrer Besserung ziehen. Ich behandle:

I. den Geldmangel;

II. den Geldumlauf; den Wechselkurs; die Zahlungen im Auslande;

III. die Eisenbahnen;

IV. die Einnahmen und Ausgaben.

I. Der Geldmangel; die Desorganisation unseres Geldumlaufs.

Das Sinken des Wechselkurses und die Schwierigkeiten, die sowohl der Regierung als besonders den Privatleuten bei der Beschaffung von Geldmitteln entgegentreten, — der Mangel an Barmitteln, sind die wichtigsten, am meisten ins Auge tretenden Anzeichen unserer zerrütteten wirtschaftlichen und finanziellen Lage. Diese beiden Erscheinungen sind voneinander unzertrennlich, dennoch aber haben wir es hier nicht mit einer sondern mit zwei Erscheinungen zu tun, die ihre besonderen Ursachen haben und deshalb zuerst besonders, dann erst in ihrem wechselseitigen Verhältnis betrachtet werden sollen.

Der Mangel an Barmitteln.

In früherer Zeit, d. h. vor dem Krimkriege, gab es nicht soviel Klagen über Mangel an Geld wie jetzt, obwohl schon damals der Privatkredit sehr erschwert war und bei Anleihen zwischen Privatleuten sehr hohe Prozente gezahlt wurden. Was die Regierung betrifft, so stieß sie bei der Beschaffung der Summen, die zur Deckung des Jahresdefizits notwendig waren, auf keinerlei Schwierigkeiten. Gegenwärtig aber werden die Anleihen der Regierung immer schwieriger und kostspieliger, und die Privatpersonen, insbesondere aber die Grundbesitzer, können nur unter den schwersten und ruinierendsten Bedingungen Geld erhalten. Diese Veränderung wird gewöhnlich der Liquidation der früheren staatlichen Kreditinstitutionen zugeschrieben, in denen die Gutsbesitzer, wenn auch keinen sehr reichlichen, so doch einen wohlfeilen Kredit unter annehmbaren Bedingungen fanden. Die Regierung aber hatte es ungeheuer bequem: sie konnte das nötige Geld je nach Bedarf, ohne jede öffentliche Subskription, erhalten, ohne daß sie die Aufmerksamkeit unseres Publikums, insbesondere aber des europäischen, auf ihre Bedürfnisse zu lenken brauchte, was nach meiner Meinung der Hauptgrund unseres großen Kredits im Auslande war. Wenn sich schon damals sowohl in Regierungskreisen als in der Literatur, namentlich der ausländischen, Stimmen vernehmen ließen, welche auf die unausbleiblichen Folgen dieses Systems hinwiesen, so wurde ihnen sowohl vom Publikum als von der Regierung wenig Beachtung geschenkt.

Wendet man sich zur Erklärung dieser Erscheinung, so muß man vorausschicken, daß der allgemein übliche Ausdruck „Geldmangel" nicht richtig ist. An Geld, d. h. an Geldzeichen, war in den 40er Jahren in Rußland weit weniger vorhanden als jetzt; in England, dem kapitalkräftigsten aller Staaten, ist an Metallgeld sowohl als an Papiergeld verhältnismäßig weit weniger vorhanden als in anderen Staaten.

Was man gewöhnlich als Mangel an Geld bezeichnet, ist die Schwierigkeit, jemanden zu finden, der bereit wäre, ein Kapital als Darlehen zu geben oder es zum Kauf eines Gutes zu verwenden, mit anderen Worten — man klagt über Geldmangel, sobald viele Geld als Darlehn nehmen oder ihr Gut verkaufen, wenige aber ein Gut kaufen oder auf dasselbe Geld als Darlehn geben wollen. Aus dieser genaueren Definition ergibt sich, daß ein relativer Geldmangel durch die Vermehrung der Zahl der Verkäufer und Darlehnsnehmer, durch die Verminderung der Zahl der Käufer und Darlehnsgeber oder auch aus beiden Ursachen zugleich, d. h. infolge einer Zunahme der Nachfrage nach Kapital unter gleichzeitiger Abnahme des Angebots desselben, erfolgen kann.

In staatlichem Sinne gibt es nur eine Quelle des Kapitals — die Ersparnis durch die nationale Arbeit. Ein Privatmann kann zweifellos durch verschiedene Mittel, erlaubte sowohl als unerlaubte, Kapital gewinnen, das ist aber bloß der Übergang des Kapitals von einer Person zu einer anderen, wodurch die allgemeine Summe des nationalen Kapitals keineswegs vermehrt wird. Nach Maßgabe der gemachten Ersparnisse bildet sich neues freies Kapital, das Anlage sucht: das nationale Kapital ist die Gesamtheit der angesammelten Ersparnisse einer Nation. In jeder Gesellschaft gibt es Personen, deren Ausgaben die Einnahmen übersteigen; sie verzehren einen Teil ihres und zuweilen auch einen Teil fremden Kapitals; dagegen gibt es andere, die nicht ihre gesamten Einnahmen verbrauchen, sondern davon zurücklegen und ein Kapital ansammeln. Wenn man zwischen beiden die Bilanz ziehen und in Ziffern ausdrücken könnte, so hätte man den jährlichen Zuwachs des nationalen Kapitals, d. h. die Summe, die alljährlich in neuen Unternehmungen, Anleihen usw. angelegt werden kann, oder aber die Abnahme des Kapitals, wenn die Verausgabung von Kapitalien die Ersparnisse in der Gesamtheit überstiege. Eine Gesellschaft, die zu gewöhnlicher Zeit mehr verausgabt, als sie einnimmt, — wäre nicht nur binnen wenigen Jahren völlig ruiniert, sondern könnte auch als staatlicher Organismus gar nicht weiter existieren. Die Kapitalansammlung, d. h. die Ersparnis, beruht auf einer der stärksten Triebfedern der menschlichen Natur — auf dem Wunsche, die eigene Lage zu verbessern, das Alter und die Zukunft der Familie sicherzustellen. Zu diesem Zwecke ist ein großer Teil der Menschen dazu bereit, das ganze Leben hindurch zu arbeiten, und dieses Ziel wäre in einer Gesellschaft, die alljährlich mehr verlebt, als sie produziert, unerreichbar. Eine solche Gesellschaft müßte, schon lange bevor das gesamte nationale Kapital tatsächlich verbraucht wäre, zum Opfer einer sozialen Revolution werden, denn sie hätte nicht nur die sogenannten revolutionären Elemente, d. h. die unruhigen, zügellosen und unsittlichen Menschen, gegen sich, sondern auch die allerkonservativsten, d. h. die Leute, die durch ihre Arbeit ihre Zukunft und die ihrer Familie sicherstellen wollen. Das andere Extrem wäre eine bürgerliche Gesellschaft, in der die jährlichen Ersparnisse so groß wären, daß sie alle Bedürfnisse nach Kapital zum Zweck neuer nützlicher Unternehmungen mit Leichtigkeit deckten. Zwischen diesen beiden Extremen gibt es eine Menge Zwischenstufen. Um sich von der wirtschaftlichen Lage eines Staates und seiner Zukunft ein Bild zu machen, ist es nicht so sehr erforderlich, die Stufe zu bestimmen, auf welcher er sich im gegebenen Augenblick befindet, als vielmehr, wohin er tendiert — zu besserer Sicherstellung der in der Gesellschaft ständig in Erscheinung tretenden Bedürfnisse oder, im Gegenteil, zu ihrer immer größer werdenden Gefährdung. Wie groß auch die Schwierigkeiten sein mögen, die durch außerordentliche Umstände hervorgerufen werden — sie können durch die nationale Arbeit überwunden werden, wenn diese Arbeit nur die notwendigen Mittel zur Befruchtung findet, d. h. wenn ein genügender Teil der durch Ersparnisse gebildeten Kapitalien produktiv verwandt wird. Die allmähliche unproduktive Verausgabung der nationalen Ersparnisse würde dagegen, wenn auch langsam, so doch unvermeidlich zum endgültigen Ruin führen. Als eine notwendige Vorbedingung für die allmähliche Besserung der wirtschaftlichen Lage erscheint also nicht nur die Ansammlung von Kapitalien, d. h. der Überschuß der Ersparnisse über die Kapitalverausgabungen, sondern auch die produktive Verwendung dieser Ersparnisse. Wenn die Ersparnisse nach Maßgabe ihrer Ansammlung dem nationalen Verkehr durch Staatsanleihen entzogen und unproduktiv verwandt werden, z. B. zur Deckung der Defizite der laufenden Ausgaben, so würde dadurch augenscheinlich das nationale Kapital nicht vergrößert, die produktiven Kräfte nicht gehoben werden: wenn dagegen die durch solche Anleihen von der Regierung erworbenen nationalen Ersparnisse produktiv verwandt werden, z. B. zum Bau einer Eisenbahn, so wird das nationale Kapital größer und die Produktivität steigt.

Die jährlichen Ersparnisse Rußlands flossen fast ein ganzes Jahrhundert hindurch in Form von Einlagen in die staatlichen Kreditinstitutionen und in die Kollegien der allgemeinen Fürsorge. Staatspapiere, in denen die Ersparnisse des Volkes angelegt werden konnten, gab es damals noch sehr wenig, private Aktiengesellschaften aber waren fast gar nicht vorhanden. Bei Privatleuten das Geld anzulegen, war sehr schwierig und nicht sicher, denn selbst bei der Sicherstellung durch Verpfändung eines Immobils, d. h. durch die stärkste Form der Garantie, welche unsere Gesetze zulassen, war die Beitreibung nicht selten mit andauernden Prozessen und mit Verlusten verknüpft. Depotscheine dagegen waren für die Kapitalisten sehr bequem. In einem Lande mit wenig Handelszentren und somit auch nur wenigen bedeutenden Börsen haben die zinstragenden Börsenpapiere viel Unbequemlichkeiten für Personen, welche fern von den großen Städten leben; auf Grund von Depotscheinen der Kreditinstitutionen aber wurde auf Verlangen sofort ausgezahlt, weshalb diese Depotscheine überall wie bares Geld angenommen wurden. Die Verzinsung dieser Scheine war eine sehr niedrige, aber die Zinseszins-Rechnung gestattete es den Leuten, die ihrer Rente nicht bedurften, das Billett bei sich zu behalten, ohne Verluste zu erleiden und die Unbequemlichkeit des alljährlichen Hebens der Zinsen auf sich nehmen zu müssen. Der Regierung wiederum boten die Depositenbanken bedeutende Bequemlichkeiten. Die Operationen dieser Banken waren sehr einfach: einerseits nahmen sie das Geld von denen entgegen, die es einzahlen wollten, andererseits gaben sie dieses Geld denen, die ein Darlehen wünschten, darunter auch der Regierung. Zwischen dem Zinsfuß der Einlagen und der Darlehen bestand eine Differenz von einem Prozent, was den Gewinnst der Kreditinstitutionen bildete. Auf diese Weise wuchs die Summe der Einlagen alljährlich um 30 bis 40 Millionen Rubel. Gleichzeitig floß durch die allmähliche Abzahlung der Darlehen auch ein Teil der in der früheren Zeit ausgeliehenen Kapitalien wieder in die Banken zurück. Aus diesen beiden Quellen, d. h. aus dem Jahresüberschuß der Einlagen über die Rückzahlungen und aus der allmählichen Rückerstattung der von ihnen gewährten Darlehen, deckten die Kreditinstitutionen die Bedürfnisse des Staates und gewährten vornehmlich den Gutsbesitzern Darlehen, hauptsächlich in der Form einer erneuten Inpfandnahme bereits verpfändeter Güter. Natürlich war das sowohl für die Regierung als für die Gutsbesitzer außerordentlich bequem.

Andererseits aber bot dieses System eine große Gefahr: es beruhte auf der Voraussetzung, daß der jährliche Zufluß der Einlagen stets größer sein werde als die Entnahme, mit anderen Worten auf der Voraussetzung, daß private Aktiengesellschaften, innere Staatsanleihen, ja sogar die Entwicklung des Privatkredits niemals zugelassen werden würden, denn bei dem Vorhandensein solcher konnte man einen derartigen Zufluß von Einlagen zu einem so niedrigen Zinssatz in die Kreditinstitutionen nicht mehr erwarten; eine Zurückhaltung der Einlagen durch Erhöhung des Zinsfußes aber war den Kreditinstitutionen unmöglich, denn sie hatten nicht das Recht, den von den Darlehensnehmern gezahlten Zinssatz zu erhöhen, und folglich auch nicht die Mittel, für die Einlagen höhere Zinsen zu zahlen. Bis 1857 war die Summe der einlaufenden Einlagen stets größer als die der entnommenen, und die Summe der Einlagen stieg über eine Milliarde Rubel Silber. Von 1858 an begann die Zurückziehung der Einlagen, die bis jetzt fortdauert.

An Einlagen waren verblieben:

zum 1. Januar 1858	1 009 000 000
„ 1. „ 1859	967 000 000
„ 1. „ 1860	852 000 000

zum 1. Januar	1861	443 000 000
„ 1. „	1862	340 000 000
„ 1. „	1863	298 000 000
„ 1. „	1864	265 000 000
„ 1. „	1865	239 000 000
„ 1. „	1866	211 000 000

Diese Ziffern weisen auf die Ursache der von der Regierung vorgenommenen Liquidation der früheren Kreditinstitutionen und zwar auf ihre offenbare Unzulänglichkeit hin. Sie war die Folge einer Veränderung derjenigen Verhältnisse, unter denen allein die Operationen der ehemaligen Kreditinstitutionen fortdauern konnten.

Im Jahre 1856 war die Große Gesellschaft der russischen Eisenbahnen und hierauf die Gesellschaft für Dampfschifffahrt und Handel gegründet worden — beide mit bedeutender Unterstützung seitens des Staates und unter offenbarer Aufmunterung der Kapitalisten zu solchen Unternehmungen. Ihr Erfolg rief auch die private Initiative hervor, und die Herabsetzung der Bankprozente wies gleichsam alle Einleger auf den Wunsch der Regierung hin, das Privatkapital zu solchen Unternehmungen hinzulenken. Im Laufe von weniger als drei Jahren wurden in Rußland weit mehr Aktienunternehmungen gegründet, weit mehr Kapital tatsächlich subskribiert als in der ganzen vorhergegangenen und, wie man sagen kann, auch in der ganzen späteren Zeit bis zum heutigen Tage. Von den in jener Zeit gegründeten Gesellschaften haben einige dem Russischen Reiche einen wirklichen und bedeutenden Nutzen gebracht, andere wiederum haben die ihnen anvertrauten Kapitalien vergeudet und hierdurch dem nationalen Wohlstande tatsächliche Verluste verursacht. Sie wurden aber alle ohne Ausnahme Konkurrenten der alten Kreditinstitutionen, dem vorherigen einzigen Sammelbassin für die Kapitalien. Die Kreditinstitutionen büßten tatsächlich die Zahlungsfähigkeit ein und konnten die Zahlungen nur durch Emission von Kreditbilletten fortsetzen. Die notwendige Folge war die Konsolidation eines bedeutenden Teils der Einlagen in fünfprozentigen und in vierprozentigen, fortdauernd zinstragenden Billetten und die Liquidation der Kreditinstitutionen selbst.

Die Einstellung der Ausreichung von Darlehen aus den Kreditinstitutionen und ihre spätere Liquidation bedeutet den Sturz desjenigen Systems, das beinahe 100 Jahre in Rußland bestanden hatte. Ein solcher Umschwung mußte natürlich viele Unbequemlichkeiten hervorrufen und sowohl den Staatskredit als den Privatkredit erschüttern. Wenn man aber daran denkt, daß diese Umwälzung gleichsam am Vorabende der Aufhebung der Leibeigenschaft erfolgte, so wird es verständlich, wie sehr sowohl die bäuerliche Reform als die Neuorganisation des öffentlichen Kredits durch die Gleichzeitigkeit dieser beiden radikalen Umwälzungen erschwert werden mußten. Es wird nicht selten beklagt, daß die Regierung unmittelbar vor der bäuerlichen Reform die Verabfolgung von Darlehen aus den Kreditinstitutionen einstellte. Dieser Vorwurf wäre gerecht, wenn es am Willen der Regierung gelegen hätte, sie nicht einzustellen, d. h. wenn nach wie vor Einlagen in die Kreditinstitutionen eingelaufen wären, die als Darlehen verabfolgt werden konnten. Das war aber nicht der Fall — im Gegenteil, in zwei Jahren wurden gegen 150 Mill. Rub. von den früheren, sowohl von der Regierung als von den privaten Darlehensnehmern der Banken längst verausgabten Einlagen zurückgefordert. In jener Zeit erwiesen sich nicht nur die Kreditinstitutionen, sondern auch, man kann wohl sagen, ganz Rußland als zahlungsunfähig; dabei wurden die allmählich angesammelten Ersparnisse größtenteils unproduktiv verausgabt, d. h. die Kapitalien selbst wurden vernichtet. Als sie nun von den Einlegern zurückgefordert wurden, da war nur e i n Hilfsmittel übriggeblieben: die Druckpresse für die Kreditbillette.

Nicht die Banken schaffen die Kapitalien. Sie können nur als Vermittler zwischen den Sparern und denen dienen, die die Ersparnisse anderer als Darlehen nehmen wollen. Diese grundlegende Wahrheit wird vom Publikum nicht genügend verstanden oder auch vergessen. Man rühmt bald die eine, bald die andere Art der Banken, hofft in den Formen den bei uns fehlenden Kredit zu finden. Die Form der Bank hat ohne Zweifel ihre Bedeutung, kann mehr oder weniger bequem und sicher sein, aber das ist nicht das Wesen der Sache, sondern eben nur die Form; das Wesen liegt in der genügenden oder ungenügenden Ansammlung neuer Kapitalien, in dem Verhältnis der Nachfrage nach Kapitalien zu der Summe der alljährlich zurückgelegten Ersparnisse und in der Produktivität oder Unproduktivität der Aufwendungen.

Wenn man die jetzige Situation mit der früheren, vor dem Krimkriege bestehenden vergleicht, so kann man sich der Erkenntnis nicht verschließen, daß es weit schlimmer geworden ist.

Die alljährliche Neubildung von Kapitalien hat aller Wahrscheinlichkeit nach abgenommen: die unvermeidlichen Verluste, welche die Gutsbesitzer bei der bäuerlichen Reform erlitten, die Wirren in den neun Westgouvernements und im Zartum Polen, die kommerzielle und industrielle Krisis, die ungeheuren Kapitalverluste bei unglücklichen Aktienunternehmungen — alles dieses zusammen genommen mußte auf die Ersparnisse einer zahlreichen und zwar der vermögendsten Klasse seinen Einfluß ausüben.

Der Kapitalbedarf aber wuchs in ungeheurem Maße. Die Eisenbahnen, die Dampfer, die Hüttenwerke und Zuckerfabriken, die früher hauptsächlich durch leibeigene, nun aber durch gemietete Arbeitskräfte im Betrieb erhalten wurden, die freie Arbeit, die im Ackerbau an die Stelle der leibeigenen trat, sie alle brauchten und brauchen ungeheure Kapitalien. Die Loskaufoperation verschlingt alljährlich gegen 40 Mill. Rub., die Regierung aber hat ihre Bedürfnisse nicht nur nicht eingeschränkt, sondern nimmt in höherem Maße als irgend jemals zum inneren Kredit ihre Zuflucht.

Zu allem dem kam der Abfluß der Kapitalien aus Rußland. In früheren Zeiten glaubte man, daß Rußland vor allen revolutionären Umtrieben und finanziellen Krisen sicher sei. Viele ausländische Kapitalisten hielten es für den Fall irgendwelcher europäischer Umwälzungen für eine Vorsichtsmaßregel, Kapitalien in Rußland anzulegen. Heute jedoch sind nicht nur alle diese Kapitalien aus Rußland zurückgezogen, sondern es sind auch russische Kapitalien im Betrage von Dutzenden von Millionen ausgeführt worden — ganz zu geschweigen von den polnischen Kapitalien, die zu einem großen Teil ins Ausland gingen; der von der Regierung begünstigte Verkauf der Güter im Westgebiet mußte den Abfluß einer weiteren bedeutenden Masse russischer Kapitalien ins Ausland zur Folge haben. Endlich wird durch die in der letzten Zeit immer häufiger werdenden Reisen von Russen ins Ausland und ihr Verweilen daselbst Rußland alljährlich eine bedeutende Summe entzogen.

Schlußfolgerung.

Nach all diesen Ausführungen erscheint es bereits möglich, das Wesen des Übels, das gewöhnlich als Geldmangel bezeichnet wird, näher zu bestimmen. Es besteht: in der Spärlichkeit des nationalen Kapitals überhaupt und in der Störung des Gleichgewichts zwischen dem durch Ersparnisse ermöglichten Anwachsen dieses Kapitals und der gleichzeitigen Nachfrage nach freiem Kapital, sowohl seitens des Privatpublikums als von seiten des Staates.

Im Laufe vieler Jahre haben sowohl die Regierung als auch die höheren Gesellschaftsklassen über ihre Mittel gelebt, mehr verausgabt, als sie einnahmen. Fast ein Jahrhundert hindurch konzentrierten sich die Ersparnisse der Nation in den Händen der Regierung oder der ihr gehörigen Kreditinstitutionen. Aus diesen letzteren gingen sie in der Form von Darlehen teils an die Gutsbesitzer, teils an den Staat über, und nur der kleinste Teil — weniger als 30 Millionen von einer Milliarde — kam dem Handel und der Industrie zugute. In den Jahren 1831—65 verausgabte die Regierung fast 1 600 000 000 Rubel über ihre Einnahmen hinaus; gleichzeitig wurden den Gutsbesitzern nicht weniger als 400 000 000 Rub. als Darlehen gewährt, ganz abgesehen von den Summen, welche die Gutsbesitzer bei Privatpersonen aufnahmen, deren Höhe sich nicht bestimmen läßt. Ist von diesen zwei Milliarden Rubel viel produktiv verwandt worden? Natürlich nur der kleinste Teil, alles übrige ging verloren, ohne den nationalen Reichtum irgendwie zu vergrößern. Wenn auch nur die Hälfte dieser Summe produktiv verausgabt worden wäre, so wäre Rußland von einem Netz von Eisenbahnen bedeckt, es hätte eine stark entwickelte Industrie, einen regen Handel, eine reiche Bevölkerung und blühende Finanzen. Ein unproduktiv verwandtes Kapital wird vernichtet, ein produktiv verwandtes verdoppelt sich selbst bei mäßigem Gewinn binnen kurzer Zeit, denn es bringt nicht nur direkten Gewinn, so z. B. in der Form der Dividende einer Eisenbahn, sondern vermehrt auch indirekt die Produktivität des ganzen Landes, vergrößert folglich das Einkommen der Nation und des Staates und gibt der Kapitalbildung neuen Aufschwung. Die Benutzung der durch Ersparnisse gebildeten neuen Kapitalien zu produktiven Zwecken ist eine notwendige, durch nichts zu ersetzende Vorbedingung des Wachstums des nationalen Wohlstandes. Je mehr neugebildete Kapitalien alljährlich durch unproduktive Ausgaben vernichtet werden, desto mehr werden — sozusagen — die Muskeln des wirtschaftlichen Organismus gelähmt, desto weniger kann man eine gesunde Entwicklung erwarten. Rußland ist deshalb arm, weil ihm die Möglichkeit zur Bildung eines bedeutenden nationalen Kapitals nicht geboten war, weil sich in ihm die Ersparnisse nicht in der Form von guten Verkehrswegen, eines genügenden Betriebskapitals der Fabrikindustrie, des Ackerbaues und Handels ansammeln konnten.

Der jährliche Zuwachs des nationalen Wohlstandes oder Kapitals ist vor allem deshalb unbedeutend, weil das Kapital selbst ungenügend ist und die Arbeit bei geringem Kapitalaufwand auch nur wenig Gewinn abwirft. Die zufälligen Ursachen, die eine Verringerung der Ersparnisse zur Folge hatten, sind oben dargelegt worden. Der Mangel an jährlich sich neu bildenden Kapitalien für alle erwachsenden Bedürfnisse ist augenscheinlich und ruft überall Klagen über Geldmangel hervor — außerdem kann aber diese Tatsache mit positiven Daten belegt werden, und zwar sind es die Erscheinungen auf dem sogenannten Geldmarkt, auf dem die Regierung mit ihren Kreditoperationen, die Privatunternehmungen, der Handel, die Industrie und die Privatpersonen, die Geld brauchen, als Käufer, diejenigen Leute aber, die freie Barmittel besitzen und sie anlegen möchten, als Verkäufer auftreten. Auf dem Geldmarkte ist der Zinssatz, zu dem man auch bei voller Sicherstellung Geld finden kann, ständig im Steigen begriffen, der Wert der zinstragenden Papiere aber sinkt andauernd. So stellte sich der mittlere Börsenkurs nichtmetallischer zinstragender Staatspapiere folgendermaßen:

	5 proz. Papiere.	4 proz. Papiere.
1858	112—114	99
1859	109—110	98
1860	102—104	93
1861	98	87
1862	96	87
1863	93—94	85
1864	90—91	86
1865	86—89	84.

Diese Ziffern beweisen, daß auf dem Geldmarkte mehr Papiere angeboten werden, als Nachfrage vorhanden ist.

Es gibt noch eine andere Reihe von Erscheinungen, die zu derselben Schlußfolgerung führt und bis zu einem gewissen Grade sogar die Möglichkeit gewährt, darüber zu urteilen, um wieviel das Angebot neuer zinstragender Papiere die Masse der wirklich freien Kapitalien auf dem Geldmarkte überstieg.

Die Liquidierung der früheren staatlichen Kreditinstitutionen wird durch die Staatsbank, aber auf Kosten und unter der Verantwortung der Staatsrentei vorgenommen. Bei ihrer im Jahre 1859 erfolgten Aufhebung hatten die Kreditinstitutionen eine Schuld von etwa 900 000 000 Rub., welche das Publikum ihnen entnehmen durfte und allem Anscheine nach auch entnehmen wollte, um sie anderweitig zu verwenden. Oben ist dargelegt worden, daß nicht nur die Kreditinstitutionen der Mittel ermangelten, um ihre Verpflichtungen zu erfüllen, sondern daß auch die Kapitalien selbst, da sie schon längst unproduktiv verausgabt worden waren, nicht mehr existierten, obwohl sie natürlich durch die Güter der Darlehensnehmer und die Einkünfte des Fiskus formell sichergestellt waren. Etwas weniger als die Hälfte dieser Kapitalien war durch verschiedene Maßnahmen der Regierung fest angelegt und konnte folglich nicht zurückverlangt werden; die übrigen aber waren und sind zum Teil auch heute noch Einlagen auf laufende Rechnung (Kontokorrent), unter verschiedenen Bedingungen und in verschiedenen Formen. Da aber diese Kapitalien, wie gesagt, eigentlich längst verausgabt sind, so muß die Bank im Falle ihrer Rückforderung das zur Befriedigung der Einleger notwendige Geld in der einen oder anderen Form aufnehmen, d. h. sich an dieselben jährlich durch Ersparnisse neu gebildeten Kapitalien wenden, die auf dem Geldmarkte als Käufer der neu emittierten zinstragenden Papiere erscheinen. Hieraus erhellt, daß jedes Angebot eines neuen Unternehmens oder einer Regierungsanleihe, welches einige Einleger zur Beteiligung an diesen Unternehmungen oder Anleihen veranlaßt — die Bank in die Notwendigkeit versetzt, zur Befriedigung des Einlegers auf dem Markte Geld zu suchen. Da aber die Regierung für die Bankeinlagen verantwortet, so ist es klar, daß im Falle einer Anleihe derjenige Teil derselben, der von Einlegern der Bank gezeichnet wird, gleichsam als gar nicht gedeckt gelten kann, denn die Regierung hat durch die Anleihe kein neues Geld erhalten, und es ist nur der Umtausch einer Schuld gegen eine andere oder die Konsolidation eines gewissen Teils der Einlagen vor sich gegangen.

Im Laufe der Jahre 1862, 1863, 1864 und 1865 hat die Regierung folgende Anleihen aufgenommen: die 5 proz. siebente ausländische und die 5 proz. englisch-holländische Anleihe, 16 Serien Reichsschatzscheine, drei Serien 4 prozentiger Metallbillette und 5 prozentige Bankbillette für 10 000 000 Rub. (zur Unterstützung der Kassen der Bank). Alle diese Operationen ergaben zusammen 358 353 518 Rub. Hiervon flossen 217 545 181 Rub. wirklich in die Staatsrentei, während 140 808 337 Rub. von der Staatsbank zurückbehalten wurden. So wurden denn kaum mehr als 60 % zur Stärkung des Reichsschatzes verwandt, während 40 % zur Stärkung der Staatsbank für die Operationen erforderlich waren, die sie von den früheren Kreditinstitutionen übernommen hatte, und für die die Staatsrentei die Verantwortung trug.

Fast ganz dasselbe trat in bezug auf die Papiere ein, die von den Staatskassen in Zahlung genommen werden, die Reichsschatzscheine und die 4 proz. Bankbillette. Jedesmal, wenn auf dem Geldmarkt aus irgendeinem Grunde besondere Knappheit herrscht, kehren diese Papiere in die Kassen des Finanzministeriums zurück; da aber Staatsanleihen unumgänglich auf dem Geldmarkte Knappheit hervorrufen, so veranlassen sie stets den Rückfluß von Reichsschatzscheinen in die Kassen, sie neutralisieren also einen Teil der neuen Anleihe und beweisen den Mangel an freien Kapitalien.

Auf unserem Geldmarkte erscheinen mehr zinstragende Papiere als freie, Anlage suchende Kapitalien. Dieses wird durch die oben angeführten Tatsachen bewiesen und ist außerdem für jeden Beobachter so evident, daß es von niemandem bestritten wird.

Schließlich können als wirkliche Käufer der neu emittierten zinstragenden Papiere doch ebenfalls nur neue Kapitalien erscheinen, d. h. die jährlichen Ersparnisse. Ein Privatmann z. B., der ein Kapital in 5 proz. Bankbilletten besitzt, kann ohne Zweifel einen Teil dieser Billette verkaufen und z. B. auf eine Prämienanleihe subskribieren, ohne irgendwelche Ersparnisse von seiner Jahreseinnahme zu machen, aber in der großen Masse der Geschäfte auf dem Geldmarkte wird diese Operation nichts anderes sein als eine Umplacierung eines Kapitals aus einer Art Papiere in eine andere, nicht aber eine wirkliche Anlage in einem neuen Staatspapier. Käufer neuer Papiere können schließlich doch nur neue Kapitalien sein. Anleihen, Aktien und Obligationen verschiedener Unternehmungen können mithin nicht in höherem Betrage untergebracht werden, als neue Anlage suchende Kapitalien auf dem Markte erscheinen, und jede Emission, die diese Summe übersteigt, muß nicht nur mißlingen, sondern ist auch direkt zweckwidrig.

Die Regierung genießt bei uns größeres Vertrauen als irgendeine Privatperson oder Gesellschaft. Deshalb könnte sie ohne Zweifel nicht nur alle neu gebildeten Kapitalien an sich ziehen, sondern auch die alten Kapitalien aus ihren Anlagen zu sich herüberlocken, sofern nur die von ihr gebotenen Bedingungen für die Subskribenten genügend vorteilhaft sind. Die Folgen dieses Systems wären für die Regierung selbst und für Rußland gleich gefährlich; sie beständen in folgendem:

1. Die Kapitalien würden den Banken, wo sie sich als Einlagen befinden, entzogen werden, und die 4 proz. Metallbillette würden in die Kassen zurückkehren, so daß die Regierung von der einen Seite Geld erhielte, welches sie von der anderen Seite selbst ausfolgen müßte.

2. Die Kapitalien könnten von früheren zinstragenden Staatspapieren abgelenkt und neuen, vorteilhafteren oder verlockenderen zugeführt werden, da aber hierbei die bestehenden zinstragenden Papiere rasch im Preise sinken müßten, so würden ihre Besitzer sowie auch der ganze grundbesitzende Adel, der für die Anteile seiner früheren Bauern Loskaufzahlungen erhält, in immer größerem Maße eines Teiles ihres Vermögens beraubt werden.

3. Es könnten die Kapitalien herangezogen werden, die in privaten Unternehmungen, im Handel und in der Industrie stecken: wenn z. B. ein gewisses Unternehmen 7—10 %

Reingewinn abwirft, so könnte vielleicht der Fabrikant oder Kaufmann sein Unternehmen im Stich lassen, um von dem Staatspapier eine wenn auch etwas geringere Einnahme, aber ohne Mühe und Risiko, zu beziehen. Die Regierung, die in Rußland mehr Kredit besitzt als irgend jemand, könnte — ich wiederhole es — alles dieses tun, eine andere Frage aber ist es: soll sie es tun, und wird eine solche Handlungsweise ihr auf lange die gewünschten Ressourcen verschaffen? Ich bin davon überzeugt und halte es für meine heiligste Pflicht, Ew. Kaiserliche Majestät alleruntertänigst zu berichten, daß die Saite allzu straff gespannt ist und wir durch ihre stärkere Anspannung den Zweck nicht erreichen, sondern den Staat einer ernsten Gefahr aussetzen.

Was muß und kann man in einer solchen Situation tun? In den obigen Erwägungen habe ich vor Ew. Kaiserlichen Majestät die Ursachen des Geldmangels darzulegen gesucht: sowohl die zufälligen als diejenigen, die sich aus einer langjährigen Regierungspraxis wie aus der Praxis der vermögenden Klassen ergeben. Das Übel, das bei uns so tiefe Wurzeln gefaßt hat, kann durch einzelne Maßnahmen, wie z. B. die Gründung der einen oder anderen Art von Banken, nicht beseitigt, ja nicht einmal wesentlich erleichtert werden. Hierzu ist es erforderlich, im Verlaufe mehrerer Jahre nach gewissen Prinzipien konsequent vorzugehen. Diese Tendenz der Regierungsmaßnahmen muß nach meiner Ansicht hauptsächlich in dreierlei zum Ausdruck gelangen:

1. Oben wurde dargelegt, daß viele ausländische und polnische Kapitalien, ja sogar russische, uns verlassen haben und noch fortfahren, uns zu verlassen; wenn diese Auswanderung der Kapitalien fortdauert, so muß Rußland immer mehr und mehr verarmen, den Abfluß der Kapitalien aufhalten kann aber nur das wachsende Zutrauen zu der Festigkeit unserer politischen Institutionen, zu der dauerhaften,

aber allmählichen und nicht übereilten Einbürgerung der hauptsächlichen unter den begonnenen Reformen in unserem bürgerlichen Leben und die Überzeugung, daß wir uns von jeder Einmischung in die politischen Streitigkeiten anderer Mächte fernhalten.

2. Für den Geldmarkt müssen leichtere Bedingungen geschaffen werden, und das ist nur möglich, wenn die Regierung geringere Anforderungen an ihn stellt; dann werden sich die jährlichen Ersparnisse von selbst in alle augenblicklich ausgetrockneten Kanäle der Industrie ergießen, die Klagen über Geldmangel werden seltener werden und endlich ganz aufhören.

3. Die Regierung muß sich nur oder wenigstens vorzugsweise zum Zweck produktiver Ausgaben an den Geldmarkt wenden, und in erster Linie steht unter diesen Ausgaben der Bau von Eisenbahnen.

II. Geldumlauf. Wechselkurs. Zahlungen ans Ausland.

Die Desorganisation unseres Geldmarktes begann infolge des Krimkrieges: durch die Emission von Kreditbilletten für 403 Mill. Rub. und die Störung des Gleichgewichts zwischen den ausländischen Verpflichtungen Rußlands und dem Modus ihrer Erfüllung.

Als Graf Cancrin im Jahre 1839 zur Valutareform schritt, hatten wir wie jetzt eine Papiervaluta, die durch den Austausch gegen klingende Münze nicht garantiert war und daher den Schwankungen des Wechselkurses oft unterlag. Diese Schwankungen waren im Vergleich zu den jetzigen unbedeutend, und zwar aus folgenden zwei Gründen: 1. seit der Zeit, wo der Kurs der Assignate auf ein Viertel ihres ursprünglichen Wertes gesunken war, waren schon mehr als zwei Jahrzehnte verflossen; der Ruin und die Verluste, die den Kurssturz der Geldzeichen begleitet hatten, waren bereits vergessen, und die Menge der Assignate, die im Jahre 1815 zu groß war, erwies sich nach 25 Jahren eher als ungenügend, so daß viel Silber im Verkehr erschien;

und 2. in den 40er Jahren waren die ausländischen Bedürfnisse der Regierung, ja auch die des Publikums und des Handels, weniger bedeutend als jetzt, so daß die Bilanz der ausländischen Zahlungen Rußlands und der ausländischen Transferte hierher größtenteils zu unseren Gunsten ausfiel. Der Wechselkurs blieb trotz des fehlenden Umtausches mit nur geringen Schwankungen bei $28^1/_2$ Kop. Silber pro Rubel Assignate stehen. Dieser Kurs wurde auch als Grundlage für die Einführung der Silbervaluta angenommen.

Von der Tatsache ausgehend, daß die Menge von Assignaten, die sich damals im Verkehr befand (gegen 500 000 000), ohne jede Unterstützung durch Umtausch, einfach durch das innere Bedürfnis nach diesen Geldwertzeichen, sich ganz von selbst im Preise von $3^1/_2$ Rub. Assig. pro Rubel Silber hielt, und daß somit keinerlei Schwierigkeit bestehen konnte, sie zu diesem Kurse einzuwechseln, daß aber bei der Vermehrung des Papiergeldes durch neue Emissionen nicht mehr auf die durch das bloße Bedürfnis des Verkehrs bedingte Aufrechterhaltung ihres Wertes gerechnet werden konnte — wurde bei der Reform des Jahres 1839 festgesetzt, daß neue Papiergeldemissionen nur gegen Hinterlegung klingender Münze in der Wechselkasse statthaben dürften. Der Erfolg dieser Reform ist bekannt, und das Valutasystem blieb solange unerschüttert, wie seine obengenannten Grundlagen nicht verletzt wurden. Während des Krimkrieges zwang aber die Notwendigkeit von der Beobachtung dieser Grundregeln abzusehen. Eine Folge der verstärkten Papiergeldemissionen war die Einstellung des Umtausches und das Sinken des Wechselkurses.

Der Krimkrieg untergrub noch eine andere ebenso wesentliche Grundlage unseres und jedes anderen Valutasystems: das Gleichgewicht zwischen den Zahlungen im Auslande und den Mitteln zu ihrer Bestreitung. Gewöhnlich sagt man, daß für internationale Zahlungen ein Gleichgewicht immer vorhanden sei, oder daß sich das Gleichgewicht wenigstens bald wiederherstellen müsse, da niedriger Kurs die Einfuhr verringert, die Ausfuhr erhöht und hierdurch das gestörte Gleichgewicht wiederherstellt. Dem wäre so, wenn es sich nur um die Handelsbilanz handelte, hier aber kommen andere, kompliziertere Ursachen hinzu.

Die Geldzahlungen oder, richtiger gesagt, die Bewegung der Werte zwischen Rußland und den anderen Staaten können in drei Kategorien geteilt werden.

1. Die ausländischen Ausgaben der Regierung und der besitzenden Klassen. Diese Ausgaben werden nicht durch den Hochstand oder den Niedergang des Wechselkurses bedingt. Ein Kaufmann wird zweifellos bei einem unvorteilhaften Kurse aufhören, eine bestimmte Ware zu verschreiben, wenn bei diesem Kurse die Operation nicht Vorteil, sondern Nachteil verspricht; die Regierung dagegen kann ihre Zahlungen im Auslande nicht einstellen, so unvorteilhaft der Kurs auch sei. Es ist eine Verpflichtung, die erfüllt werden muß, wie groß die Verluste auch seien; ja noch mehr — die Regierung, die Kredit hat und das Recht besitzt, ihre Untertanen nach eigenem Gutdünken zu besteuern, kann trotz aller Verluste und trotz des schlechten Einflusses auf den Kurs, durch Jahrzehnte hindurch ausländische Bestellungen machen, Expeditionen unternehmen und sich jegliche anderen Ausgaben gestatten, also die Zahlungen Rußlands ans Ausland erhöhen, ohne auf die Handelsbilanz zu achten. Dasselbe gilt auch für die besitzenden Klassen, d. h. für diejenigen, die von den Einkünften ihrer Landgüter und Kapitalien leben oder ihr Kapital und ihre Güter v e r leben. Eine solche Handlungsweise ist unvernünftig, sie ruiniert die Privatpersonen, die ihre Geschäfte so unwirtschaftlich führen, sie zerrüttet die Finanzen des Staates, trotzdem ist sie aber möglich und stört das Gleichgewicht zwischen den Zahlungen ans Ausland und den Mitteln zu ihrer Bestreitung.

2. Der Ausfuhrhandel ist das hauptsächliche und zuverlässigste Mittel zur Bestreitung der Zahlungen ans Ausland; in früherer Zeit deckte er nicht nur die Zahlungen

für die eingeführten Waren mit einem Überschuß, sondern auch die Ausgaben, welche die Regierung und die russischen Reisenden im Auslande machten. Zu jetziger Zeit ist das bereits nicht mehr möglich: die Zahlungen der Regierung und die Ausgaben der Reisenden sind in ungeheurem Maße gestiegen, die Ausfuhr aber ist, wenn auch nicht absolut, so doch relativ herabgegangen. Der Talg, einer der Hauptgegenstände unserer Ausfuhr, findet jetzt auf den ausländischen Märkten mehr Konkurrenz als früher. Während des Krimkrieges machte der englische Handel, durch die Teuerung des russischen Talgs veranlaßt, in verschiedenen Teilen der Welt Quellen für den Bezug dieser Ware ausfindig, von denen auch jetzt noch viele ihre Erzeugnisse auf den Londoner Markt bringen. Das Bergöl, Petroleum, — ein Erzeugnis, das vor 10 Jahren völlig unbekannt war, hat den Talg als Leuchtmaterial in bedeutendem Maße verdrängt. Während des Krimkrieges begann auf den europäischen Märkten indische und australische Jute zu erscheinen, die unseren Hanf ersetzte, und wenn während der letzten 2—3 Jahre für unseren Hanf und Flachs Nachfrage vorhanden war und sie gut im Preise standen, so muß das durch die Teuerung der Baumwolle und die in vielen Produktionszweigen erfolgte Ersetzung derselben durch jene Faserstoffe erklärt werden. Im Getreidehandel machen uns jetzt die Donaufürstentümer, Ungarn und besonders die Vereinigten Staaten, die dank dem Maschinenbetriebe und den Eisenbahnen das Getreide billiger liefern als wir, starke Konkurrenz.

3. In unserem Jahrhundert haben die Kapitalien einen kosmopolitischen Charakter angenommen; sie gehen dorthin, wo sich ihnen bei gleicher Sicherheit der vorteilhafteste Umlauf bietet. Die natürliche Strömung der Kapitalien ist die aus reichen, auf einem hohen Bildungsniveau stehenden Ländern in weniger entwickelte; deshalb würden die europäischen Kapitalien, insbesondere die englischen, ohne Zweifel zu uns strömen, wenn sie bei uns sowohl in politischer,

als in finanzieller Hinsicht genügende Vorbedingungen für ihre Sicherheit fänden. Oben wurde angeführt, daß die Kapitalien uns seit dem Krimkriege aus Befürchtungen wegen der Zukunft unserer bürgerlichen und politischen Ordnung zu verlassen anfangen. Um sie wieder nach Rußland zu ziehen, ist es notwendig, ebensosehr diese Befürchtungen wie die Schwankungen des Wechselkurses zu beseitigen. Die ausländischen Kapitalisten werden nur dann darauf eingehen, ihre Kapitalien in Rußland anzulegen, wenn ein stabiler Wechselkurs ihnen die Möglichkeit sichert, ihr Geld ohne Verlust wieder ins Ausland zurückzuerhalten.

Metallgeld sowohl als Papiergeld sind das Wertmaß für alle anderen in der Gesellschaft umlaufenden Werte. Die erste, wesentlichste Vorbedingung für das Geld sowie für jeden anderen Wertmaßstab ist seine Unveränderlichkeit. Diese Eigenschaft ist dem Golde und dem Silber in höherem Maße als jedem anderen Gegenstande eigen; denn wenn sich auch der Wert dieser Metalle unter dem Einfluß des Angebots und der Nachfrage ändert, so sind doch diese Schwankungen recht unbedeutend und erreichen selten die Höhe von 2 oder 3 pro mille, während die Preise aller übrigen Waren um Dutzende von Prozenten schwanken. Noch weniger praktische Bedeutung hat die Veränderung des Preises der Edelmetalle, die durch ihren bedeutenden Zufluß aus neuen Quellen verursacht wird, wie das z. B. nach der Entdeckung Amerikas der Fall war. Derartige Veränderungen gehen so langsam vor sich, daß sie nur aus einer Vergleichung der Daten für viele Jahrzehnte, ja sogar Jahrhunderte, gefolgert werden können. Wenn das Papiergeld durch Einlösung sichergestellt ist und volles Vertrauen genießt, so ersetzt es innerhalb der Grenzen des Staates, in dem es emittiert ist, und zuweilen sogar außerhalb desselben, vollkommen das Metallgeld. Wenn aber die Einlösung des Papiergeldes infolge irgendwelcher finanziellen oder politischen Umstände zweifelhaft wird oder sogar ganz aufhört, so entsteht zwischen ihm und dem Metallgelde eine Preisdifferenz in der

Form eines Agio auf klingende Münze und ein Sinken des Wechselkurses auf die ausländischen Staaten, in welche die gesamte klingende Münze allmählich hinüberströmt, so daß als einziger Wertmesser innerhalb des Staates das Papiergeld übrigbleibt, das an und für sich keinen inneren Wert besitzt, aber einen mehr oder weniger bedeutenden Teil seines Nominalwertes deshalb beibehält, weil es von der Regierung überall als Zahlung angenommen wird und die Privatleute in Ermangelung anderen Geldes gezwungen sind, sich mit ihm zu begnügen. Die bürgerliche Gesellschaft kann ohne eine allgemein bekannte und allgemein anerkannte Geldeinheit nicht existieren, denn der bloße Austausch von Produkten gegen andere Produkte ohne vermittelndes Wertzeichen ist nur bei ganz primitiven und unkomplizierten Beziehungen zwischen den Menschen möglich. Auch das Papiergeld, das gar nicht durch Einlösung sichergestellt ist, behält deshalb, gleichsam auf Grund eines allgemeinen Übereinkommens, einen gewissen Wert innerhalb des Staates und ersetzt in dieser Beziehung das Metallgeld.

Worin besteht also eigentlich der Schaden, der durch eine zerrüttete Papiervaluta verursacht wird?

Die Folgen einer zerrütteten Papiervaluta lassen sich in bezug auf die inländischen und die internationalen Geldgeschäfte betrachten.

1. Eine Folge der allzu reichlichen Emission von Papiergeld und der unvermeidlich damit verbundenen Einstellung seiner Einlösung ist vor allem ein mehr oder weniger rasches Sinken des Kurses des Papiergeldes und infolgedessen eine nominelle Steigerung des Preises aller anderen Gegenstände. Hierbei verlieren alle diejenigen, die ein festes Einkommen haben, so z. B. ein Gehalt, Zinsen von einem Kapital, Einkünfte laut Mietskontrakten usw., weil sie dieselbe nominelle Summe beziehen und infolge der Teuerung ihre Bedürfnisse nicht in früherer Weise befriedigen können. In derselben Lage befindet sich der Staat, und eine Folge des Sinkens des Papiergeldkurses ist stets eine Vermehrung der

Defizite im Budget. Nach der ersten Periode hört das Sinken des Papiergeldkurses auf, wenn es nur nicht durch neue Emissionen unterstützt wird; dann erhält das Papiergeld einen ziemlich stabilen Wert, wie das bei uns in den 30er Jahren und in England zu Beginn des Jahrhunderts der Fall war.

2. Die Einstellung der Einlösung und das hierauf eintretende Sinken des Papiergeldkurses zerreißt das Band zwischen den inländischen und ausländischen Werten. Die Entwertung des Papiergeldes lastet ganz besonders auf jenen Zweigen der nationalen Tätigkeit, die mit der wirtschaftlichen Tätigkeit anderer Völker in direktem Zusammenhange stehen. Innerhalb des Reiches wird der Wert des Papiergeldes durch dessen Annahme bei staatlichen Zahlungen und, sozusagen, durch das allgemeine Übereinkommen, es als Geld anzuerkennen, aufrechterhalten; hier hat eigentlich niemand einen direkten Vorteil von seinem Sinken, und dieses Sinken selbst, das nur in der Steigerung der Preise anderer Gegenstände zum Ausdruck gelangt, bleibt gleichsam unbemerkt. Ganz anders ist es bei Geschäften mit dem Auslande. Die ausländischen Kaufleute fahren fort, ihre Berechnungen nach Franken, Pfunden Sterling, Talern und sonstigen Münzen zu machen, und wenn unsere Papierrubel im Kurse sinken, verlangen sie von ihnen soviel, wieviel sie brauchen, um in ausländischer Münze eine gewisse Summe zusammenzubekommen. Dieses veränderliche Verhältnis zwischen den ausländischen Münzen und dem im Innern des Reiches verkehrenden Papiergelde wird durch den Wechselkurs zum Ausdruck gebracht. Den Verlust infolge des Sinkens des Wechselkurses tragen die inländischen produktiven Kräfte, denn der ausländische Käufer unserer Ware und ebenso der Ausländer, der uns seine Ware verkauft, schließen alle ihre Geschäfte in ihrem, der Veränderung nicht unterliegendem Gelde ab, so daß unser Handel und unsere Industrie, die alles Risiko infolge der Veränderung des Wechselkurses zu tragen haben, die Möglichkeit verlieren, sichere Kalkulationen in ihren Geschäften zu machen.

Diese Unsicherheit ist das Hauptübel, das durch die zerrüttete Papiervaluta verursacht wird.

Der Wechselkurs gilt gewöhnlich als der Maßstab für das Sinken des Papiergeldwertes: wenn der Kurs 20 % unter der Norm steht, so nimmt man an, daß das Papiergeld um ebensoviel im Vergleich zu seinem ursprünglichen Werte gesunken ist. Diese Anschauung ist hinsichtlich der weniger umfangreichen und entwickelteren Länder richtig, dürfte aber auf Rußland nicht vollkommen zutreffen. Wenn in England seit dem Ende des vorigen Jahrhunderts bis zum Jahre 1818 die Einlösung der Banknoten in klingende Münze nicht stattfand und infolgedessen ein Sinken des Banknotenpreises und des Wechselkurses eintrat, so gab dieser das Sinken des Banknotenwertes wirklich ziemlich genau an, und in Übereinstimmung mit der allmählichen Wiederherstellung der Einlösung stiegen die Wechselkurse, fielen die Preise innerhalb des Landes. Bei uns aber besteht schwerlich eine volle Solidarität des Wechselkurses und des Wertes der Kreditbillette. Ohne Zweifel wird das Sinken des Wechselkurses hauptsächlich durch das Sinken des Wertes der Kreditbillette verursacht, aber es besteht keine so enge Verbindung zwischen diesen Erscheinungen, daß man nach dem Kurse darüber urteilen könnte, um wieviel die Kreditbillette in ihrem Werte gesunken sind. Das wird ganz besonders deutlich durch die Ereignisse der letzten Monate bewiesen, wo der Kurs unter dem Einflusse ausländischer politischer und finanzieller Verhältnisse rasch sank und stieg, ohne auf den Arbeitslohn und die ungeheure Mehrzahl der Konsumartikel einen merklichen Einfluß auszuüben, während bei einem Sinken oder bei Schwankungen des Kreditbillettwertes die Preise aller Gegenstände notwendigerweise in die Höhe gehen und schwanken mußten. Die Kreditbillete befinden sich im Verkehr auf dem ganzen ungeheuren Territorium des Reiches, sie genießen innerhalb desselben unerschüttertes Vertrauen und werden durch die Bedürfnisse des Binnenhandels, der Industrie und überhaupt des nationalen Lebens gestützt; die Schwankungen des Kurses aber wirken auf die Geschäfte mit dem Auslande, welche im Verhältnis zu den inländischen Geschäften unbedeutend sind. Innerhalb Rußlands befriedigen die Kreditbillette das Bedürfnis nach einem Geldzeichen, und die Notwendigkeit ihrer Einlösung in klingende Münze tritt selten hervor; ihr Wert wird durch das Verhältnis ihrer Gesamtmasse zu dem Bedürfnis nach Geldzeichen bedingt, und das Beispiel der 30er und 40er Jahre dieses Jahrhunderts beweist, daß das Papiergeld bei uns auf einem verhältnismäßig wenig schwankenden Wertniveau erhalten werden kann. Der schwankende Wert der Kreditbillette tritt nur da zutage, wo der Binnenverkehr mit dem allgemeinen europäischen in Verbindung steht, und gelangt im Wechselkurse zum Ausdruck, der auf einigen wenigen Märkten, d. h. auf den Börsen einiger Großstädte, festgestellt wird, unter denen Petersburg nicht nur die erste, sondern auch die völlig dominierende Rolle spielt. Der Kurs, der zweimal wöchentlich auf der Petersburger Börse festgestellt wird, wird gleichsam für ganz Rußland obligatorisch, denn wenn auch Riga und Odessa gewöhnlich einen etwas höheren Kurs notieren als Petersburg, so folgen diese Börsen dennoch allen Schwankungen der Börse von Petersburg; an und für sich schon ist dieses Dominieren Petersburgs nicht vorteilhaft, ganz besonders unvorteilhaft aber ist die Vorherrschaft des Haupt-Einfuhrhafens über die Ausfuhrhäfen. In Petersburg, dem Haupt-Einfuhrhafen und dem Markt, wo sich sowohl die Regierung für ihre ausländischen Bedürfnisse als auch der größte Teil unserer Reisenden mit Wechseln versorgen, muß naturgemäß die Nachfrage nach Anweisungen aufs Ausland die Summe der auf der Börse erscheinenden Wechsel des Petersburger Ausfuhrhandels stets übersteigen. Dieses Manko wird bis zu einem gewissen Grade durch die Rigaschen, Odessaschen und anderen Wechsel gedeckt, immerhin aber muß man bedauern, daß Petersburg die dominierende Rolle bei der Feststellung des Wechselkurses

In Petersburg hängt die Festsetzung des Wechselkurses selbstverständlich vor allem und hauptsächlich von dem Verhältnis des Angebots übertragener Wechsel zu der Nachfrage nach ihnen ab. Dieses Verhältnis zeigt, im ganzen genommen, ein Übergewicht derjenigen, welche Geld anweisen wollen, weil sich unsere Bedürfnisse im Auslande überhaupt nicht durch die Ausfuhr unserer Waren decken lassen. Solange dieses Übergewicht besteht, wird unsere Börse im allgemeinen stets zu einer Herabsetzung des Wechselkurses tendieren müssen. Dieses wird von den Spekulanten ausgenutzt: mit bisweilen recht unbedeutenden Summen rufen sie an einem bestimmten Börsentage Schwankungen auf der Petersburger Börse hervor, deren Notierungen von ganz Rußland unweigerlich akzeptiert werden; an diesen Spekulationen sind hauptsächlich Berliner Häuser beteiligt; — irgendwelche finanzielle oder politische Vorgänge ausnutzend, drücken sie in Berlin den Kurs auf Petersburg oder den Kurs einer Anleihe herab, der Telegraph bringt die Nachricht darüber auf die Petersburger Börse, und unter dem Eindruck der Berliner Baisse sowie unter Zutun der hiesigen Spekulanten kommt es bei uns zu einem noch bedeutenderen Sinken des Kurses, was wiederum auf die Berliner Börse einwirkt; ebensolche Operationen, nur nach der entgegengesetzten Seite hin, werden auch vorgenommen, wenn friedliche oder sonst befriedigende Nachrichten mehr Chancen zu einer Preissteigerung bieten; die Spekulanten brauchen Schwankungen, denn ihr Vorteil besteht in der Differenz zwischen den Kursen.

Aus allem diesem ergibt sich, daß die für den Handel so schädlichen schnellen Schwankungen des Wechselkurses wenigstens in bedeutendem Maße künstlich von Spekulanten hervorgerufen werden; diese Leute haben deshalb die Möglichkeit, die Schwankungen hervorzurufen, weil keine Einlösung des Papiergeldes in klingende Münze besteht; demgegenüber ist das allmähliche Sinken des Wechselkurses keine Folge der Spekulation, sondern des wirklichen Übergewichts der Zahlungen ans Ausland über die Mittel zu ihrer Bestreitung. Die Einlösung aber kann nicht wiederhergestellt werden, solange das bestehende Verhältnis der ausländischen Verpflichtungen zu den Mitteln, ihnen nachzukommen, fortdauert.

Schlußfolgerung.

Die Wiederherstellung der Einlösung der Kreditbillette gegen klingende Münze zu ihrem Nominalwert halte ich gegenwärtig für unmöglich. Vom 16. Juli 1857 bis zum Ausgange des Jahres 1861 wurde der Wechselkurs auf Paris im Betrage von 360 Centimes künstlich, durch Tratten, aufrechterhalten. Am Ende des Jahres 1861 wurde beschlossen, das Trassieren einzustellen, da es sich als unmöglich erwies, im Auslande die hierzu erforderlichen Mittel zu finden. Zu dieser Operation waren fast 100 Mill. Rub. Silber gebraucht worden. Im Jahre 1862 hatte man dann die Entscheidung zu fällen: Soll man den Kurs sich selbst überlassen und ihn dadurch unvermeidlich zum Sinken verurteilen oder den Versuch machen, durch Einlösung zu allmählich steigendem Preise den Wert der Kreditbillette bei unseren ausländischen Abschlüssen wiederherzustellen? Die Operation der Einlösung ging im Laufe von acht Monaten, vom Mai 1862 bis zum Januar 1863, befriedigend vor sich, und es wurde eine Erhöhung des Kurses um 7 % gegen ein geringes Opfer — d. h. durch die Außerverkehrsetzung von 24 Millionen Rub. Kredit, die durch ebensoviel klingende Münze ersetzt wurden, erzielt. Vom Januar 1863 an erschütterten der polnische Aufstand und der uns drohende europäische Krieg das Zutrauen zu dem Erfolg der Einlösungsoperation und zu unseren Finanzen überhaupt, so daß man sich im November 1863 wiederum zur Einstellung der Einlösung entschließen und den Wechselkurs seinem Schicksal überlassen mußte. Nach meiner Meinung ist es nach dem Mißerfolg des Jahrse 1863 völlig unmöglich, zu dem Gedanken, die Kreditbillette zu ihrem Nominalwerte einzulösen, zurückzukehren: Keine Operation, der unsere jetzigen finanziellen Kräfte gewachsen sind, kann den Wechselkurs um mehr als 30 % heben und auf diesem Niveau erhalten, ganz abgesehen davon, daß eine solche plötzliche Steigerung nach andauerndem Sinken des Kurses alle kommerziellen Kalkulationen in Verwirrung bringen müßte. Daher müssen zum mindesten einige Jahre hindurch alle Bemühungen nicht auf die Wiederherstellung des Nominalwertes unserer Valuta, sondern darauf gerichtet sein, dem allmählichen Sinken des Wechselkurses Einhalt zu tun und die allzu großen Schwankungen dieses Kurses zu beseitigen. Mit einem Worte: bei der jetzigen Sachlage muß die Wiederherstellung unserer Valuta als unmöglich erkannt und der Zukunft überlassen werden; aber die Regierung kann und muß danach streben, unserem Geldumlauf verhältnismäßig feste und stabile Grundlagen zu geben.

Die zu diesem Zweck ergriffenen Regierungsmaßnahmen können auf den Wert der Kreditbillette im Innern des Reichs und auf den ausländischen Wechselkurs Bezug haben.

I. In bezug auf den Verkehr der Kreditbillette im Innern des Reichs wird in der Gesellschaft und selbst in Regierungskreisen häufig die Frage aufgeworfen: Haben wir zuviel Kreditbillette oder, im Gegenteil, zuwenig? Diese Frage könnte mit absoluter Klarheit nur durch eine Einlösung entschieden werden, die ganz allein den Maßstab für den Überfluß oder den Mangel an Geldwertzeichen abgeben kann. Wie dem aber auch sei, jedenfalls unterliegt es keinem Zweifel, daß die Zerrüttung unserer Valutaverhältnisse mit der übermäßigen Emission von Kreditbilletten ihren Anfang nahm, daß diese Emissionen nicht nur auf unseren Verkehr mit den ausländischen Staaten, d. h. auf den Wechselkurs, sondern auch überhaupt auf die Preise im Inneren des Reichs einwirkten; seitdem ist weder der Kurs auf pari gestiegen, noch sind die Preise auf ihr früheres Niveau gesunken; es erscheint mithin unfraglich, daß die Bedeutung der Kreditbillette sowohl innerhalb des Reichs, als im ausländischen Verkehr geringer ist als im Jahre 1853; mit anderen Worten — im Vergleich zu 1853 sind ihrer zuviel im Umlauf, nicht nur absolut, sondern auch im Vergleich zum Bedarf. Ich lasse diese Frage, da sie keine praktische Bedeutung hat, solange es sich nicht um die Wiederherstellung der Valuta handelt, beiseite und wende mich zu einer anderen, praktisch ungeheuer wichtigen Frage: Hat im Innern des Reiches, wo der ausländische Wechselkurs nur einen indirekten Einfluß ausübt, das Sinken der Kreditbillette aufgehört, oder dauert es noch fort? Mit anderen Worten: Ist die nach dem Krimkriege so merkliche Steigerung der Preise für Gegenstände der innern Produktion und des innern Konsums zum Stillstande gekommen? Diese Frage ist deshalb schwer mit positiven Daten zu beantworten, weil sich die Arbeitsbedingungen seitdem durch die Aufhebung der Leibeigenschaft und andere Reformen radikal geändert haben. Der Arbeitslohn und die Getreidepreise gelten als die sicherste Basis für die Entscheidung von Fragen des relativen Wertes aller Gegenstände und des Geldes selbst; die bäuerliche Reform hat zwar gerade die Arbeit und den Ackerbau in so hohem Grade berührt, daß in dem vorliegenden Falle der Arbeitslohn und die Getreidepreise als positiver Maßstab für den Geldwert unbedingt in Zweifel gezogen werden können, nichtsdestoweniger bietet aber die Beobachtung dieser Preise die Grundlage für mögliche Schlüsse. Die Getreidepreise haben in den letzten Jahren, wie überall und immer, unter dem Einfluß der Ernte, der ausländischen Nachfrage und anderer zufälliger Umstände geschwankt, aber ein ununterbrochenes, allmähliches Steigen, das auf ein ebenso allmähliches Sinken der Kreditbillette hinwiese, ist nicht zu bemerken gewesen. Diese Tatsache wird durch die auf die letzten 20 Jahre bezüglichen Angaben der Bücher eines unserer bedeutendsten Getreidehändler bewiesen. Aus ihnen ist ersichtlich, daß in Morschansk, Ssamara, Kasan und Rybinsk alle Getreidesorten im Laufe der letzten zehn Jahre zu Preisen verkauft wurden, die natürlich stark schwankten, aber nur in den ersten Jahren dieses Jahrzehnts ein mehr oder weniger ununterbrochenes Steigen aufwiesen. Aus den Büchern des Rybinsker Schiffahrtsamts für die Jahre 1860, 1861, 1862 und 1863 sind die Angaben über alle hier verzeichneten Bedingungen für den Warentransport auf dem Marien- und Tichwin-Kanalsystem nach Petersburg ausgezogen worden, und aus ihnen ergibt sich, daß die Preise überhaupt in bedeutendem Maße von dem Quantum der zu transportierenden Waren abhängen, so daß die Warenhäufung zu einer bestimmten Zeit sofort eine Preissteigerung hervorruft; im allgemeinen ist jedoch die Preissteigerung höchstens in den ersten drei Jahren der bezeichneten Periode bemerkbar gewesen; im Jahre 1863 sanken jedoch die Preise bei demselben Frachtenquantum, wie im Jahre 1862, auf dem Mariensystem von 13,28 auf 13,03 Kop., auf dem Tichwinsystem aber, wo das Frachtenquantum geringer war als im Jahre 1862, von 20,35 auf 17,94 Kop.; für die Jahre 1864 und 1865 konnten noch keine so sicheren Daten gesammelt werden, aus dem Urteil von Sachkennern ergibt sich aber, daß die Resultate für diese Jahre dieselben sein werden, d. h. daß die Preise je nach der Nachfrage schwanken, eine allmähliche Steigerung, die bei einem allmählichen Sinken des Kreditrubelwertes stattgehabt hätte, aber nicht zu bemerken gewesen ist.

Nach meiner Ansicht dauert die durch den Überschuß an Kreditbilletten veranlaßte allgemeine Preissteigerung im Inneren des Reiches jetzt kaum weiter fort. Natürlicherweise steigen die Preise aller aus dem Auslande importierten Gegenstände in Übereinstimmung mit dem Zustande des Wechselkurses, und dieses muß indirekt auch auf die Preise der übrigen Gegenstände einwirken. Wenn man sich zu den ziffernmäßigen Daten wendet, so erweist sich, daß am 1. Januar 1853 Kreditbillette für 311 000 000 Rub. im Verkehr waren, jetzt aber für 650 000 000, also um 109 % mehr;

rechnet man diese Summen zu dem jetzigen Kurse in Franken um, so waren es im Jahre 1853 1 244 000 000, im Jahre 1866 aber 1 950 000 000, also um 56 % mehr. Das Sinken des Preises der Kreditbillette ist also bereits gleich der Verringerung ihrer Anzahl; je höher ein Geldzeichen im Preise steht, desto weniger bedarf man seiner zum Nominalpreise, und umgekehrt. Außerdem hat seit dem Jahre 1853 der notwendige Geldbedarf sowohl bei der Regierung als bei Privatpersonen bedeutend zugenommen, wozu die bäuerliche Reform nicht wenig beigetragen hat.

Aus allem diesem kann man meiner Ansicht nach die Schlußfolgerung ziehen, daß innerhalb Rußlands die Preise eigentlich kaum mehr einer weiteren bedeutenden Steigerung infolge des Überflusses an Kreditbilletten unterliegen können und die Regierung diese jetzt nicht in bedeutendem Maße aus dem Verkehr zu ziehen braucht, um ihren Wert innerhalb des Reiches zu erhöhen oder zu stabilisieren. Diese Maßregel kann sich nur in einigen Fällen als notwendig erweisen, wenn nämlich in den Hafenstädten und besonders in Petersburg ein zeitweiliger Überfluß an Kreditbilletten zu Baissespekulationen den Anreiz gibt, wie oben dargelegt wurde.

II. Hinsichtlich des Wechselkurses auf Auslandplätze können die Maßnahmen der Regierung in solche zur Wiederherstellung des gestörten Gleichgewichts zwischen unseren ausländischen Verpflichtungen und den Mitteln zu ihrer Deckung und in Maßnahmen gegen die Börsenspekulation eingeteilt werden.

Der Mangel an Mitteln zur Bestreitung der auswärtigen Zahlungen, der staatlichen Zahlungen sowohl als derjenigen von Privatpersonen, ist meiner Ansicht nach das gefährlichste von allen unseren finanziellen Gebresten. Dieses Übel kann nicht auf dem jetzigen Niveau erhalten bleiben; entweder es wird in dieser Beziehung besser, oder Rußland geht rasch seinem Ruin entgegen, und die Regierung verliert jeglichen Kredit. Der Mangel an Mitteln zur Bestreitung unserer ausländischen Zahlungen entzieht uns immer mehr und mehr das Edelmetall, läßt keine ausländischen Kapitalien zu uns, treibt die eigenen Kapitalien aus Rußland und vernichtet den Kredit der Regierung im Auslande durch die unaufhörlichen Auslandanleihen, die die Zahlungen des Staates ans Ausland immer mehr anwachsen lassen. Dieses Übel hat sich schon so eingefressen, daß es nicht durch eine beliebige Finanzmaßregel und binnen kurzer Zeit beseitigt werden kann. Nach meiner festen Überzeugung muß die Regierung eine ganze Reihe von Maßnahmen treffen, die auf die allmähliche Besserung unserer ausländischen Geldgeschäfte hinzielen, und der eingeschlagenen Richtung im Laufe mehrerer Jahre trotz aller politischen und sonstigen Unbequemlichkeiten unentwegt folgen. Diese Maßregeln müssen nach meiner Ansicht in folgendem bestehen: a) in der Erleichterung der Verhältnisse auf dem Geldmarkte und der Beseitigung alles dessen, was die Zahlungen ans Ausland erhöht; b) in der Stärkung unseres Ausfuhrhandels und c) in Maßnahmen, welche die Kapitalien in Rußland zurückhalten und Kapitalien nach Rußland hereinziehen.

a) Zu den Maßnahmen der ersten Kategorie gehört vor allen Dingen die Verringerung der Ausgaben des Staates im Auslande selbst. Unter diesen Ausgaben finden sich solche, die nicht verringert werden können, weil sie für die Regierung eine unverletzliche Verpflichtung bilden, es gibt aber auch andere, die einen zufälligen Charakter tragen und vermieden werden können, wenn es auch mit Unbequemlichkeiten verknüpft ist.

Schon seit mehreren Jahren hat Ew. Kaiserliche Majestät laut den Protokollen des Finanzkomitees mehrfach allen Ressorts die Verringerung der Ausgaben im Auslande eingeschärft; jetzt ist das meiner Ansicht nach nicht mehr genügend, sondern man muß alle irgendwie erheblichen Bestellungen im Auslande einstellen und nur dasjenige verschreiben, was man in Rußland überhaupt nicht erhalten kann. Wenn es dabei notwendig sein sollte, die Geschützfabriken dem

4*

Artillerieressort zu übergeben, so muß diese Maßnahme nach meiner Ansicht sofort getroffen werden, so unbequem es auch sein mag, die Fabriken aus dem Bergressort auszuscheiden. Auch die weiten Fahrten unserer Geschwader, die uns sehr bedeutende Ausgaben im Auslande verursachen, müssen eingestellt werden, und man muß die Programme für diese Fahrten so zusammenstellen, daß sie ihre Vorräte (abgesehen von Kohle und frischer Provision) nur in seltenen Fällen in ausländischen Häfen zu ergänzen brauchen.

Der Zolltarif hat Einfluß auf unseren Einfuhrhandel und folglich auch auf unsere Auslandzahlungen. Zum mindesten im Laufe einiger Jahre müßte man daher bei den Erwägungen über die Tarifänderungen besondere Aufmerksamkeit auf die nützliche Folge dieser Änderungen — den Wechselkurs — verwenden (auf den Tarif überhaupt wird weiter unten genauer eingegangen werden).

Vom Standpunkt der Erleichterung des Geldmarktes haben die Mittel, welche die Regierung bei der Bezahlung der Zinsen ihrer ausländischen Schulden anwendet, eine ungeheure Bedeutung. Die jährlichen Zahlungen für unsere Schulden sowie die Bezahlung der Kupons der Aktien und Obligationen der Großen Gesellschaft der russischen Eisenbahnen betragen mehr als 30 000 000 Rub. Silber; sie wurden bis jetzt teils durch ausländische Anleihen, teils durch Kauf von Wechseln und durch andere Börsenoperationen gedeckt. In der Literatur, in der Presse und in Regierungskreisen werden die periodisch wiederkehrenden Anleihen im Auslande häufig mißbilligt, und man kann nicht umhin zuzugestehen, daß die geäußerten Befürchtungen begründet sind. Der Kredit Rußlands leidet notwendigerweise unter den sich wiederholenden ausländischen Anleihen, die, indem sie die Summe der jährlichen Zahlungen erhöhen, die Notwendigkeit neuer verstärkter Anleihen hervorrufen, die wiederum unseren Kredit schädigen. Wenn diese Sachlage noch lange andauern sollte, so würde sie unvermeidlich dazu führen, daß wir die Zinsen unserer ausländischen Anleihen nicht mehr bezahlen können, d. h. zu einer solchen Katastrophe, die den Kredit Rußlands endgültig vernichten und es trotz der reichlichen Elemente der Größe, über die es in anderer Beziehung verfügt, zu einer Macht zweiten Ranges degradieren würde; andererseits ist es offenbar unmöglich, die ganze Schwere unserer ausländischen Verpflichtungen auf den Wechselkurs in seiner jetzigen Lage drücken zu lassen, und der bloße Gedanke, daß die Regierung die Absicht habe, an den russischen Börsen Wechsel auf eine so ungeheure Summe kaufen zu lassen, würde auf der Börse eine Panik und das endgültige Sinken des Wechselkurses hervorrufen. Bei einer solchen Lage der Dinge muß man sehr vorsichtig und allmählich nach Maßgabe der Möglichkeit den Ankauf von Wechseln und ähnliche Bankieroperationen verstärken, um Mittel für die Zahlungen ans Ausland zu gewinnen, und gleichzeitig fortfahren, von Zeit zu Zeit im Auslande Geldmittel nach Maßgabe der Notwendigkeit solange zu beschaffen, bis sich der Zustand des Wechselkurses bedeutend gebessert hat und uns die Möglichkeit gibt, ohne das kostspielige und gefährliche Mittel der Anleihen im Auslande auszukommen.

b) In der Hebung unseres Ausfuhrhandels muß das wesentlichste Mittel zur Aufbesserung des Wechselkurses und unserer Valuta überhaupt erblickt werden. Nur dann kann man auf eine wirkliche Besserung unserer finanziellen Situation rechnen, wenn der allmählich sich hebende Ausfuhrhandel und infolgedessen die sich mehrende Menge der auf der Börse angebotenen trassierten Wechsel die in Anbetracht des Mangels an diesen Wechseln jetzt bestehende fallende Tendenz des Kurses zum Stehen bringt, hierdurch wieder Vertrauen zu unserer finanziellen Zukunft einflößt und die Kapitalien aus Europa zu uns strömen läßt. Zum Zweck der Hebung unseres Ausfuhrhandels ist bereits der größere Teil unserer Ausfuhrzölle aufgehoben worden, und nach meiner Ansicht muß man auch alle übrigen, mit der alleinigen Ausnahme des Zolls auf Lumpen, aufheben; die wesentlichste Maßregel zur Hebung des Ausfuhrhandels ist aber der Bau von Ausfuhrbahnen, d. h. solcher Eisenbahnen, die von den Meeren und von den Grenzen in die produzierenden Teile des Reiches führen. In den Eisenbahnen liegt nicht nur die Zukunft unserer Valuta und des Wechselkurses, sondern überhaupt der wirtschaftlichen Entwicklung, der Finanzen, ja sogar der politischen Bedeutung Rußlands. In Anbetracht der Wichtigkeit und Kompliziertheit dieses Gegenstandes wird meine Meinung darüber besonders dargelegt.

c) Die Heranziehung ausländischer Kapitalien nach Rußland und ihre Zurückhaltung hierselbst ist wegen des Valutasytems und des Wechselkurses ebenso wichtig wie wegen des in Rußland empfundenen Geldmangels, von dem oben geredet worden ist. Die Bewegung der Kapitalien hängt zum mindesten ebensosehr von den politischen wie von den finanziellen Verhältnissen ab. Ich will nicht wiederholen, was hierüber schon gesagt worden ist, und füge nur einige Worte über den Einfluß hinzu, den in dieser Beziehung die Tendenz des Wechselkurses hat: Hat der Kurs im allgemeinen eine sinkende Tendenz, so entnimmt der ausländische Kapitalist hieraus die Wahrscheinlichkeit, daß sein Kapital durch das Verweilen in Rußland kleiner werden wird, denn jede Woche verringert oder kann wenigstens die Anzahl von Franken oder Pfunden Sterling verringern, die er für eine gewisse Summe in Rubeln erhält. Hat der Kurs dagegen eine steigende Tendenz, so erwartet der ausländische Kapitalist, falls er sein Kapital in Rußland läßt oder es möglichst rasch dort anlegt, ein Anwachsen desselben, das der wahrscheinlichen Steigerung des Kurses entspricht. Bei einem erwarteten Sinken des Kurses ist es daher vorteilhaft, die in Rußland befindlichen ausländischen Kapitalien möglichst rasch von dort herauszuziehen und die nach Rußland zu übermittelnden möglichst lange im Auslande zurückzuhalten. Hat aber der Kurs im allgemeinen eine steigende Tendenz, so ist es für den Ausländer vorteilhafter, sein

Geld in Rußland zu lassen oder unverzüglich dort anzulegen. Hieraus läßt sich leicht schließen, welchen ungeheuren Vorteil Rußland davon hat, wenn es durch die oben genannten Maßregeln gelingt, die allgemeine sinkende Tendenz der Kurse durch eine steigende zu ersetzen.

Die Maßnahmen gegen die Börsenspekulation bieten im allgemeinen viel Schwierigkeiten, weil sie nur zu leicht eine neue Spekulation hervorrufen. Als die wesentlichste von diesen Maßnahmen und die einzige, welche keine Unbequemlichkeiten mit sich bringt, ist die Stärkung unseres Ausfuhrhandels und die Verringerung unserer Ausgaben im Auslande, mit einem Worte, all dasjenige anzustreben, was, wie oben dargelegt, unserem Wechselkurse eine steigende Tendenz verleiht. Sobald diese Tendenz eine stetige geworden ist, werden die Spekulanten selbst nicht mehr auf das Sinken, sondern auf das Steigen des Kurses hinwirken; außerdem können sich in gewissen Fällen einige temporäre Mittel als nützlich erweisen, die durch Konsolidierung der Kreditbillette oder durch Ermunterung und Unterstützung der Personen, welche an der Börse à la hausse operieren, Geldknappheit an der Börse hervorrufen. Das schon früher übliche Trassieren ist als ein gefährliches Mittel zu vermeiden.

III. Die Eisenbahnen.

Die Erbauung von Eisenbahnen kann nicht nur als ein dringendes Bedürfnis, sondern auch als die für die Zukunft Rußlands wichtigste Aufgabe der Regierung bezeichnet werden. Die durch Eisenbahnen vermehrte Ausfuhr erscheint, wie oben dargelegt, als der einzig mögliche Ausweg für unsere zerrütteten Valutaverhältnisse und folglich auch für den Staatskredit und die Finanzen überhaupt: auch die wirtschaftliche Lage Rußlands kann nur durch Eisenbahnen, welche seinen Erzeugnissen Wert verleihen und folglich eine genügende Entlöhnung der Arbeit sowie ein ausreichendes Einkommen vom Landbau beschaffen, wesentlich verbessert werden; in finanzieller Hinsicht kann man eine wesentliche Vermehrung der Einnahmen nur von einer Aufbesserung des wirtschaftlichen Lebens erwarten, die von der Besserung der Verkehrswege abhängt; in politischer Beziehung muß endlich die Möglichkeit zu raschen Truppenverschiebungen vom Zentrum an die Grenze die Kräfte Rußlands vermehren.

Leider kann man sich nicht verhehlen, daß der Eisenbahnbau in finanzieller Hinsicht jetzt auf größere Hindernisse stößt als jemals im Laufe der letzten zwanzig Jahre. Die Zeit, wo das Publikum danach strebte, sein Geld in Aktien und dergl. anzulegen, ist tatsächlich vorbei. Europa hat ein ungeheures Kapital zu diesen Unternehmungen verwandt, und in sehr vielen Fällen haben die Personen, die gleich anfangs auf die Aktien subskribierten, hiervon Nachteil gehabt — entweder weil sich das anfangs berechnete Baukapital als ungenügend erwies, oder weil die Exploitation im Laufe der ersten Jahre nicht den erwarteten Gewinn abwarf. Noch vor zehn Jahren zog die Garantie einer finanzkräftigen Regierung mit Leichtigkeit bedeutende Kapitalien in die Aktienunternehmungen der Eisenbahnen. Die garantierten Einnahmen schilderte man dem Publikum als die geringsten, notabene aber völlig sicheren Prozente vom Kapital, und für die Zukunft stellte man noch eine bedeutende Dividende von dem Überschuß der Reineinnahmen über die garantierten Einnahmen in Aussicht; in der Praxis erwies es sich aber recht oft, daß die Gesellschaften wegen der Unzulänglichkeit des berechneten Kapitals, die meistens durch die Hauptgründer verschuldet war, zu Anleihen ihre Zuflucht nahmen, die entweder die den ersten Aktionären garantierte Reineinnahme verringerten oder diese Aktionäre auf lange, wenn nicht auf immer, der Aussicht auf einen Überschuß der Reineinnahmen über die garantierten Einnahmen beraubten. Diese und einige andere Umstände sowie auch die Übersättigung aller Geldmärkte diskreditierten die Aktien aller neuen Eisenbahnen vollkommen, so daß es in den letzten Jahren fast kein einziges Beispiel für eine wirklich erfolgreiche Begebung der Aktien gegeben hat; meistenteils kamen die Unternehmungen überhaupt nicht zustande, in den Fällen aber, wo dem Publikum bekanntgemacht wurde, daß das Aktienkapital durch die Subskription gedeckt sei, blieb der größere Teil der Aktien in den Händen der Gesellschaft selbst, was eine bloß fingierte Subskription der Bankiers und anderer Teilhaber der Gesellschaft verdeckte. Die schweizerischen Bahnen, die spanischen, ein großer Teil der italienischen und viele österreichische erwiesen sich als wahrhaft ruinös für ihre Aktionäre, und wenn man von einigen russischen Eisenbahnen dieses nicht sagen kann, so ist das nur deshalb der Fall, weil die Regierung diesen Gesellschaften außerordentliche, für den Fiskus lästige Vergünstigungen hat zuteil werden lassen; wenn z. B. die Große Gesellschaft die zur Beendigung des Baues notwendigen Kapitalien nicht bei der Regierung und zwar unter Stundung der Zinszahlungen auf unbestimmte Zeit, sondern auf dem allgemeinen Geldmarkte aufgenommen hätte, so würden die Aktionäre die garantierten 5 % nicht vollständig bekommen. Trotz der ungeheuren Opfer, welche die Regierung der Großen Gesellschaft und anderen Eisenbahngesellschaften gebracht hat, um ihnen die Mittel zur Beendigung der Arbeiten zu verschaffen, stehen die Aktien dieser Gesellschaften, obwohl sie in der letzten Zeit etwas gestiegen sind, noch immer unter pari, und wenn die ersten Subskribenten nicht dank ihren Vermögensverhältnissen die Möglichkeit hätten, ihre Aktien zu behalten, so würden sie mehr oder weniger bedeutende Verluste zu erleiden haben, was selbstverständlich auf alle späteren Unternehmungen einen schädlichen Einfluß ausüben müßte. Der unvorteilhafte Eindruck von unseren Eisenbahnen wird noch dadurch verstärkt, daß die Bruttoeinnahme der wichtigsten von ihnen dem auf sie verwandten Kapital nicht entspricht, und daß sowohl auf der Nikolaibahn als auf den Linien der Großen Gesellschaft und auf der Riga-Dünaburger Bahn die Betriebskosten die im Auslande angenommene Höhe weit übersteigen und eine verhältnismäßig sehr geringe Reineinnahme übriglassen; alles dieses zusammengenommen hat unsere Eisenbahnen im Auslande in einen sehr ungünstigen Ruf gebracht: man nimmt an, daß der Eisenbahnbau bei uns kostspielig sei, daß sowohl der Passagier- als der Warenverkehr zur Beschaffung einer guten Bruttoeinnahme nicht genüge, daß ein großer Teil dieser letzteren durch die Betriebskosten verschlungen werde, und daß demnach keine Hoffnung auf eine Dividende vom Überschuß der Reineinnahmen über die garantierten Einnahmen übrigbleibe. Bei dieser Sachlage kann man auf eine genügende Beteiligung des ausländischen Kapitals an unseren Eisenbahnunternehmungen nicht rechnen. Die erstklassigen ausländischen Geschäftsmänner haben aufgehört, bei uns um Konzessionen nachzusuchen; es treten größtenteils nicht genügend kapitalkräftige oder gar solche Leute auf, die kein Vertrauen verdienen. Die ersteren, die auf ihren Namen etwas geben und sich zur Regel gemacht haben, die von ihnen ins Leben gerufenenen Unternehmungen zu unterstützen, wollen sich dem wahrscheinlichen Mißerfolge nicht aussetzen; die letzteren hingegen riskieren wenig im Falle eines Mißerfolges, denn sie sind bereit, das Unternehmen im Stich zu lassen, falls sich seiner Verwirklichung Schwierigkeiten in den Weg stellen. Der Gesellschaft der Ssewastopoler Bahn wurden Vergünstigungen gewährt, welche die früher verliehenen weit überstiegen; bei den späteren Konzessionen wurden noch größere Erleichterungen gewährt, trotzdem aber blieb der erhoffte Erfolg aus. Diese sich allmählich steigernden Opfer, auf die die Regierung eingeht, müssen sowohl den Staatskredit im allgemeinen, als auch das Eisenbahnwesen im besonderen schädigen, denn sie verstärken die Überzeugung, daß die Eisenbahnen in Rußland an und für sich unvorteilhafte Unternehmungen seien, an denen trotz der mit freigebiger Hand erteilten Vergünstigungen niemand sich beteiligen will.

Nach meiner festen Überzeugung ist die erste und wesentlichste Vorbedingung des Gedeihens unserer Eisenbahnen in der Ausrottung der ungünstigen Meinung zu erblicken, die sich von ihnen in Westeuropa gebildet hat; durch keinerlei Anstrengungen, keinerlei Opfer unsererseits kann man die ausländischen Kapitalien dazu bringen, unseren Eisenbahnunternehmungen zuzuströmen, solange die Kapitalisten überzeugt sind, daß diese Unternehmungen an und für sich verlustbringend sind; wenn sie sich dagegen davon überzeugen, daß die Eisenbahnen in Rußland einen guten und allmählich steigenden Gewinn abwerfen können, so werden die Kapitalien von selbst diese gute Anlage suchen. Für ein wirklich vorteilhaftes Unternehmen ist in Europa kein Mangel an Geld, es ist aber erforderlich, daß die Vorteilhaftigkeit nicht durch irgendwelche Deduktionen, sondern durch unwiderlegliche Tatsachen bewiesen wird. Diese Tatsachen beginnen glücklicherweise bei uns in Erscheinung zu treten: die Nishni Nowgoroder, Rjasaner und Ssergiewski-Bahn geben schon jetzt einen sehr befriedigenden und allmählich steigenden Ertrag, obwohl ihr Bau — besonders der der beiden ersteren — kostspieliger als nötig gewesen sein dürfte. Ich bin überzeugt, daß alle Bahnen der Allerhöchst bestätigten ersten Kategorie, vielleicht mit Ausnahme der Kursk-Kiewer Bahn, vorteilhaft genug sein werden, wenn nur, wie sich von selbst versteht, nicht mehr Kapital als notwendig für sie verausgabt wird und der Betrieb sich befriedigend gestaltet; der künftige Erfolg der russischen Eisenbahnen hängt direkt davon ab, wie die Regierung und die Gesellschaften die begonnenen Arbeiten zu Ende führen und die erbauten und allmählich zu eröffnenden Bahnen verwalten werden; alles kommt auf den faktischen Beweis an, daß man in Rußland die Eisenbahnen zu mäßigen Baukosten herstellen und gut verwalten kann, denn augenblicklich kann kein Zweifel mehr darüber bestehen, daß es einen genügenden Waren- und Passagierverkehr geben wird. Ich wage es zu wiederholen: Die Zukunft liegt in unseren Händen; wenn wir wie bisher teuer bauen und die Bahnen so verwalten werden, daß sie keine genügende

Reineinnahme geben, so wird nicht einmal das Netz der wichtigsten Bahnen trotz aller Opfer hergestellt werden können, ganz zu geschweigen von den übrigen, die an und für sich weniger vorteilhaft sind.

Die Schwierigkeiten, die sich der Gründung von Eisenbahngesellschaften überhaupt und ganz besonders von russischen in den Weg stellen, und die Nichtausnutzung des größeren Teils der von unserer Regierung erteilten Konzessionen — trotz der ihnen freigebig gewährten Vergünstigungen — weisen auf die Notwendigkeit hin, die Mittel zum Eisenbahnbau nicht ausschließlich und nicht einmal hauptsächlich in der diskreditierten Form einer Garantie der Reineinnahmen zu suchen. Ich erkühne mich, in nachfolgendem Ew. Kaiserlichen Majestät die Kombinationen zur Einsichtnahme vorzulegen, die nach meiner Ansicht Hoffnung auf Erfolg bieten:

1. Im Dezember 1864 geruhte Ew. Majestät zu befehlen, daß der Bau der Südbahn auf Staatskosten begonnen werde. Bis zum Jahre 1857 baute die Regierung selbst die Eisenbahn, und die Unbequemlichkeiten dieses Systems kamen damals in ihrer vollen Gewalt zum Ausdruck; sie bestanden in der außerordentlichen Kostspieligkeit, in der Langsamkeit der Ausführung, in der Abhängigkeit der Mittel zur Fortsetzung der Arbeiten von dem Zustande des Staatsschatzes usw. Wenn trotz dieser Erfahrungen beschlossen wurde, zum Modus des staatlichen Eisenbahnbaus zurückzukehren, so geschah es erstens, weil der Eisenbahnbau nicht auf unbestimmte Zeit hinausgeschoben werden konnte, Privatgesellschaften aber nicht zustande kamen, und zweitens, weil man hoffen konnte, daß die frühere Kostspieligkeit und Langsamkeit durch Maßregeln beseitigt werden würden, die auf Grund Allerhöchster Hinweise von dem Verkehrsministerium getroffen wurden. Die dritte von den oben angeführten Unbequemlichkeiten des staatlichen Eisenbahnbaus, d. h. die Abhängigkeit von den Mitteln des Staatsschatzes, konnte und kann nicht beseitigt werden. Von den

99 Millionen Rub., welche die erste 5 proz. Prämienanleihe ergab, wurde ungefähr der dritte Teil der Staatsrentei zugeführt und hätte dem Eisenbahnbau zugute kommen können, wenn er nicht durch Ausgaben, die im Budget nicht vorgesehen waren, verschlungen worden wäre. Die Staatsrentei kann offenbar nicht gleichzeitig zwei Anleihen aufnehmen: die eine zur Deckung ihrer Defizite und nicht im Budget vorgesehenen Ausgaben, die andere aber zu Eisenbahnzwecken; das hieße nur ohne sachlichen Nutzen den Verlauf beider Operationen schädigen. Ausgaben, welche die Mittel übersteigen, ganz besonders aber im Budget nicht vorgesehene, nehmen der Regierung geradezu direkt die Mittel zum Bau der Bahnen. Man kann auf keine ununterbrochene Fortsetzung der bereits begonnenen Eisenbahnbauten rechnen, wenn der Staatsrentei laufende, die Mittel übersteigende Ausgaben auferlegt werden. Bei einer solchen Sachlage kann man nach meiner Ansicht nicht nur den Bau keiner anderen Bahnen, außer der Südbahn, der Staatsrentei auferlegen, sondern es ist auch wünschenswert, daß man, wenn sich die Gelegenheit dazu bietet, den Bau eines Teils der Südbahn dem privaten Unternehmungsgeist überläßt. Indem ich mich nunmehr der Frage des Eisenbahnbaus unter Beteiligung von Privatpersonen zuwende, erkühne ich mich, folgende Erwägungen über die Vorbedingungen des Erfolges dieser wichtigen Angelegenheit der Allerhöchsten Einsichtnahme zu unterbreiten.

2. Die Verwirklichung eines sehr bedeutenden privaten Eisenbahnunternehmens ist augenblicklich kaum möglich, weil es hierzu erforderlich wäre, ein bedeutendes Aktienkapital durch Subskription sicherzustellen, und dieses bei der jetzigen Lage der Märkte unwahrscheinlich ist. Ein Unternehmen kann nur dann als zustande gekommen angesehen werden, wenn das gesamte Aktienkapital untergebracht und durch Einzahlung von mindestens 15% sichergestellt ist. Die Teilung des Aktienkapitals in Serien, von denen anfangs nur eine emittiert wird, ist nicht

zuzulassen, denn in diesem Falle ist die Regierung hinsichtlich der ganzen konzessionierten Linie gebunden, die Gesellschaft aber, dem gezeichneten Kapital entsprechend, nur für einen Teil derselben. Hieraus folgt, daß bei der bestehenden Abneigung des Publikums gegen die Aktien aller neuen Eisenbahnen nur diejenigen gewisse Chancen auf Erfolg besitzen, deren Aktienkapital so klein ist, daß es im Falle einer geringen Beteiligung des Publikums an der Subskription von den Gründern oder einigen Bankhäusern übernommen werden kann, wie das bei der Rjasan-Koslower und Rjashsk-Morschansker Bahn geschehen ist. Es unterliegt keinem Zweifel, daß die Aufteilung einer Linie unter mehrere Gesellschaften ihre Unbequemlichkeiten und ihren Nachteil hat, und diese in der Folge wahrscheinlich zu einer Verschmelzung führen werden. Aber diese künftigen Nachteile sollten die Regierung an der Aufteilung der Linien nicht hindern.

3. Die Abneigung des Publikums gilt vorzugsweise den Aktien der zu bauenden Bahnen, weil das Aktienkapital in dem Falle, wenn der rechnungsmäßige Betrag zur wirklichen Erbauung der Bahn nicht ausreicht, das ganze Risiko zu tragen hat; die Obligationen sind leichter unterzubringen, denn sie sind diesen Zufälligkeiten nicht unterworfen. Deshalb ist es wünschenswert, eine solche Kombination zu finden, bei welcher die Emission von Aktien ganz vermieden oder bis zur vollständigen Beendigung des Bahnbaus hinausgeschoben werden könnte, da dann hinsichtlich der Zulänglichkeit des berechneten Kapitals kein Zweifel mehr bestehen kann. Eine solche Kombination schlug, nach einer Vereinbarung mit mir, von Derwies für die Kursk-Kiewer Bahn vor; die Regierung sollte bis zur vollständigen Erbauung der Bahn alle Aktien behalten, und, indem sie sich verpflichtete, gleich zu Beginn einen recht bedeutenden Teil des Aktienkapitals einzuzahlen, sollten die Obligationen ($^2/_3$ des berechneten Kapitals) entweder von den Gründern unter der Aufsicht der Regierung und unter von der Re-

gierung gebilligten Bedingungen oder sogar von Agenten der Regierung selbst emittiert werden; wie alle ähnlichen Papiere sollten sie aber von der Eisenbahn selbst garantiert werden, nur mit dem Unterschiede, daß für sie die Garantie schon bei der Emission begann, was zugelassen werden konnte, da die Regierung während der ganzen Bauzeit der einzige Aktionär war. Nach Beendigung des Bahnbaus hätte die Regierung die Möglichkeit gehabt, auch die Aktien selbst unterzubringen, denn dann wären das nicht die Aktien eines neuen Unternehmens gewesen, die immer mehr oder weniger zweifelhaft sind, sondern die Aktien einer bereits im vollen Betriebe befindlichen Bahn. Die Vorteile dieser Kombination wären folgende gewesen: Die Beteiligung der Regierung hätte nur in dem Vorschuß von einem Drittel des Kapitals auf eine gewisse Zeit, sagen wir auf drei Jahre, bestanden, und dieses Drittel hätte später in ähnlicher Weise für eine andere Bahn verwandt werden können. Die Obligationen, und ihrerzeit auch die Aktien, hätten wahrscheinlich zu verhältnismäßig vorteilhaften Preisen untergebracht werden können, denn die Obligationen hätten von Anfang an eine Regierungsgarantie gehabt, und die Aktien wären in der für die Unterbringung günstigsten Zeit emittiert worden. Die Unbequemlichkeit dieses Systems besteht hauptsächlich darin, daß den Gründern bedeutendes Vertrauen erwiesen wird, denn wenn sie auch alles aus dem Aktienkapital und für die Obligationen erzielte Geld durch eine Kaution sichergestellt hätten, so weiß man doch aus der Erfahrung, daß eine solche Garantie niemals als vollständig angesehen werden kann. Ich meinerseits bin persönlich überzeugt, daß von Derwies Vertrauen verdient, und kann nur bedauern, daß seine Proposition nicht angenommen wurde.

4. Bei unseren zerrütteten Valutaverhältnissen ist es sehr nützlich, ja sogar notwendig, die Ausgaben für den Eisenbahnbau in zwei Kategorien zu teilen: die Ausgaben im Auslande und die im Inlande. Die ersteren sind in Metallrubeln, die letzteren in Kreditrubeln zu berechnen, und dem-

entsprechend ist eine Metallgarantie entweder nur für ausländische Ausgaben zu gewähren oder, falls dieses unmöglich, ist es so einzurichten, daß die Regierung einen Teil des im Auslande eingezahlten Geldes zu ihren Zollausgaben benutzen kann, wobei sie diese der Gesellschaft in Kreditbilletten zum Kurse zurückerstattet. Dieses Prinzip ist, übrigens in verschiedenen Formen, auf die vom Fiskus erbauten Bahnen, auf die kontraktmäßig Baron Ungern vergebene Balta-Krementschuger, auf die Rjasan-Koslower und auf die Kiew-Baltasche Bahn angewandt worden.

5. Als eine besonders wichtige Aufgabe im Interesse der Zukunft unserer Eisenbahnen ist meiner Ansicht nach die Benutzung der Staatsbahnen, der fertigen sowohl als der im Bau begriffenen, als Mittel zur Sicherung des weiteren Eisenbahnbaues anzusehen. Wenn auch die garantierten Papiere ebenso wie die unmittelbaren Regierungsfonds auf dem Staatskredit beruhen und deshalb alles, was die ersteren betrifft, auch auf die letzteren und auf den Staatskredit überhaupt Einfluß hat, so muß man doch zwischen den Papieren, die durch eine bestimmte Eisenbahn und dann erst durch eine Regierungsgarantie sichergestellt sind, und den Fonds, welche eine direkte Staatsschuld bilden, einen Unterschied machen. Dieser Unterschied kann in einem bestimmten Moment eine große praktische Bedeutung haben: bei beunruhigenden politischen Verhältnissen kann sich eine staatliche Anleihe als völlig unmöglich erweisen, während die Unterbringung von Eisenbahnobligationen, wenn auch schwierig, so doch immerhin möglich ist. Deshalb und ebenso auch wegen der oben dargelegten Schwierigkeit der Unterbringung von Eisenbahnaktien wäre es nützlich, wenn man die Staatseisenbahnen sozusagen in einen Garantiefonds für die durch die Emission von Obligationen zu bewerkstelligende Erwerbung von Mitteln zum Bau weiterer Eisenbahnen verwandeln würde. Die Erzielung dieses Resultats halte ich für eine Sache von größter Wichtigkeit, gleichzeitig aber für eine sehr schwierige, und zwar aus folgenden

zwei Gründen: Man muß alles vermeiden, was als Anlaß zur Forderung eines speziellen Unterpfands — zur Garantierung der Anleihen für allgemein staatliche Bedürfnisse — dienen könnte, denn nichts schädigt den Staatskredit in so hohem Grade, wie eine solche Bedingung, welche Zweifel an der Gewissenhaftigkeit oder Zahlungsfähigkeit der Regierung zum Ausdruck bringt. Deshalb dürfen die Obligationen in keinem Fall auf Rechnung der Staatsrentei emittiert werden. Andererseits kann bei der Emission von Obligationen einer Eisenbahn, die der Regierung gehört oder von ihr gebaut wird, leicht im Publikum der Zweifel erwachen, ob das Geld wirklich bestimmungsmäßig verwandt oder zu irgendwelchen anderen Staatsbedürfnissen gebraucht werden wird. Um dieser zwiefachen Gefahr aus dem Wege zu gehen, muß man es so einrichten, daß die emittierten Obligationen einen völlig privaten Charakter behalten und das Geld, das durch ihre Emission gewonnen wird, nicht von der Regierung selbst, sondern unter Vermittelung einer unabhängigen und das Vertrauen des Publikums genießenden privaten Gesellschaft bestimmungsgemäß verwandt wird. Die oben dargelegte Kombination, die mit von Derwies vereinbart wurde, würde meiner Ansicht nach diesen Forderungen Genüge leisten. Dasselbe kann man, wenn auch in geringerem Maße, von dem Kontrakt sagen, der mit Baron de Vrière und Komp. über die Kiew-Baltasche Bahn abgeschlossen wurde.

6. Außer den oben erwähnten Kombinationen kann auch noch auf andere verwiesen werden, die unter gewissen Umständen mit Nutzen akzeptiert werden könnten; aber alle Kombinationen, worin sie auch beständen, hängen vor allem und hauptsächlich von der Herabsetzung und endlich auch von der völligen Einstellung der Forderungen der Regierung für ihre anderen, unproduktiven Ausgaben ab. Die Staatsrentei muß um jeden Preis die ihr auferlegten Ausgaben tragen, denn wenn das nicht geschieht, wird der Staatskredit und gleichzeitig jede Hoffnung auf den Bau von Eisenbahnen vernichtet. Diese letzteren können auf

keinen Erfolg hoffen, wenn sie auf dem Geldmarkte immer wieder die Regierung selbst, die ihnen bedeutende Opfer bringt, als Konkurrenten antreffen. Die Lösung der Eisenbahnfrage — ja, die Lösung der finanziellen und wirtschaftlichen Zukunft Rußlands — hängt vor allem und hauptsächlich davon ab, daß die Kreditmittel und die durch die Volksersparnisse entstehenden neuen Kapitalien nicht zu den unproduktiven Bedürfnissen der Regierung, sondern zu dem produktivsten aller Bedürfnisse — den Eisenbahnen — verwandt werden.

IV. Einnahmen und Ausgaben.

Von 1832 bis 1862 hatte unsere Regierung 1 376 420 000 Rub. mehr verausgabt als eingenommen; das tatsächliche Jahresdefizit betrug also im Durchschnitt 45 880 000 Rub. Sieht man von den Jahren des Krimkrieges 1854, 1855 bis 1856 ab, so bleiben für die übrigen 27 Jahre 725 575 000 Rub., was ein durchschnittliches Jahresdefizit von 26873000 Rub. bedeutet. Die Mehrausgaben haben in den letzten Jahren noch zugenommen; die budgetmäßigen Defizite und die im Budget nicht vorgesehenen Ausgaben stellten sich folgendermaßen:

Im Jahre	Budgetmäßiges Defizit	Im Budget nicht vorgesehene Ausgaben	Summa
1863	15 707 000	62 822 000	78 529 000
1864	46 486 000	54 310 000	100 796 000
1865	22 398 000	32 220 000	54 618 000
1866	21 583 000	approximativ: 30 000 000	51 583 000
		Im ganzen:	285 526 000
		Jahresdurchschnitt:	71 381 000

Wenn man die Jahre 1863 und 1864, in denen die Ausgaben infolge der polnischen Wirren bedeutend stiegen, unberücksichtigt läßt, so kann man als Durchschnitt des Jahresdefizits und der im Budget nicht vorgesehenen Ausgaben 52 000 000 Rub. annehmen, wobei die Kosten des Eisenbahnbaus nicht berechnet sind. Setzt man für sie 25 Mill. Rub. an, so ergibt sich eine Summe von

77 000 000 Rub., im Jahre 1867 steht aber auch eine Vermehrung der Ausgaben im Budget des Staatskredits um 7 860 000 Rub. (darunter 2 738 000 zur Deckung der Differenz infolge Sinkens des Kurses [1])) unvermeidlich bevor. Unvermeidlich sind auch die Mehrausgaben infolge der Gerichtsreform, der bereits begonnenen Verbesserungen in den Schulen des geistlichen Ressorts und des Unterrichtsministeriums, der Subsidien an die Amerikanische Kompagnie sowie infolge einiger anderen alljährlich steigenden Bedürfnisse, z. B. der Pensionen; es ist sehr mäßig gerechnet, wenn man diese Mehrausgaben auf nur 3 Millionen Rub. veranschlagt. Außerdem muß man die Deckung des Mankos bei den Loskaufzahlungen sowie der Schulden an die Depositenbanken und Kollegien der Allgemeinen Fürsorge auf wenigstens 5 Mill. Rub. veranschlagen. Alles dieses zusammen mit dem oben berechneten Durchschnitt des Defizits und der im Budget nicht vorgesehenen Ausgaben ergibt für das Jahr 1867 die Summe von 92 860 000 Rub., von denen man die Summe der budgetmäßigen Kredite, die nach Ablauf ihres Termins gestrichen werden, abziehen muß. Infolge des kurzen Bestehens der Budgetregeln und ihrer im Jahre 1864 noch nicht völlig befriedigend erfolgten Anwendung sowie in Anbetracht der Unvollständigkeit der Daten über die Effektuierung des Budgets von 1865 kann man noch nicht bestimmen, wie hoch sich die Kredite belaufen, die gestrichen werden können, nach den unvollständigen Daten, die dem Finanzministerium vorliegen, kann man jedoch die jährlich zu streichenden Kredite auf 20 Mill. Rub. veranschlagen. Zieht man diese Summe von der oben berechneten ab, so ergibt sich also für das Jahr 1867 ein tatsächliches Defizit

---

[1]) Anmerkung. Infolge der Zahlungen für die zweite 5proz. Prämienanleihe steigt das Budget des Staatskredits für 1867 um 6 647 000 Rub., in demselben Jahre hören aber die Zahlungen für die endgültig getilgte zweite holländische Anleihe und für einige Schulden der Staatsrentei an die Bank auf, so daß die tatsächliche Vermehrung der Ausgaben, von der oben erwähnten Kursdifferenz abgesehen, 5 122 000 Rub. beträgt.

von 72 860 000. Macht man für die folgenden Jahre dieselbe Berechnung, d. h. fügt man 6 % des Defizits des vergangenen Jahres zu den Zahlungen für den Staatskredit hinzu, und schätzt man die notwendigen neuen budgetmäßigen Ausgaben auf 3 Mill. Rub., so beträgt das Defizit samt den im Budget nicht vorgesehenen Ausgaben für 1868 — 80 231 000 und für 1869 — 87 056 000 Rub., was im ganzen für drei Jahre 240 147 000 Rub. ausmacht. Nach meiner Überzeugung ist es unmöglich, im Laufe dreier Jahre diese Summe aufzubringen; erhöhte Anleihen sind nur unter stets mehr und mehr ruinösen und daher für den Staatskredit schädlichen, für alle Privatunternehmungen verderblichen Bedingungen möglich, und tatsächlich geben diese Anleihen nicht die von ihnen erwarteten Ressourcen, weil sie die Rückforderung der Depots aus der Staatsbank und die Rückgabe der Reichsschatzscheine an die Staatskassen verstärken, so daß das Geld, das man auf der einen Seite durch die Anleihe gewinnt, auf der anderen zur Tilgung alter Schulden verausgabt wird, ohne daß der Staatsschatz eine wirkliche Kräftigung erführe. Die von Jahr zu Jahr zunehmende Ablenkung der Kapitalien von den produktiven Unternehmungen ist die Hauptursache der wirtschaftlichen Zerrüttung Rußlands, und die Regierung müßte daher, selbst wenn sie dazu nicht gezwungen wäre, einem Mittel entsagen, das die Produktionskraft Rußlands schwächt; ganz abgesehen davon, bin ich aber überzeugt, daß vom rein fiskalischen Standpunkt, ohne Rücksicht auf alle weiteren Folgen und lediglich im Hinblick auf die im Laufe der kommenden drei Jahre der Staatsrentei erwachsenden Ausgaben, keine Möglichkeit vorliegt, auf eine so bedeutende Unterstützung der Staatsrentei durch Kreditmittel zu rechnen, und daher die Zeit gekommen ist, wo wir uns notwendigerweise hauptsächlich und fast ausschließlich mit unseren eigenen Mitteln begnügen müssen. Mit anderen Worten: nach meiner festen Überzeugung ist es einerseits notwendig, die Steuerlast der Untertanen zu vergrößern, obgleich ihnen das schwer werden wird und ihre Unzufriedenheit erregen kann, andererseits — die Ausgaben zu verringern, trotz all der Unbequemlichkeiten, mit denen jede bedeutende Kürzung verknüpft ist.

Die Einnahmen.

Die Vergleichung der jetzigen Einnahmen mit denen der früheren Jahre erscheint außerordentlich schwierig, weil die Budgetregeln verändert worden sind und in der Staatsrentei jetzt solche Summen einlaufen, die ihr früher nicht zuflossen; außerdem ist der Modus der Erhebung einiger hauptsächlichen Titel der Staatseinnahmen verändert worden, so daß die Ziffern der vorhergegangenen und der jetzigen Jahre keine richtige Grundlage für die Vergleichung bieten. In der ersten Rubrik der untenstehenden Tabelle ist die Bruttoeinnahme angegeben, in der zweiten sind von ihr 42 700 000 Rub., die dem Staatsbudget zum erstenmal im Jahre 1862 zuflossen, und jene Summen abgezogen, die bis zum Jahre 1863 zum Ankauf des Branntweins verwandt wurden, der den Branntweinpächtern überlassen wurde. Diese letztere Summe erscheint jetzt weder im Einnahmen-, noch im Ausgabenbudget. Trotz dieser Verbesserungen kann man diese Tabelle nur als annähernd richtig anerkennen. Positivere ziffernmäßige Angaben werden weiter unten bei jedem einzelnen der hauptsächlichen Einnahmetitel angeführt werden.

Im Jahre	Tatsächliche Einnahmen Rub.	Einnahmen, mit Ausschluß der seit 1862 neu hinzugekommenen und des Wertes des Branntweins, der den Pächtern überlassen wurde. Rub.
1857	236 597 000	224 047 000
1858	242 019 000	227 234 000
1859	272 613 000	257 740 000
1860	276 462 000	259 574 000
1861	277 254 000	259 041 000
1862	290 590 000	272 761 000
1863	340 006 000	297 306 000
1864	321 998 000	289 689 000

Eine Erhöhung der Einnahmen erscheint augenblicklich nicht nur wünschenswert, sondern auch positiv notwendig, weil man auf eine Verstärkung der Ressourcen der Staatsrentei durch Kreditmittel nicht mehr in dem Maße, wie bisher, rechnen kann, gleichzeitig kann man sich aber nicht verhehlen, daß es augenblicklich besonders schwer ist, eine solche Erhöhung zu erzielen. Rußland befindet sich in einem Übergangsstadium aus seinem bisherigen wirtschaftlichen und bürgerlichen Leben in dasjenige, welches ihm durch die großen Reformen der Regierung Eurer Kaiserlichen Majestät gewiesen worden ist. Es unterliegt keinem Zweifel, daß diese Reformen in wirtschaftlicher und folglich auch in finanzieller Beziehung festen Grund zu einer großzügigen Entwicklung legen müssen, hierzu ist aber viel Zeit erforderlich; zurzeit können die Reformen nicht nur keine nützlichen finanziellen Früchte tragen, sondern jede von ihnen wirkt sogar mehr oder weniger schädlich auf die Staatsrentei, die direkt oder indirekt durch die Zerstörung der früheren Ordnung und der alten Interessen Einbuße erleidet und von den neuen nicht nur keine Stütze hat, sondern ihnen sogar Hilfe angedeihen lassen muß. Außer diesen allgemeinen die Vermehrung der Einnahmen erschwerenden Ursachen gibt es noch spezielle, von denen weiter unten bei der Behandlung der einzelnen Einnahmequellen die Rede sein wird.

Verbrauchsteuern.
Der Ertrag der Getränkesteuer.

Die Getränksteuer ergab folgende Einnahmen:

Im Jahre	Rub.
1856	77 080 000
1857	72 858 000
1858	82 114 000
1859	104 808 000
1860	107 610 000
1861	106 676 000
1862	108 532 000
1863	113 185 000
1864	124 785 000
1865	121 107 000

Hinsichtlich der drei letzten Jahre muß bemerkt werden, daß im Jahre 1863, zu Beginn des neuen Akzisesystems, die Restbestände der spirituösen Getränke in allen Engros- und Detailgeschäften bezahlt wurden. Diese Einnahme muß als eine einmalige betrachtet werden, die sich in den folgenden Jahren nicht mehr wiederholen konnte. Am Schluß des Jahres 1863 wurde endlich in Veranlassung der Erhöhung der Akzise von 4 auf 5 Kopeken, eine ungeheure Menge von spirituösen Getränken zu einem Vorzugstermin, dem 1. Januar 1864, bezahlt. Von der auf diese Weise eingekommenen Summe wurden 18 700 000 Rub. zu den Einnahmen des Jahres 1864 gerechnet und sind in der oben angeführten Ziffer 124 785 000 Rub. enthalten. Diese Berechnung war notwendigerweise nur approximativ und es kann wohl sein, daß sie dem tatsächlichen Konsum nicht entsprach. Daher kann von den Angaben für die drei letzten Jahre nur diejenige für 1865 als der Einnahme dieses Jahres positiv entsprechend angesehen werden. Außerdem kann man als ein Faktum betrachten, daß an Einnahmen von den spirituösen Getränken in diesen drei Jahren 359 000 000 Rub., also im Durchschnitt 119 700 000 Rub. eingelaufen sind. Akzeptiert man diese letztere Ziffer, so erweist es sich, daß die Einnahme von den Spirituosen seit 1856, d. h. in zehn Jahren, um 55 % gestiegen ist; diese Steigerung ist nicht so sehr die Folge einer regelmäßigen, allmählichen und folglich unschädlichen Vermehrung des Konsums als eine Folge einer Änderung der fiskalischen Gesetzgebung.

In dem jetzigen Jahre 1866 sinkt die Einnahme von den spirituösen Getränken bedeutend, da bis zum 1. Juli um 4 744 000 Rub. weniger eingelaufen ist, als in derselben Zeit des vorigen Jahres. Die Ursache dieses Sinkens muß nach meiner Ansicht in folgendem gesucht werden: 1. In vielen Gegenden Rußlands hat es im vorigen Jahre eine Mißernte gegeben, was auf den Branntweinbrand und den Branntweinkonsum Einfluß haben mußte; 2. nach den Regeln für den Branntweinbrand, die bis zum 1. September d. J. bestanden, entging eine außerordentlich bedeutende Menge in der Form von Überbrand der Akzise. Mit der Kampagne 1866—67 wird der Branntweinbrand bereits nach den neubestätigten Regeln vor sich gehen und es läßt sich hoffen, daß der Fiskus vor den bisherigen bedeutenden Verlusten bewahrt werden wird; 3. die in den ersten Jahren des Akzisesystems beobachtete bedeutende Vermehrung der Ausschankgelegenheiten hat sowohl im Publikum als auch in den Regierungskreisen den Wunsch rege gemacht, um der öffentlichen Sittlichkeit willen die Zahl dieser Etablissements einzuschränken. Unter dem Einfluß der allgemeinen Klagen über die Entwicklung der Trunksucht, die nach der herrschenden Ansicht durch die allzu große Zahl der Schenken verursacht war, machte die Regierung durch die Allerhöchst bestätigte Resolution des Ministerkomitees vom 19. September 1865 die Eröffnung von Schenken von der Erlaubnis der Land- und Stadtgemeinden sowie der Grundbesitzer vollständig abhängig. Eine Folge davon war, daß die Gesamtzahl der Ausschankstellen von 188 165 auf 172 662, d. h. um 15 503 sank. Hierbei ist zu bemerken, daß die Zahl der sog. Stofbuden und anderer für das Allgemeinwohl weniger schädlichen Etablissements zurückging, dagegen die Zahl der Schenken bedeutend zunahm.

Das Recht, den Verkauf von Branntwein außerhalb des Etablissements zu verbieten, welches die Regierung zum Schutze der Sittlichkeit gewährt hatte, verwandelte sich größtenteils in eine Einnahmequelle, d. h. in jenes Propinationsrecht, das in den großrussischen Gouvernements niemals bestanden hat, in den Westgouvernements aber (mit Ausnahme der Flecken) im Jahre 1861 aufgehoben wurde, weil es keine gesetzliche Grundlage besaß. Die Regierung wird einen bedeutenden Teil der Einnahme von der Branntweinsteuer unvermeidlich einbüßen, und zwar ohne jeden Nutzen für die öffentliche Sittlichkeit, wenn sie den von allen Seiten sich geltendmachenden Bestrebungen von

Privaten, an diesen Einnahmen teilzunehmen, keine feste Entschlossenheit entgegensetzt.

Wenn das Sinken des Ertrages der Branntweinsteuer in demselben Maße andauert, wie in der ersten Hälfte dieses Jahres, so muß das für die Finanzen die ernstesten Folgen haben.

Im Budget des Jahres 1866 wurde die Einnahme von der Getränksteuer auf 124 821 000 Rub. veranschlagt. In den ersten sechs Monaten ergab sich ein Minderertrag von 6 739 000 Rub., was für das ganze Jahr 13 000 000 Rub. ausmacht. Es läßt sich hoffen, daß die gute Ernte dieses Jahres das Defizit verringert und im kommenden Jahr das neue Gesetz über den Branntweinsbrand eine gute Einwirkung auf den Ertrag ausüben wird. Eine gewisse Erhöhung der Einnahmen wird sich dadurch erzielen lassen, daß man die privilegierten Gouvernements den allgemeinen Regeln über die Bierbrauerei unterordnet, worüber binnen kurzem eine Gesetzesvorlage im Reichsrat eingebracht werden wird. Alles dieses zusammen genommen kann jedoch das Sinken der Einnahme aus der Getränkesteuer nicht aufhalten, wenn nicht das Finanzministerium in allen Ressorts beim Kampfe gegen die während des letzten Jahres von verschiedenen Seiten in immer stärkerem Maße geltend gemachten Bestrebungen nach einer Beteiligung an diesen Einkünften volle Unterstützung findet.

Spricht man von der Getränkesteuer, so muß man auch die Frage berühren, ob es nicht möglich wäre, ihren Ertrag durch eine Steigerung der Akzise, etwa von 5 auf 6 Kopeken pro Grad, zu erhöhen. Ohne mich auf diese sehr komplizierte Frage näher einzulassen, wage ich nur die Ansicht auszusprechen, daß die Vorteile einer solchen Steigerung sehr zweifelhaft erscheinen, die nachteiligen Folgen aber unvermeidlich sind. Diese letzteren würden in der Zunahme des geheimen Branntweinhandels an der Grenze und in den Fabriken im Innern des Reichs, in einer bedeutenden Erschwerung der Aufsicht und in der Notwendigkeit einer Verstärkung derselben sowie endlich im Schwanken der Branntweinpreise infolge der für den Überbrand erlassenen Akzise bestehen.

Aus allem diesem ziehe ich den Schluß, daß man mindestens im Verlaufe von zwei oder drei Jahren keine Steigerung des Ertrages über die im Budget des laufenden Jahres angenommene Summe, d. h. 124 821 000 Rub., erwarten kann, und daß man es für ein sehr befriedigendes Resultat halten kann, wenn diese Summe wirklich einläuft.

Der Ertrag der Salzakzise.

Die Erhebung der Salzakzise hat durch die im Jahre 1862 begonnene Einstellung der fiskalischen Salzsiederei und des Salzverkaufs aus fiskalischen Magazinen eine wesentliche Abänderung erfahren. Zieht man um der Richtigkeit des Vergleichs willen die Erhebungskosten von dem Bruttoertrage ab und addiert man zu dem Ertrage der letzten sechs Jahre die dem Nowosselski gestundete Akzise, so ergeben sich für den Ertrag der Salzakzise nachstehende Ziffern:

Im Jahre	Ertrag Rub.	Davon Nowosselski gestundet
1856	4 968 000	—
1857	5 812 000	—
1858	5 996 000	—
1859	7 290 000	—
1860	6 949 000	25 000
1861	6 381 000	93 000
1862	8 748 000	77 000
1863	7 818 000	175 000
1864	7 470 000	532 000
1865	8 667 000	1 242 000

Eine bedeutende Steigerung des Ertrages der Salzakzise kann man von der Einstellung der akzisefreien Salzlieferung an Nowosselski erwarten, besonders aber von dem Bau von Eisenbahnen zum Schwarzen und Asowschen Meere. Die wohlfeile Lieferung von Salz in die kleinrussischen und zentralen sowie in einige Westgouvernements, wo es jetzt infolge der Verkehrschwierigkeiten außerordentlich teuer ist, wird die Möglichkeit gewähren, die Salzakzise ohne jede Belastung des Volkes zu erhöhen. Gegenwärtig könnte eine für das ganze Reich verfügte Steigerung der Akzise die Einnahme ein wenig erhöhen, meiner Ansicht nach wäre sie aber eine für die ärmste Bevölkerungsklasse beschwerliche Maßregel, zu der man erst nach Erschöpfung aller übrigen Mittel seine Zuflucht nehmen dürfte.

Der Ertrag der Tabakakzise.

Die Tabakakzise ergab:

Im Jahre	Rub.
1856	2 165 000
1857	2 354 000
1858	2 368 000
1859	2 383 000
1860	2 486 000
1861	3 004 000
1862	3 336 000
1863	3 945 000
1864	4 386 000
1865	4 807 000

Der Ertrag der Tabakakzise ist im Laufe von fünf Jahren um 93 % gestiegen, was als außerordentlich befriedigend anerkannt werden muß; wenn man jedoch, ohne auf das allmähliche Wachstum des Ertrages zu achten, nur auf die Ziffer seine Aufmerksamkeit verwendet, so unterliegt es keinem Zweifel, daß ein Ertrag von weniger als 5 000 000 Rub. vom Tabak im Vergleich zu den Einkünften, welche andere Staaten vom Tabak erzielen, als eine außerordentlich unbedeutende Summe erscheint. Ein bedeutender Ertrag von der Besteuerung des Tabaks läßt sich nach meiner Ansicht nur auf zwei Wegen erzielen: durch Einführung des Tabakmonopols oder durch die Besteuerung des Rohtabaks. Diese beiden Besteuerungsarten sind sowohl für das Volk im allgemeinen als für die Tabakpflanzer im besonderen außerordentlich drückend. Bei der Schwierigkeit des Transportes schwerwiegender Waren ist der Tabak für viele Ortschaften das einzige Produkt, das dem Volke Einnahmen in Geld verschafft; die Besteuerung des Tabaks am Ort der Erzeugung muß als sehr drückend empfunden werden, und zwar weniger infolge der Steuer selbst als infolge des Modus ihrer Erhebung. Vielleicht würde keine einzige fiskalische Maßregel in so hohem Grade Unzufriedenheit erregen, wie die Besteuerung des Rohtabaks. Wünschenswert wäre es daher, diese Maßregel bis zur Eröffnung des Eisenbahnverkehrs in den kleinrussischen und mittleren Wolga-Gouvernements aufzuschieben, da dann die Erleichterung des Absatzes aller Produkte das Volk für die Belastung der Tabakproduktion entschädigen wird. Übrigens könnte man schon jetzt zu Erwägungen über diesen Gegenstand schreiten.

Der Ertrag der Zuckerakzise.

Im Jahre	Rub.
1856	394 000
1857	445 000
1858	444 000
1859	535 000
1860	496 000
1861	447 000
1862	542 000
1863	443 000
1864	437 000
1865	610 000

In Anbetracht des engen Zusammenhanges dieses Ertrages mit der Steuer auf Kolonialzucker wird von ihm weiter unten, bei der Behandlung der Tariffragen, gesprochen werden.

Einnahmen vom Stempelpapier, von den Korroborations- und Kanzleiabgaben.

Aus diesen Einnahmequellen liefen ein:

Im Jahre	Stempelsteuer Rub.	Korroborations- und Kanzeiabgaben. Rubl.
1856	4 266 000	2 661 000
1857	4 716 000	3 345 000
1858	5 087 000	3 732 000
1859	5 057 000	3 293 000
1860	4 973 000	3 188 000
1861	4 919 000	2 966 000
1862	5 497 000	2 673 000
1863	5 476 000	2 222 000
1864	5 635 000	2 438 000
1865	5 688 000	2 362 000

Die geringe Entwicklung der Stempelsteuer-Einnahmen hängt mit den Vergünstigungen zusammen, die bei der bäuerlichen Reform gewährt wurden. Eine gewisse Erhöhung dieses Ertrages kann durch eine Abänderung der einschlägigen Gesetze, insbesondere in bezug auf Wechselpapier, erzielt werden. Eine darauf bezügliche Vorlage wird binnen kurzem dem Reichsrat unterbreitet werden.

Einnahmen von den Handelspatenten.

An Einnahmen liefen ein:

Im Jahre	Rub.
1860	5 188 000
1861	5 226 000
1862	5 350 000
1863	6 339 000
1864	8 302 000
1865	9 700 000

(Die letztere Ziffer ist nur approximativ, da genaue Angaben noch nicht vorliegen.)

Das rasche Wachstum dieser Einnahmen, das seit der

Einführung des neuen Statuts zu beobachten ist, gibt Hoffnung auf eine weitere Steigerung.

Zolleinnahmen.

Die Zolleinnahmen schwanken seit der Einführung des jetzigen Tarifs, d. h. seit dem Jahre 1857, zwischen 36 000 000 und 32 000 000 Rub. Silber. Diese Schwankungen werden vornehmlich durch die größere oder geringere Zuckereinfuhr verursacht. Seit 1864 sind die Baumwollzölle und ein großer Teil der Ausfuhrzölle aufgehoben, was gegen 2 000 000 Rub. Silber ausmacht. Fügt man, um der Richtigkeit des Vergleichs willen, diese Summen zu den Eingängen der Jahre 1864 und 1865 hinzu, so ergeben sie für die Zolleinnahmen folgende Ziffern:

Im Jahre	Zolleinnahmen Rub.	Darunter von Zucker, Rohzucker und Raffinade Rub.	Nach Abzug der Zuckerzolleinnahmen Rub.
1856	29 607 621	3 472 618	26 135 003
1857	35 798 581	4 931 191	30 867 390
1858	33 659 312	3 780 161	29 879 151
1859	34 238 187	2 817 619	31 420 568
1860	35 209 816	2 857 924	32 351 892
1861	34 329 394	3 194 185	31 135 209
1862	34 725 642	3 617 793	31 107 849
1863	36 343 786	6 376 497	29 967 289
1864	34 520 254	4 953 625	29 566 629
1865	32 451 952	604 598	31 847 354

Die Tariffragen gehören in allen Staaten zu den wichtigsten in finanzieller, wirtschaftlicher, ja sogar politischer Hinsicht. Auch eine Abänderung jeder anderen Steuer muß zweifellos auf das wirtschaftliche Leben des Volkes Einfluß haben, da es die Lasten der Untertanen erleichtert oder erhöht. Eine Erhöhung der Akzise z. B. trifft sowohl die Produzenten als die Konsumenten, aber sie führt keine wesentliche Umwälzung in den Vorbedingungen der Produktion, und folglich der Arbeit des Volkes, herbei; eine Abänderung von ein oder zwei Tarifsätzen kann dagegen leicht ganze Industriezweige schädigen und nicht nur die Fabrikanten ruinieren, sondern auch die Lebensbedingungen umfassender Rayons völlig ändern. Das bloße Gerücht von der Absicht der Regierung, im Schutzzolltarif Abänderungen vorzunehmen, ruft in zahlreichen Klassen eine heftige Erregung hervor und bringt der Industrie und dem Handel keinen geringen Schaden. Unsere Manufakturindustrie beginnt sich erst jetzt von den verderblichen Krisen zu erholen, die sie während des letzten Dezenniums durchzumachen hatte. Der Tarif des Jahres 1857, die Geldkrisis, die Befreiung der Bauern, die Baumwollkrisis — alles dieses mußte auf die Manufakturindustrie einwirken, und wenn sich einige ihrer Zweige in den letzten zwei bis drei Jahren erholen konnten, so haben andere nicht nur dieses nicht vermocht, sondern sind fast zugrunde gerichtet worden. Bei dieser Sachlage darf man nach meiner Ansicht zu keiner radikalen Änderung des Tarifs im Sinne einer Ermäßigung der Sätze schreiten, sondern muß den Tarif des Jahres 1857 hinsichtlich aller Artikel, die einen Protektionscharakter besitzen, wenigstens einige Jahre hindurch unverändert lassen. Zu derselben Schlußfolgerung führt auch eine andere Erwägung: die Erhöhung der Zolleinnahmen kann selbstverständlich nur durch eine Vermehrung der Einfuhr ausländischer Waren und folglich durch eine Vermehrung unserer Zahlungen im Auslande hervorgerufen werden, was unsere Valutaverhältnisse noch mehr zerrütten und unseren Wechselkurs herabdrücken müßte.

Aus diesen Gründen glaube ich, daß man, ohne unseren Schutzzoll anzutasten, eine Erhöhung der Staatseinnahmen in zwei Richtungen anstreben müßte, und zwar: 1. man müßte solche Änderungen im Tarif vornehmen, die die Zolleinnahmen nicht auf Kosten unserer Fabriken, sondern auf Kosten des Schmuggels erhöhen würden, und 2. man müßte die Einnahmen vom Zucker erhöhen, und zwar vornehmlich durch eine Erhöhung der Akzise von der Rübenzuckerproduktion.

Die Einnahmen können auf Kosten des Schmuggels vor allen Dingen durch eine Verschärfung der Kontrolle erhöht werden. Ich wage mich der Hoffnung hinzugeben, daß in dieser Hinsicht die in der letzten Zeit getroffenen Maßregeln bereits ihre Früchte zu tragen beginnen; um dieses Ziel zu erreichen, muß man aber noch einige Abänderungen im Tarif vornehmen, hauptsächlich in bezug auf einige wohlfeile Webereiprodukte, die jetzt fast ausschließlich auf dem Wege des Schmuggels nach Rußland dringen. Im Finanzministerium wird bereits in dieser Veranlassung eine umfassende Vorlage ausgearbeitet, die schon im Verlaufe dieses Winters unter Beteiligung von Deputierten der Fabrikindustrie zur Prüfung gelangen kann.

Der Kolonialzucker ist mit einem Zoll von 3 Rub. Silber pro Pud belegt; die Akzise vom Rübenzucker kann man aber nicht höher als auf 40 Kop. pro Pud veranschlagen. Vom ersteren werden durchschnittlich 1 000 000 bis 1 200 000 Pud eingeführt, von letzterem werden 4 000 000 bis 4 500 000 Pud produziert, so daß die Regierung für den Schutz der Rübenzucker-Produktion jährlich 10 bis 12 Millionen Rubel opfert. Wie verlustbringend eine solche Lage der Dinge, wie unnatürlich eine Industrie, die solche Opfer erfordert, auch sein mag, so darf man doch meiner Ansicht nach im Tarif nicht solche Änderungen vornehmen, welche die Rübenindustrie, diese Hauptquelle des Reichtums einiger Gouvernements, untergraben könnten. Außerdem würde die Ersetzung eines bedeutenden Quantums von Zucker innerer Produktion durch Kolonialzucker unseren Zahlungen im Auslande, die ohnehin schon allzu groß sind, noch einige Dutzende von Millionen hinzufügen. Um die Einnahmen zu erhöhen, muß man sich daher meiner Ansicht nach hauptsächlich an die Rübenzucker-Industrie wenden; eine hierauf bezügliche Vorlage wird im Laufe dieses Winters in den Reichsrat eingebracht werden. Ich glaube, daß man auf diesem Wege vom Jahre 1868 an eine Erhöhung der Einnahmen bis zu zwei Millionen Rub. erzielen könnte.

Die direkten Steuern.

Der Ertrag dieser Steuern kann nicht von selbst steigen, da er vom Steueranschlage (Oklad) abhängt. Der tatsächliche Einlauf der direkten Steuern ist sogar gewöhnlich etwas niedriger als der ursprüngliche Anschlag, da viele die Zahlung schuldig bleiben und vom Gesetze in verschiedenen Fällen Steuererlaß gewährt wird.

Zur Erhöhung der Kopfsteuer nimmt man nur im äußersten Falle seine Zuflucht, da diese Steuer auf der ärmsten Bevölkerungsklasse besonders drückend lastet. Es unterliegt keinem Zweifel, daß Rußland an direkten Steuern mehr aufbringen könnte, als jetzt, wenn die Regierung die Möglichkeit besäße, die Steuer gleichmäßiger zu verteilen. In einem so großen Reiche, wie Rußland, ist die Aufstellung eines richtigen Katasters fast unmöglich, so daß man zur Repartitionsteuer seine Zuflucht nehmen muß, wie das im Jahre 1863 bei der Erhöhung der Kopfsteuer geschehen ist. Die Schwierigkeit, mit der die Loskaufzahlungen wenigstens in einigen Fällen einlaufen, erklärt sich dadurch, daß diese Zahlungen die Mittel der Bauern übersteigen, und in diesen Fällen würde eine Erhöhung der Kopfsteuer um so drückender sein, als in diesem Jahre die staatlichen Landesprästanden durchschnittlich um 22 Kopeken pro Kopf erhöht worden sind.

Obgleich ich alle diese Unzuträglichkeiten einer Erhöhung des Kopfsteueranschlags erkenne, bin ich dennoch zur Überzeugung gelangt, daß von 1867 an eine Erhöhung der Kopfsteuer, im ganzen im Betrage von 50 Kop. pro Person, notwendig ist. Die untenstehenden Ziffern des tatsächlichen Einlaufs dieser Steuern während des letzten Dezenniums zeigen, daß der Gesamtertrag trotz der Steigerung im Laufe der letzten fünf Jahre nicht nur nicht schlechter, sondern sogar besser geworden ist.

Im Jahre	Anschlag: Rub.	Wirklich eingelaufen: Rub.
1856	47 620 385	46 336 421
1857	48 143 820	49 708 720
1858	48 289 238	47 664 931
1859	50 732 033	49 515 911
1860	51 399 454	51 144 060
In Summa:	246 184 931	244 370 045

Weniger eingelaufen als veranschlagt 1 814 885 Rub.

Im Jahre	Anschlag: Rub.	Wirklich eingelaufen: Rub.
1861	51 283 427	51 246 969
1862	55 255 928	53 714 091
1863	61 615 260	60 597 702
1864	58 454 965	59 403 659
1865	56 865 149	56 847 129
In Summa:	283 474 732	281 809 552

Weniger eingelaufen als veranschlagt 1 665 180 Rub.

Diese Ziffern liefern nach meiner Ansicht den Beweis, daß die geplante Erhöhung der Kopfsteuer allerdings drückend sein wird, aber nicht als unmöglich angesehen werden darf. Nach der Zahl der Steuerzahlenden würde die geplante Erhöhung jährlich gegen 11 200 000 Rub. ergeben; bringt man hiervon 1 200 000 Rub. für die Rückstände und etwaigen Steuererlaß in Abzug, so würden im ersten Jahre fünf, in den folgenden Jahren je 10 Millionen Rubel mehr einlaufen.

Die Einkünfte des Domänenministeriums müssen durch die zu treffenden Maßnahmen, die Aufstellung neuer Pachtbedingungen, Verpachtung neuen Landes usw., allmählich wachsen. Nach meiner Ansicht können diese Einkünfte in drei Jahren um drei Millionen, in jedem Jahr um eine, wachsen.

Aus allem diesem ergibt sich, daß die Einnahmen im Vergleich zum Budget des Jahres 1866 um folgende Beträge wachsen können:

	Im Jahre 1867 Rub.	Im Jahre 1868 Rub.	Im Jahre 1869 Rub.
Durch allmähliche Verstärkung verschiedener Einnahmequellen um	3 Millionen	6 Millionen	9 Millionen
Durch Erhöhung der Kopfsteuer	5 „	10 „	10 „
Durch Erhöhung der Zuckerakzise	—	2 „	2 „
Durch Erhöhung des Ertrages der Domänen ...	1 „	2 „	3 „
Durch Erhöhung der Zölle .	0,5 „	1 „	1 „
	9 ½ Millionen	21 Millionen	25 Millionen
Nach Abzug des Minderertrages der Getränksteuer	6 „	3 „	—
Rest:	3 ½ Millionen	18 Millionen	25 Millionen.

Schließlich halte ich es für meine Pflicht, einige neue Steuern zu erwähnen.

Die Grundsteuer.

Von der ungeheuren Masse der nicht bewohnten Ländereien werden dem Staate keinerlei Abgaben gezahlt. Es unterliegt keinem Zweifel, daß die Grundsteuer in Zukunft eine bedeutende Einnahmequelle des Staates bilden wird, die Zeit zur Erhebung der Grundsteuer ist aber nach meiner Ansicht aus folgenden Ursachen noch nicht gekommen: das Land gehört fast ausschließlich zwei Bevölkerungsklassen: den Gutsbesitzern und den Bauern, sowohl den zeitweilig verpflichteten als den Domänenbauern. Auf dem Bauerlande lasten bereits direkte Staatsabgaben und Landschaftsabgaben. Das Land, das den Gutsbesitzern nach der Abtrennung des Bauerlandes geblieben ist, trägt allerdings keine direkten Staatssteuern, ist aber in den letzten Jahren mit Zahlungen für die Friedensgerichts-Institutionen und die Bedürfnisse der Landschaften belastet worden. Nach Aufhebung der Leibeigenschaft stoßen die Gutsbesitzer fast überall auf große Schwierigkeiten, Revenüen aus dem ihnen verbliebenen Lande zu beziehen, so daß es für die Bevölkerungsklasse, deren Interessen durch die bäuerliche Reform verletzt werden mußten, augenblicklich allzu beschwerlich wäre, wenn man ihr Land auch noch mit einer fiskalischen Steuer belasten würde.

Im Finanzministerium ist über die Einführung der Einkommensteuer eingehend beraten worden und man ist zu der Überzeugung gelangt, daß diese Form der Steuer bei uns unanwendbar ist.

In einigen ausländischen Staaten gibt es eine ganze Reihe von Steuern, die einen sozusagen städtischen Charakter haben. Hierher gehören die Oktroisteuer und der impot mobilier in Frankreich, die preußische Schlacht- und Mahlsteuer, die Pferde-, Equipagen- und Hundesteuer usw. Alle diese Steuern können in Städten, und zwar in den bedeutenderen, erhoben werden. Bei der geringen Entwicklung unseres städtischen Lebens und der spärlichen Verteilung unserer Städte auf einem ungeheuren Territorium muß die Erhebung einiger von den genannten Steuern bei uns schwierig werden; einen bedeutenden Ertrag können sie bei uns nur in den fünf bis sechs größten Städten abwerfen; nach meiner Ansicht ist daher dieser Modus der Besteuerung den Städten zu überlassen, jedoch unter der Bedingung, daß den stets wachsenden Anforderungen unserer größten Städte an den Staatsschatz ein Ende gemacht werde.

Die Ausgaben.

Bis zum Jahre 1848 betrugen die tatsächlichen Ausgaben des Staates weniger als 230 000 000 Rub. Die politischen Ereignisse der Jahre 1848 und 1849 und die durch sie hervorgerufenen Rüstungen ließen die Ausgaben auf beinahe 270 000 000 Rub. steigen, im Jahre 1852 sanken sie aber wieder auf 250 000 000 Rub. Nach dem Krimkriege, der natürlicherweise ungeheure Opfer erheischte, sanken die

Ausgaben wiederum auf 260 000 000 Rub., was übrigens nur durch die bedeutenden Vorräte verursacht war, die nach dem Kriege übriggeblieben waren und die die Möglichkeitzu einer Herabsetzung der laufenden Ausgaben gewährten. Im letzten Quinquennium stiegen die Ausgaben rasch. Sie betrugen:

Im Jahre	Rub.
1862	328 176 000
1863	397 360 000
1864	447 038 000
1865	404 563 000
1866 [1]	401 264 000

Von den Ausgaben der Jahre 1864, 1865 und 1866 sind die Kredite abzuziehen, die den Budgetregeln gemäß nach Ablauf ihres Termins der Streichung unterliegen. Veranschlagt man diese Kredite, wie oben dargelegt, auf 20 000 000 Rub., so können die Ausgaben des Jahres 1864 mit 427 038 000, die von 1865 mit 384 563 000 und die von 1866 mit 381 264 000 Rub. beziffert werden.

Zieht man von diesen drei letzten Ziffern noch je 40 Mill. Rub. für die Ausgaben ab, die auf Grund der neuen Budgetregeln ins Budget aufgenommen wurden, so ergibt sich, daß die wirkliche Steigerung der Ausgaben seit den Jahren vor Ausbruch des Krimkrieges 90 bis 100 Mill. Rub. beträgt. So erstaunlich diese Tatsache auch ist, so wird sie doch teilweise durch den Krieg selbst erklärt, dem Rußland ungeheure Opfer — und nicht nur zeitweilige, sondern auch ständige — hat bringen müssen; hauptsächlich ist aber die Erhöhung der Ausgaben durch die Reformen und Verbesserungen veranlaßt, die seit der Beendigung des Krimkrieges in allen Verwaltungszweigen durchgeführt werden.

Zur Deckung der hierdurch verursachten, von Jahr zu Jahr steigenden Defizite sind im Laufe der letzten Jahre hauptsächlich Anleihen verwandt worden, die nun, wo der Geldmarkt erschöpft ist, uns nach meiner festen Überzeugung

[1]) Die außeretatmäßigen Ausgaben des Jahres 1866 sind auf etwa 30 000 000 Rub. veranschlagt.

nicht mehr zugänglich sind. Eine Einschränkung der Ausgaben ist daher nicht nur notwendig, sondern sogar unumgänglich. Die Regierung steht vor der Wahl, diese Einschränkungen selbst vorzunehmen oder es zuzulassen, daß die Allerhöchst bestätigten Ausgaben aus Geldmangel nicht gemacht werden können. Das erstere hebt unseren Kredit und gibt uns die Möglichkeit, bessere Zeiten abzuwarten, ohne die wesentlichen Lebensinteressen Rußlands zu verletzen. Ließe man es dagegen zu, daß es unmöglich wird, die Allerhöchst bestätigten Ausgaben zu machen, so hieße das mit dem Kredit auch jeden politischen Einfluß einbüßen und innerhalb des Reiches die Achtung des Volkes vor der Würde und Macht der Regierung schwächen.

Auf Grund des alleruntertänigsten Berichtes des Reichskontrolleurs haben Ew. Kaiserliche Majestät bereits zu befehlen geruht, Erwägungen über diejenigen Gesetzveränderungen vorzustellen, von denen man eine Verringerung der Ausgaben erwarten könnte. Diese Erwägungen werden vom Reichskontrolleur und vom Finanzminister binnen kurzer Zeit eingebracht werden, und sie werden hoffentlich zu einer Verringerung der Ausgaben führen; dieses Resultat läßt sich aber nicht in kurzer Zeit erwarten, und es kann zu einer wesentlichen Änderung unserer finanziellen Lage nicht genügen.

Oben ist dargelegt worden, daß, nach den letzten Jahren zu urteilen, das wahrscheinliche Manko an Einnahmen zur Deckung der Ausgaben, darunter auch der 25 Mill. Rub. für die Eisenbahnen, im Jahre 1867 72 860 000, im Jahre 1868 80 231 000 und im Jahre 1869 87 056 000 Rub., zusammen also in diesen drei Jahren 240 147 000 Rub. oder durchschnittlich 80 Mill. Rub. betragen wird. Zieht man hiervon 25 Mill. jährlich für Eisenbahnzwecke ab, so bleibt für die drei Jahre ein Defizit von 165 Mill. Rub. oder ein Jahresdefizit von 55 Mill. Rub. Die wahrscheinliche Steigerung der Einnahmen im Laufe der drei Jahre ist oben auf 46½ Mill. Rub. oder jährlich auf 15 500 000 Rub. veranschlagt worden. Es würden also alljährlich 40 Mill. Rub. zu den laufenden Ausgaben und außerdem 25 Mill. für die Eisenbahnen fehlen.

Diese beiden Summen, d. h. 40 Mill. Rub. Defizit und 25 Mill. Rub. zu Eisenbahnzwecken, lassen sich meiner Ansicht nach ganz unmöglich durch Anleihen beschaffen, und eine bedeutende Verringerung der Ausgaben ist daher unvermeidlich.

Wendet man sich hierauf den Titeln zu, bei denen eine Verringerung der Ausgaben zu erzielen wäre, so ist zunächst zu erwägen, ob es notwendig ist, im Laufe dreier Jahre je 25 Mill. Rub. zu Eisenbahnzwecken zu verausgaben? Meiner Ansicht nach kann die Regierung bei dem jetzigen Stande der Eisenbahnfrage nicht umhin, wenigstens 25 Mill. Rub. zu verausgaben, wenn sie nicht jeder Hoffnung auf den Bau der Bahnen entsagen will. Wenn es auch möglich wäre, wenigstens einige Teile der Südbahn in die Hände einer Gesellschaft zu geben, so würden doch laut den Kontrakten mit Vrière u. Comp. und Baron Ungern zum mindesten 25 Mill. Rub. für den von Regierungsingenieuren zu bauenden Teil der Moskau-Kursker Linie, für die auf die eine oder andere Weise herzustellende Verbindung zwischen Kursk und Kiew, für die Transkaukasische Bahn und endlich zur Unterstützung der Privatgesellschaften notwendig sein. 25 Mill. Rub. jährlich für die Eisenbahnen ausfindig zu machen, halte ich nur in dem Falle für möglich, wenn keine andere Staatsanleihen auf dem Geldmarkte erscheinen; wenn der Fiskus aber genötigt ist, jährlich einige Dutzende von Millionen auf unserem inneren Markte zur Deckung der laufenden Ausgaben aufzubringen, so wird nach meiner Überzeugung die erste Folge die Sistierung des Eisenbahnbaus sein. Diese Sistierung müßte im Laufe des Jahres 1867 erfolgen.

Ew. Kaiserliche Majestät haben aus den obenstehenden Erwägungen über den Geldmangel, die Valuta, den Wechselkurs und die Einnahmen bereits zu ersehen geruht, daß der Eisenbahnbau nach meiner Überzeugung der einzige Ausweg aus unseren finanziellen und wirtschaftlichen Schwierigkeiten ist. Ihren Bau inhibieren hieße sowohl die Gegenwart als die Zukunft Rußlands aufopfern, ihr Bau wird aber unbedingt inhibiert, falls die Staatskasse nach wie vor in die Notwendigkeit versetzt ist, alljährlich auf unserem inneren Geldmarkte Dutzende von Millionen zur Deckung der ihr auferlegten, die Kraft des Staates übersteigenden Ausgaben aufzubringen. Nach meiner Überzeugung muß der innere Markt für einige Jahre den Privatinteressen und den Bedürfnissen der Eisenbahnen überlassen werden.

Die laufenden Ausgaben der Regierung können zum Zweck der leichteren Beurteilung der Möglichkeit von Ersparnissen in mehrere Kategorien geteilt werden. Einige Ausgaben dürfen von der Regierung nicht verringert werden, die Herabsetzung anderer würde keinen Nutzen bringen. Es gibt Ressorts, deren Ausgaben aus verschiedenen Gründen entweder nicht herabgesetzt werden können oder sogar erhöht werden müssen, so daß die Ersparnisse, die in diesen Ressorts bei manchen Titeln gemacht werden können, zu anderen Ausgaben in demselben Ressort verwandt werden müssen; hinsichtlich der Erhebungskosten muß die Verringerung erst in zweiter Linie in Frage kommen, denn der Hauptzweck, nach dem man streben muß, ist die Erhöhung der Einnahmen; endlich bleiben hiernach noch die Ausgaben für die Militär- und Zivilverwaltung, bei denen Streichungen möglich wären.

Wenn man das Budget des Jahres 1866 zugrunde legt, so ergeben sich für diese Kategorien folgende Ziffern:

1. Ausgaben, die von der Regierung nicht herabgesetzt werden können:

Kredit	68 586 684 Rub.	
Pensionen	16 754 204 „	
Unterstützungen an Städte u. Aktiengesellschaften	5 112 108 „	
Gratifikationen	3 177 179 „	
Arrenden	1 972 908 „	
Garantien der Eisenbahnen	3 000 000 „	
		98 603 083 Rub.

2. Ausgabentitel, deren Herabsetzung keinen Nutzen brächte:		
Rückzahlungen	500 000 Rub.	
Außerordentliche Ausgaben	4 000 000 „	
Extraordinäre Ausgaben in den Gouvernements	5 250 875 „	
Geldversendung und Fahrten	1 190 097 „	
Ausgaben Transkaukasiens von dessen Einnahmen	3 693 122 „	
		14 634 094 Rub.
3. Erhebungskosten.....................		41 092 193 „
4. Ressorts, deren Ausgaben nicht verringert werden können oder einer Erhöhung bedürfen:		
Der hl. Synod	6 079 764 Rub.	
Der Allerhöchste Hof	7 717 419 „	
Wasserwege	1 418 088 „	
Landwege	3 555 437 „	
Ministerium der Volksaufklärung	7 062 464 „	
Justizministerium	7 607 661 „	
Ministerium der Post u. der Telegraphen	980 613 „	
		34 421 446 Rub.
		189 250 816 Rub.
5. Kriegs- u. Marineministerium		138 100 736 Rub.
6. Alle übrigen Ausgaben		39 913 196 „
		367 264 784 Rub.

Das Budget des Jahres 1866 enthält also 189 250 000 Rub. solcher Ausgaben, die nicht herabgesetzt werden können, während sich die Ersparnisse nur auf 178 013 000 Rub. beziehen, von denen 138 100 000 dem Militär- und Marineressort und 39913000 Mill. den übrigen Ressorts angehören.

Zu dieser letzteren Summe gehören größtenteils die etat- und kontraktmäßigen Ausgaben, deren Herabsetzung außerordentlich schwierig ist. Trotzdem muß man eine gewisse Herabsetzung erzielen, deren Höhe ich auf 3 Mill. Rub. festsetzen möchte. Diese Herabsetzung würde sich vor allem auf das Domänenministerium beziehen, da die Domänenbauern aus diesem Ressort in dasjenige des Innern übergeführt werden. Abzuziehen wären von dieser Ersparnis die Summen, die infolge dieser Reform aus dem Budget des Domänenministeriums in diejenigen der übrigen Ministerien übergehen. Was an den drei Millionen Rub. noch fehlt, müßte auf alle übrigen zur sechsten Kategorie gehörigen Ressorts ihren Budgets entsprechend verteilt werden. Die Herabsetzung dieser Budgets ist ohne Zweifel mit großen Schwierigkeiten verknüpft, und man könnte es daher den Verwaltungen selbst überlassen, den für sie am wenigsten drückenden Modus der Verteilung der Abstreichungen ausfindig zu machen, natürlicherweise aber unter Bestätigung in legislativer Ordnung. In den Ressorts der vierten Kategorie werden die Ergebnisse der entsprechenden Streichungen zu Erhöhungen anderer Ausgaben in denselben Ressorts verwandt und bilden daher keine direkten Ersparnisse für den Staatsschatz, sondern setzen nur die Neuforderungen herab. Die Ausgaben des Marineressorts müssen nach meiner Ansicht auf 15 Millionen Rub. jährlich reduziert werden. Eine solche Kürzung ist zweifellos ohne wesentliche Abänderung des jetzigen Marineprogramms möglich, denn bei einem Budget von 15 Mill. Rub. wird das Marineministerium fast dreimal mehr Mittel haben, als Österreich und die Niederlande, eineinhalbmal mehr als Italien und bedeutend mehr, als Preußen, Dänemark und Schweden zusammen bisher für ihre Flotten verausgabt haben.

Im Kriegsministerium steht die notwendige Ausgabe für Einführung eines neuen Gewehrtypus bevor. Diese Ausgabe, deren Höhe noch nicht genau festgestellt ist, wird bei diesen Erwägungen nicht in Betracht gezogen. Im übrigen müßte man meiner Ansicht nach dieses Budget auf 100 Mill. Rub. jährlich festsetzen. Preußen hat vor dem Kriege etwas mehr als 35 Mill. Taler für diesen Zweck verausgabt.

Trotz aller dieser Abstreichungen, deren Schwierigkeit ich vollkommen erkenne, werden sich unsere Ausgaben noch nicht mit den Einnahmen decken, sondern man wird in drei Jahren gegen 45 Mill. Rub. außerordentlicher Ressourcen zur Stärkung der Mittel der Staatsrentei beschaffen müssen, was nicht leicht, aber auch nicht unmöglich ist. Bei der Ausfindigmachung dieser Mittel wird auf dem Finanzminister eine schwere Verantwortung ruhen. Sowohl die Pflicht des treuen Untertans als auch die Verantwortlichkeit vor dem Monarchen und vor dem eigenen Gewissen veranlassen mich, Ew. Kaiserlichen Majestät alleruntertänigst zu berichten, daß dieses — die äußerste Grenze des Möglichen bedeutet.

Aus den in diesem Memorandum angeführten ziffermäßigen Daten haben Ew. Majestät zu ersehen geruht, welche wichtige Rolle die im Budget nicht vorgesehenen Ausgaben bei unseren finanziellen Schwierigkeiten spielen und in wie hohem Grade ihre Einschränkung notwendig ist. In dieser Hinsicht erscheinen nach meiner Ansicht folgende Maßnahmen nützlich:

1. Von dem Viermillionenkredit sind seiner Bestimmung gemäß nur wirklich außerordentliche Ausgaben, laut Allerhöchster Verfügung, zu bestreiten, wobei zu beobachten ist, daß alle Ansprüche auf solche Zuwendungen Ew. Majestät, und zwar vom Finanzminister, vorgelegt werden, dem die Pflicht aufzuerlegen ist, allmonatlich die Verteilung des zwölften Teils dieses Kredits, d. h. die Verteilung von 333 000 Rub., der Allerhöchsten Einsichtnahme zu unterbreiten.

2. Hinsichtlich aller übrigen im Budget nicht vorgesehenen Ausgaben, ohne jede Ausnahme, sind Vorstellungen durch den Reichsrat zu machen, wobei diese Ausgaben von den nach Ablauf ihres Termins freigewordenen Krediten früherer Jahre zu decken sind.

3. Die zur Deckung durch den Viermillionenkredit alljährlich Ew. Kaiserlichen Majestät vorgestellten

Ausgaben, wie diejenigen für die Artillerie, die Festungen und das Hofbauwesen, sind den allgemeinen Budgetregeln zu unterwerfen.

4. Über die Ausgaben für die Eisenbahnen ist gesondert Rechnung zu führen, und diese Ausgaben sind gesondert der Allerhöchsten Einsichtnahme zu unterbreiten.

Allgemeine Schlußfolgerungen.

Im Laufe eines halben Jahrhunderts flossen die Ersparnisse der Volksarbeit in der Form von Einlagen in die Staatskreditinstitutionen und die Kollegien der Allgemeinen Fürsorge, gelangten von dort in die Hand der Regierung und der Grundbesitzer und wurden sowohl von jener als von diesen größtenteils unproduktiv verwandt, d. h. vernichtet.

Es kam die Zeit des Krimkrieges, der von dem Staate ungeheure Opfer verlangte. Aber der Staat konnte keine bedeutenden Reserven an nationalem Kapital besitzen, da das nationale Kapital nur durch alljährliche produktiv verwandte Ersparnisse komplettiert wird, unsere Ersparnisse aber im Laufe des halben Jahrhunderts vor dem Krimkriege unproduktiv verwandt worden waren. Daher konnte der Krimkrieg nur vermittelst der Emission unverzinslicher Geldzeichen, welche die Grundlagen unserer Valuta erschütterte, geführt werden. Nach dem Krimkriege wurde der private Unternehmungsgeist, der von der Regierung hervorgerufen und sowohl durch direkte Unterstützungen als durch Herabsetzung der Bankprozente protegiert wurde, zu einem Konkurrenten der Kreditinstitutionen, und da stellte sich der schon längst bestehende, aber bis dahin nicht offenkundige Bankerott dieser Institutionen heraus, für welche das Fehlen privater Unternehmungen eine Lebensbedingung gewesen war. Die Kreditinstitutionen mußten geschlossen werden, aber noch bis zu diesem Augenblick ist ihre Liquidation nicht beendigt, noch bis jetzt wird alljährlich ein Teil der Kapitalien, die durch die Volksersparnisse gebildet werden, zur Rückzahlung der Einlagen der früheren Kreditinstitutionen verwandt, die von der Regierung oder den Darlehnnehmern vor Dezennien unproduktiv verausgabt worden waren.

So trafen uns die großen Reformen, die den Ruhm der Regierung Ew. Kaiserlichen Majestät bilden, in einem Zustande an, wo das System der Kreditinstitutionen im Verfall begriffen, die Valuta zerrüttet und das nationale Kapital ungenügend war, d. h. in einem Zustande ohne Verkehrswege, ohne umlaufendes Kapital und all dasjenige, worin sich die alljährlichen Ersparnisse verwandeln, wenn man ihre Anhäufung nicht behindert. In ihrem Wesen betrafen die Reformen nicht nur die administrative Oberfläche, wie das meistens mit Reformen der Fall ist, die von der Regierung selbst durchgeführt werden, sondern veränderten und verändern noch täglich die wesentlichen Vorbedingungen des bürgerlichen und wirtschaftlichen Lebens des Volkes. Die Geschichte wird feststellen, daß von der Höhe des Thrones — ohne Erschütterungen — dasselbe geschehen ist, was meistenteils erst durch andauernde und blutige Revolutionen erreicht wird. Diese Reformen sind in legislativer Hinsicht natürlich schon abgeschlossen, haben sich aber in der Praxis noch nicht vollkommen eingebürgert, geschweige denn volle Frucht tragen können. Rußland befindet sich in einem Übergangszustande, wie er nach solchen Veränderungen im bürgerlichen und wirtschaftlichen Leben des Volkes unvermeidlich ist, Veränderungen, die in ihren Resultaten einer Revolution — Gott sei Dank, einer friedlichen — gleichkommen. Die Interessen, die unter den Reformen gelitten haben, haben sich noch nicht erholen, diejenigen aber, die durch die Reformen gewinnen müssen, sich noch nicht voll entwickeln können. Der vor unseren Augen sich vollziehende Umschwung verstärkt schon jetzt das Bedürfnis nach Kapitalien, behindert aber deren Bildung durch Ansammlung neuer Ersparnisse. Jede Reform, jede Verbesserung legte dem Fiskus neue Opfer auf, sei es in der Form von Ausgaben, sei es in der Form der Verringerung der Einnahmen oder der Unmöglichkeit, sie zu vergrößern. Mit einem Worte, wir befinden uns in einer Übergangszeit, in einer noch nicht gefestigten Lage, wie sie Umwälzungen im bürgerlichen Leben stets zu folgen pflegt. Epochen und Umwälzungen im bürgerlichen und wirtschaftlichen Leben eines Volkes sind immer auch Epochen der finanziellen Schwächung und folglich der politischen Untätigkeit. Die wachsenden Bedürfnisse der Regierung hatten eine erhöhte Inanspruchnahme der Kreditmittel zur Folge. In den vier Jahren 1862, 1863, 1864 und 1865 sind auf verschiedene Weise 358 353 000 Rub. aufgenommen worden. In dieser Summe ist die zweite 5 proz. Anleihe im Betrage von 100 Mill. Rub., die jetzt realisiert wird, noch nicht enthalten. Die sich in so ungeheuren Beträgen wiederholenden Staatsanleihen lenken alle freien Kapitalien von den Privatunternehmungen und der Industrie ab und rufen berechtigte Klagen über Geldmangel hervor. Es läßt sich nicht erwarten, daß der private Unternehmungsgeist und der private Kredit sich erholen und kräftigen könnten, solange die Regierung die freien Kapitalien mit jeglichen Mitteln an sich zu ziehen sucht. Schon deshalb müßte man nicht bei einem System verharren, welches die produktiven Kräfte und folglich nicht nur die Gegenwart, sondern auch die Zukunft der wirtschaftlichen Entwickelung und der Finanzen schädigt; aber auch ganz abgesehen davon, wäre eine Fortsetzung dieser alljährlichen Anleihen, wenn die Regierung eine solche wünschte, nach meiner Überzeugung unmöglich, weil der Geldmarkt erschöpft ist. Von den aufgenommenen 358 000 000 Mill. Rub. sind tatsächlich nur 217 000 000 Rub. dem Staatsschatze zugeflossen, während 141 000 000 Rub. zur Tilgung der Verpflichtungen benutzt wurden, welche die früheren Kreditinstitutionen der Staatsrentei als Erbe hinterlassen hatten. 40% der aufgenommenen Summen bildeten also keine Stärkung der Staatsrentei, denn was sie auf der einen Seite einnahm, mußte sie auf der anderen verausgaben. Dieses beweist, daß die Saite allzu straff gespannt war und daß von einer noch größeren Anspannung des Kredits keine Ressourcen zu erwarten sind.

Nach meiner Überzeugung können wir nur dadurch aus unseren finanziellen und wirtschaftlichen Schwierigkeiten herauskommen, daß wir einige Jahre hindurch die durch Ersparnisse neu gebildeten Kapitalien zu produktiven Ausgaben und zwar vorzugsweise zum Eisenbahnbau verwenden. Ohne Stärkung der Ausfuhr vermittelst der Eisenbahnen kann unsere Valuta nicht saniert und der Wechselkurs nicht aufrechterhalten werden, dessen wir zur Heranziehung ausländischer Kapitalien bedürfen. Nur die Eisenbahnen können unseren Waren genügende, weniger schwankende und die Arbeit lohnende Preise sichern, nur bei solchen Preisen aber kann der Grund und Boden genügende Erträge geben und folglich auch seinen wirklichen Wert erhalten; durch die Eisenbahnen erstarken die produktiven Kräfte und wachsen folglich die Staatseinnahmen. Mehr als irgend etwas anderes tragen endlich die Eisenbahnen zum Wachstum der politischen Kraft Rußlands bei. Mit einem Worte — unsere ganze Zukunft hängt von den Eisenbahnen ab, sie sind aber unmöglich, solange die Staatsrentei als der ständige Konkurrent der Eisenbahnen erscheint, solange das zum Eisenbahnbau bestimmte Geld zur Deckung der laufenden Ausgaben verwandt wird, und man bei der Gewährung jeglicher Konzession vor allem daran denken muß, ob man nicht hierdurch eine Anleihe schädige. Da es nur einen Staatskredit gibt, die direkten Staatsanleihen aber immer mehr Anziehungskraft besitzen, als die garantierten Papiere der Eisenbahnen, so werden die letzteren immer von den ersteren tot gemacht. Man kann absolut nicht darauf hoffen, für Eisenbahnen — und zwar sowohl für diejenigen, die vom Staat, als für diejenigen, die von Gesellschaften gebaut werden — Mittel ausfindig zu machen, wenn gleichzeitig Staatsanleihen für laufende Ausgaben aufgenommen werden. Die Einstellung des Eisenbahnbaus — und sie ist unvermeidlich, wenn das Kreditbedürfnis der Staatsrentei nicht geringer wird — würde aber den Verzicht auf jegliche Hoffnung einer Besserung unserer finanziellen, wirtschaftlichen, ja sogar politischen Lage bedeuten.

Nach meiner Überzeugung ist es daher notwendig:

1. Alle Maßnahmen zur Vermehrung der Einnahmen zu treffen, obgleich einige Steuern, wie oben dargelegt, für das Volk beschwerlich sein müssen.

2. Allen Versuchen von Privatpersonen, Gesellschaften, Landschaften und Städten, die Einnahmen aus der Getränksteuer mit der Regierung zu teilen, entschlossenen Widerstand zn leisten, und

3. Trotz aller Unbequemlichkeiten und Schwierigkeiten die Ausgaben, wie oben dargelegt, zu verringern.

Dann läßt sich hoffen, daß das Defizit bei der Deckung der laufenden Ausgaben, der budgetmäßigen sowohl als der im Budget nicht vorgesehenen, in drei Jahren nur 45 Mill. Rub. oder im Durchschnitt 15 Mill. Rub. jährlich betragen wird. Diese Summe muß man durch eine ausländische Anleihe zu beschaffen suchen.

Fernerhin müssen alle Mittel des Kredits, insbesondere des innern, für die Eisenbahnen verwandt werden, und man muß den Ersparnissen Zeit geben, sich anzusammeln und die ausgetrockneten Kanäle der nationalen Produktion und des privaten Kredits anzufüllen.

Bei einem derartigen Vorgehen kann man hoffen, daß die wirtschaftlichen Kräfte Rußlands binnen wenigen Jahren erstarken und die Reformen, die den Ruhm der Regierung Ew. Kaiserlichen Majestät bilden, in ihrer Entwickelung nicht durch Mangel an Mitteln aufgehalten werden, sondern reichliche Frucht tragen und Rußland aus der auf Umwälzungen im bürgerlichen und wirtschaftlichen Leben naturgemäß und unvermeidlich folgenden Periode des Übergangs und der Unruhe stärker und reicher hervorgeht, denn je zuvor.

III.

Denkschrift M. von Reuterns vom Februar 1877, die er als sein „finanzielles Testament" bezeichnete und die auf Allerhöchsten Befehl seinem Nachfolger S. A. Greigh übergeben wurde.

Die hinter uns liegenden 1 ½ Jahre werden auch dann tiefe Spuren in unserem finanzpolitischen und wirtschaftlichen Leben hinterlassen, wenn es mit Gottes Hilfe doch noch gelingen sollte, Rußland vor einem wirklichen Kriege zu bewahren. Die Ursachen sind teils zufälliger, teils organischer Natur. Zu den ersteren gehört die Mißernte von 1875—76, die in einigen Gebieten statthatte, während in anderen, wo Getreide vorhanden war, die Nachfrage von seiten des Auslandes fehlte. Die Folge war ein Rückgang der Industrie und des Binnenhandels, welcher letztere auch noch durch den während zweier Jahre herrschenden niedrigen Wasserstand in den Flüssen geschädigt wurde. Ohne mich auf alle Details dieser im Laufe von anderthalb Jahren sich häufenden ungünstigen Umstände näher einzulassen, kann ich nicht umhin, meine Überzeugung dahin zusammenzufassen, daß diese Periode selbst dann als eine der in wirtschaftlicher Beziehung schlimmsten zu bezeichnen wäre, wenn keine anderen Umstände hinzugekommen wären, die den Wohlstand Rußlands schädigten. Eine andere auf unsere Finanzen, unseren Handel und unsere Industrie verderblich einwirkende zufällige Ursache — die orientalische Frage — nahm im Laufe dieser ganzen Zeit völlig die Möglichkeit einer, wenn auch nur allmählichen Besserung unserer Verhältnisse, denn ohne eine gesicherte Zukunft kann kein Vertrauen und folglich auch kein Kredit vorhanden sein, und selbst an sich vortreffliche Unternehmungen werden verlustbringend. An organischen Ursachen unserer jetzigen Lage bestehen vor allem zwei. Das letzte Dezennium war durch eine starke, noch nie dagewesene Entwicklung der privaten Initiative gekennzeichnet und ebenso auch durch eine gleich starke Entwicklung der Börsentätigkeit, ohne welche heutzutage die erstere undenkbar ist. Es entstand eine ganze Anzahl von Privatbanken, Bau- und anderen Aktiengesellschaften, eine ungeheure Menge von Unternehmungen, die von Konsortien oder durch die Bemühungen von Privatpersonen ins Leben gerufen wurden. Alles dies trug reichliche finanzielle und wirtschaftliche Früchte, brachte eine ungeheure Vermehrung der Einnahmen, Belebung des Handels, steigende Immobilienpreise usw. Die Erfahrung aller Länder lehrt, daß eine solche Entwicklung unweigerlich eine Reaktion, d. h. eine Krisis, hervorruft. Zugleich mit wirklich nützlichen Unternehmungen entstehen andere, durchaus nicht notwendige, schlecht kalkulierte und unvorteilhafte. Eine häufig gewissenlose Spekulation nutzt die Unternehmungslust des Publikums aus und ruft Unternehmungen nicht zu den in den Prospekten angegebenen Zwecken ins Leben, sondern lediglich zur Ausplünderung der leichtsinnigen Aktionäre. Der von den Banken mit Leichtigkeit gewährte Kredit reizt viele dazu an, ihre Umsätze über ihre Mittel zu vergrößern. Alles dies muß unvermeidlich früher oder später zu einer Krisis führen, die als ein notwendiges Übel angesehen werden kann, welches gleich einem Gewitter die Luft von den schädlichen Dünsten reinigt und nur die wirklich soliden Unternehmungen bestehen läßt; immer ist es aber wünschenswert, daß die Krisis nicht das ganze wirtschaftliche Leben gleichzeitig trifft, sondern nur einige Industriezweige, wie das in Ländern der Fall ist, wo das Banksystem sich schon lange auf richtiger Grundlage fest eingebürgert hat, so in England und Frankreich. Eine

Bankkrisis überträgt sich auf alle Industriezweige und den ganzen Handel, die der gewohnten und notwendigen Kredite beraubt werden. Bei uns hat die Krisis leider gerade mit den Banken begonnen. Der Anlaß war ein zufälliger Umstand, d. h. die betrügerischen Operationen einiger Direktoren der Moskauer Leihbank mit dem bekannten Strousberg, aber die Panik wurde bald allgemein, und ihre schädlichen Folgen sind noch lange nicht überwunden. Das Publikum, das jedem Bankinstitut so blind vertraut hatte, ist ihnen gegenüber jetzt mißtrauischer, als es notwendig wäre, und man kann sagen, daß es in ganz Rußland nur eine kleine Zahl von Banken gibt, deren Kredit völlig gut ist. Die Banken sind infolge der zweifelhaften Lage der meisten unter ihnen dazu gezwungen, ihren Kredit so einzuschränken, daß alle oder fast alle Unternehmungen in Rußland in eine sehr schwierige Lage versetzt worden sind.

Eine andere Ursache der jetzigen finanziellen und wirtschaftlichen Zerrüttung liegt in der Änderung unserer Beziehungen zu den ausländischen Märkten. Zu Beginn der 60er Jahre verhielten sich die europäischen Kapitalisten voller Mißtrauen zu der finanziellen und wirtschaftlichen Zukunft Rußlands. Unsere Anleihen wurden nicht gezeichnet, die Eisenbahnkonzessionen fanden trotz der außerordentlich günstigen Bedingungen keine Liebhaber oder gerieten während der Verwirklichung ins Stocken. Als aber die bäuerliche und andere Reformen ihren ersprießlichen wirtschaftlichen Einfluß auszuüben begannen, die Defizite geringer wurden, die Eisenbahnen und andere Unternehmungen Erfolge aufzuweisen hatten, begann sich die Ansicht der ausländischen Kapitalisten allmählich zu ändern, und schließlich trat großes Vertrauen an die Stelle des Zweifels. Das Jahr 1866 kann als der Wendepunkt in den Anschauungen Europas über die finanzielle und wirtschaftliche Zukunft Rußlands bezeichnet werden. Das darauf folgende Dezennium bis zur zweiten Hälfte des Jahres 1875 war eine Periode, in der die europäischen Kapitalien reichlich zu uns strömten, wodurch sich auch der erstaunliche Erfolg des Eisenbahnbaus, verschiedener anderer Unternehmungen sowie der Industrie und des Handels ganz allein erklären läßt. Im Jahre 1875 begann eine Reaktion, die sich anfangs speziell auf den Kredit bezog, der den Privatunternehmungen gewährt worden war. Gegen Ende dieses Jahres begann darauf in allen Ländern Europas eine erbitterte und gewissenlose Zeitungspolemik gegen unsere Finanzen, der sich leider auch einige von unseren Blättern anschlossen. Unter Ausnutzung der schon so lange bestehenden politischen Befürchtungen und unter Übertreibung der, wie oben dargelegt, tatsächlich bei uns bestehenden wirtschaftlichen Bank- und Börsenkrisis, stellte man unsere Lage als in jeder Beziehung aussichtslos hin. Diese Intriguen hatten leider einen nur zu großen Erfolg: unsere Fonds sanken in ungeheurem Maße, und alle suchten das in verschiedener Form umlaufende Kapital aus Rußland herauszuziehen. Ich nenne diese Ursache unserer Zerrüttung eine organische, weil es auch hier außer den zufälligen Umständen — der orientalischen Frage und der innern Krisis — eine tiefere Ursache gab. Der Zufluß von Kapitalien aus kapitalreichen Ländern in solche, die sich eben erst entwickeln, ist völlig natürlich und wird immer dem Vertrauen gleich sein, das diese Länder genießen, in diesem Falle aber konnte man sich nicht mit dem natürlichen Zufluß begnügen, da es sich darum handelte, Rußland in verhältnismäßig kurzer Zeit ein ungeheures Eisenbahnnetz zu geben. Um diesen in jeder Beziehung wichtigsten Zweck zu erreichen, wurden künstliche Maßnahmen getroffen, um ausländische Kapitalien zu uns heranzuziehen und hier, sozusagen, festzulegen. Der Erfolg dieser Maßregeln war in finanzieller Beziehung vollständig, aus einem großen Teil der Eisenbahnen ließ und läßt sich aber das aufgewandte Kapital lange nicht herausziehen und der Regierung wird dadurch die Pflicht auferlegt, im Auslande die Zins- und Tilgungszahlungen für die beim Bau verwandten ausländischen Kapitalien zu leisten. Ich will meinen Gedanken durch ein Beispiel erläutern: wenn eine Eisenbahn von 500 Werst Länge, die, sagen wir, 30 Mill. Rub. gekostet hat, welche im Auslande aufgenommen wurden, unsere Jahresausfuhr dorthin um 1½ Mill. Rub. jährlich (abgesehen von der durch diese Bahn hervorgerufenen Vermehrung der Einfuhr) erhöht, so wird durch den Bau dieser Bahn die Lage der Regierung ihren ausländischen Gläubigern gegenüber nicht verschlimmert. Sie muß ins Ausland 1½ Millionen Rub. jährlich zahlen und findet diese in der Form neuer Wechsel für die erhöhte Ausfuhr unserer Waren. Wenn sich aber die Ausfuhr infolge des Baues dieser Bahn nur durchschnittlich um 1 Mill. Rub. jährlich erhöht, so muß die Regierung zur Deckung der übrigen 500 000 Rub. eine andere Quelle suchen. In dieser Lage befinden sich sehr viele, wenn nicht gar die meisten von unseren Eisenbahnen, so daß die Regierung, die sich verpflichtet hat, im Auslande Zinsen und Tilgungsraten für die Aktien und Obligationen der Eisenbahnen zu leisten, in diesen Unternehmungen nicht die hierzu erforderlichen Mittel findet und in dieser Beziehung gleichsam ein Schuldner à découvert wird. Solange die ausländischen Kapitalien uns in verschiedenen Formen von selbst zuströmten, wurde dieser Mangel an Mitteln für die Zahlungen ans Ausland leicht gedeckt, als uns aber seit dem Schluß des Jahres 1875 die ausländischen Kapitalien zu verlassen begannen, wurde der Mangel an Mitteln zu den ausländischen Zahlungen der Regierung zu einem ernsten und gefährlichen Übel. Selbst wenn man annimmt, daß das Zutrauen der ausländischen Märkte zu uns wenn auch nicht ganz wiederhergestellt, so doch bedeutend gestärkt wird, so wird man sich doch der Erkenntnis nicht verschließen können, daß hier ein wichtiges organisches Gebrechen unserer Finanzen vorliegt, und daß man mit dem Eisenbahnbau für ausländisches Geld nur in dem Maße fortfahren kann, in dem durch diese Eisenbahnen unsere Ausfuhr und folglich auch die Mittel zu unseren Zahlungen ans Ausland erhöht werden.

Nach obiger kurzer Darlegung der Ursachen unserer jetzigen finanziellen und wirtschaftlichen Zerrüttung wende ich mich zur Besprechung jener Maßnahmen, die meiner Ansicht nach zur allmählichen Besserung dieser Situation getroffen werden können.

Diese Erwägungen werden betreffen:

1. Das Gleichgewicht im Budget;
2. das Valutasystem und die ausländischen Zahlungen;
3. die Eisenbahnen;
4. den Handel und die Industrie.

1. Das Gleichgewicht im Budget.

Das mit solcher Mühe erzielte Gleichgewicht der Staatseinnahmen und Staatsausgaben wurde durch die Verhältnisse der letzten 1½ Jahre wesentlich gestört. Im Jahre 1876 sind die Einnahmen unter dem Einfluß der wirtschaftlichen Krisis bedeutend gesunken, die Ausgaben aber so gestiegen, daß der Rechenschaftsbericht der Reichskontrolle über diese Budgetperiode wahrscheinlich ein faktisches Defizit aufweisen wird, welches den bedeutenden freien Barbestand, der von den früheren Jahren übriggeblieben ist, übersteigt und daher besondere Mittel zu seiner Deckung erfordert. Hierzu muß man noch die ungeheuren Ausgaben fügen, die direkt oder indirekt durch die Mobilisation hervorgerufen sind. Alles dies erfordert eine bedeutende, sozusagen einmalige Ausgabe in der Form einer oder mehrerer Anleihen und wird im Staatsbudget auf immer einen bedeutenden Ausgabeposten zu Zinszahlungen für diese Anleihen zurücklassen. Infolge des im Vergleich zu früheren Jahren wahrscheinlich niedrigen Wechselkurses wird noch eine bedeutende Zuzahlung für die Differenz im Kurse des Kredit- und Metallrubels hinzukommen.

Endlich kann man voraussehen, daß auch noch einige andere Ausgaben unweigerlich steigen werden. Alles dies zusammengenommen stellt ein nicht unbedeutendes Defizit für das Budget dieses Jahres in Aussicht. Nach meiner

Ansicht muß man unverzüglich Maßregeln treffen, damit sich dies Defizit nicht wiederhole und das Gleichgewicht im Budget wiederhergestellt werde. Dies ist notwendig, weil das Gleichgewicht im Budget die erste, durch nichts zu ersetzende Grundlage des Staatskredits und des Vertrauens zu der wirtschaftlichen Zukunft Rußlands bildet und nur unter dieser Bedingung ein glücklicher Ausweg aus unserer jetzigen Situation zu finden ist. Es besteht übrigens noch ein anderer, wichtigerer Grund, die sich wiederholenden Defizite nicht zuzulassen: sie lassen sich nur durch alljährliche innere Anleihen decken, d. h. dadurch, daß man einen Teil der Volksersparnisse in die Hände der Regierung bringt und unproduktiv verausgabt, während doch diese Ersparnisse ohnehin schon zu ungenügend sind, um die wirtschaftlichen Bedürfnisse des Landes zu befriedigen. Wenn die Regierung gezwungen wäre, zum Zweck der Deckung der Defizite ihre Zuflucht zu innern Anleihen zu nehmen, so könnte sie auf eine allmähliche Abänderung der jetzigen ungünstigen wirtschaftlichen Situation bereits nicht mehr rechnen, und auch eine allmähliche Fortsetzung des Ausbaus unseres Eisenbahnnetzes wäre unerreichbar. Die Wurzeln unseres nationalen Wohlstandes, also auch unserer Staatsfinanzen, würden auf diese Weise beschädigt werden. Nach meiner Ansicht ergibt sich hieraus, daß unverzüglich alle Maßregeln zur Sicherung des Gleichgewichts im Budget getroffen und unentwegt durchgeführt werden müssen, bis das Ziel erreicht ist.

Das allererste Mittel ist hier strenge Sparsamkeit. Man muß nicht nur solche Ausgaben vermeiden, die nicht absolut notwendig sind, sondern sogar solchen entsagen, die sehr nützlich sind, aber doch auf einige Zeit, so unbequem es auch sei, aufgeschoben werden können.

Man kann aber nicht hoffen, durch Sparsamkeit allein zum Ziele zu gelangen; man muß sich auch zur Einführung neuer Steuern und zur Erhöhung der bestehenden entschließen. Unter diesen Maßregeln erscheint mir als die erste die Einführung einer nach Kategorien abgestuften

Einkommensteuer (подоходно-разрядная подать). Das Reglement dieser Steuer ist bereits ausgearbeitet und sie kann 10—12 Millionen Rub. jährlich einbringen.

Die Einnahmen von den Patenten für den Getränkhandel erleiden immer größere Einbußen, da die Stadt- und Dorfgemeinden im Widerspruch zum bestehenden Gesetz einen Teil dieser Einnahmen an sich reißen. Diese Verletzung der Rechte des Fiskus geschieht unter dem Vorwande der Bekämpfung der Trunksucht, tatsächlich aber handelt es sich hier um nichts anderes, als um ein Pachtsystem zugunsten der Stadt- und Dorfgemeinden und in noch höherem Grade zugunsten von Privatpersonen. Im Finanzministerium ist ein Projekt ausgearbeitet, das nach meiner Ansicht allen Anforderungen der öffentlichen Moral genügt, d. h. den lokalen Gewalten die Möglichkeit gewährt, das Entstehen einer allzu großen Zahl von Schankstätten zu verhindern, gleichzeitig aber auch dem Fiskus die Einnahmen von diesem Handel sichert. Durch Einführung dieses Gesetzes könnte die Einnahme aus Patenten um 10—20 Mill. Rub. steigen.

Im Finanzministerium ist ein Projekt bezüglich Erhebung der Tabakakzise ausgearbeitet, laut welchem die Zahl der Kategorien der Banderollen (Streifbänder) verringert wird. Das könnte bis zu 6 Mill. Rub. jährlich einbringen.

Die Erhöhung der Branntweinakzise von 7 auf 8 Kop. pro Grad wasserfreien Spiritus würde jetzt natürlich nicht denselben bedeutenden Ertrag bringen, wie die frühere analoge Maßregel, immerhin müßte man aber nach meiner Ansicht im Notfalle auch zu dieser Maßregel schreiten, von der man je nach den Umständen der Zeit, in der sie durchgeführt wird, eine Einnahme von 10 und mehr Millionen Rub. erwarten könnte.

Im Finanzministerium werden einige spezielle Tariffragen in Beratung gezogen, von denen man eine gewisse Erhöhung der Einnahmen erwarten könnte: diese Maßnahmen hätten d e n Vorteil, daß sie die Mittel zu unseren Zahlungen im Auslande verstärken würden.

Endlich müßte man meiner Ansicht nach, wenn alle diese Maßnahmen kein genügendes Resultat ergeben, zu einer prozentualen Erhöhung der direkten Steuern schreiten. Dann ist die Frage der Mittel zur Deckung des wahrscheinlichen Defizits der Jahre 1876 und 1877 und der außerordentlichen Ausgaben zu prüfen. Hiervon wird weiter unten in dem dritten Kapitel „von den Eisenbahnen" die Rede sein.

2. Das Valutasystem und die Zahlungen im Auslande.

Die Valutafrage bespreche ich gemeinsam mit der Frage der Zahlungen im Auslande, weil sie miteinander zusammenhängen und die schwächste Seite unseres Finanzsystems bilden.

Bis zur zweiten Hälfte des Jahres 1875 hoffte ich auf eine vollständige Wiederherstellung unserer Valuta durch Eröffnung der freien Einlösung der Kreditbilette gegen Metallgeld zu ihrem Nominalwerte. Trotz der manchmal recht schwierigen Lage der Staatsrentei ist die Regierung viele Jahre hindurch zu keiner Emission von Kreditbilletten zur Befriedigung ihrer Bedürfnisse geschritten. Emissionen erfolgten nur gegen Einzahlung von Gold oder temporär gegen Handelsobligationen. Der Wechselkurs wurde allmählich besser und hatte überhaupt den Charakter der Stabilität. Der Wechselfonds stieg um die ungeheure Summe von 160 Mill. Rub. Das Vertrauen, das man uns auf den inländischen und ausländischen Märkten entgegenbrachte, veranlaßte die Regierung, Maßnahmen zur Wiederaufnahme der Einlösung zu treffen. Seit der Mitte des Jahres 1875 machten sich aber zwei Erscheinungen geltend, die an der Möglichkeit der Wiederherstellung der Valuta Zweifel erwecken mußten. Vom Herbst 1875 bis zum August 1876 verringerte sich infolge unserer schlechten Ernte und des Fehlens der Nachfrage die Quantität der von den Exporteuren angebotenen Tratten in so hohem Grade, daß sie im Laufe einiger Wintermonate fast gar nicht auf dem Markte waren, gleichzeitig war aber die Einfuhr ausländischer Waren durchaus nicht geringer, sondern größer denn je. Unser Handel geriet also gleichsam bis über die Ohren in Schulden, die nur durch Ausfuhr von Gold aus dem Wechselfonds getilgt werden konnten. Eine andere, nicht weniger bemerkenswerte und betrübende Erscheinung war der Erfolg der im Auslande entstandenen Agitation gegen unseren Kredit. Es unterliegt keinem Zweifel, daß zufällige Umstände — so die Orientfrage und die wirtschaftliche Krisis — diesen Erfolg begünstigten, immerhin kann man sich aber nur darüber wundern, daß unser großer und, wie es schien, so gefestigter Kredit im Auslande in kurzer Zeit so hochgradig erschüttert werden konnte. Wenn bei uns im Jahre 1875 die freie Einlösung schon bestanden hätte, so hätte man sie bei der Wechselwirkung dieser beiden Umstände zweifellos einstellen müssen. Jetzt aber, wo man außerdem noch eine bedeutende Emission von Kreditbilletten vornehmen muß und der Wechselfonds sowohl infolge der im Jahre 1876 vorgenommenen Operation als infolge der Zahlungen im Auslande kleiner geworden ist, — jetzt muß man, wie ich meine, die Hoffnung auf eine vollständige Wiederherstellung unserer Valuta durch Einlösung der Kreditbillette al pari aufgeben und statt dessen nach ihrer Wiederherstellung auf neuer Metallbasis durch Einlösung der Kreditbillette zu einem bestimmten Kurse gegen ein anderes, auf metallischer Basis beruhendes Geldzeichen streben; mit anderen Worten, man muß eine ähnliche Operation vornehmen, wie sie in den Jahren 1839 bis 1842 durchgeführt wurde.

Um den Erfolg dieser Operation zu sichern, sind einige vorbereitende Maßnahmen erforderlich. Die wesentlichste von ihnen ist meiner Ansicht nach der Übergang zu einer Tarifpolitik, welche der Einfuhr engere Schranken weist. Eine Theorie, die übrigens von vielen Staaten in praxi nicht akzeptiert ist, lehrt, daß sich die Regierung in die Fragen der Herstellung des Gleichgewichts zwischen dem Ein- und Ausfuhrhandel nicht einmischen soll, daß die Verringerung des letzteren auch die Einschränkung des ersteren zur Folge haben muß, so daß sich das Gleichgewicht immer von selbst, ohne jegliche Einmischung der Regierung, herstellt. Abstrakt genommen, ist das natürlich richtig und wenn es einen Staat geben könnte, der nicht durch seine Vergangenheit und durch die bestehenden, vielleicht auch abnormen, Bedingungen seines wirtschaftlichen Lebens gebunden ist, so wäre diese Theorie auch durchaus anwendbar. Bei uns bestehen aber drei große Tatsachen, die es nicht erlauben, ruhig abzuwarten, bis die Bilanz zwischen den Zahlungen Rußlands und der ausländischen Staaten auf natürlichem Wege ins Gleichgewicht gelangt: die bei uns herrschende Papiervaluta, die Besonderheiten unseres Handels und die Schulden im Auslande. Nach der Theorie wirkt die Verringerung der Ausfuhr in zweifacher Weise auf die Einfuhr: die Produzenten im Innern des Landes, die weniger Geld für ausgeführte Ware erhalten, schränken ihren Konsum und folglich auch die Einfuhr ein; zu gleicher Zeit sind die Importeure, die keine genügende Zahl von Wechseln finden, dazu genötigt, Gold ins Ausland auszuführen; hierdurch tritt Geldknappheit ein, der Diskont steigt, und folglich muß auch die Einfuhr geringer werden, bis das Gleichgewicht in der Bilanz der internationalen Zahlungen hergestellt ist. Bis zu einem gewissen Grade tritt alles dies auch bei uns ein, aber in ungenügendem Maße und vor allem nicht schnell genug. Das in diesen Fällen erforderliche Gold kann nicht dem im Umlaufe befindlichen entnommen werden, weil es im Umlaufe gar nicht vorhanden ist. Man könnte es nur aus dem Wechselfonds erhalten, die Erfahrung aber hat gelehrt, daß eine jede einigermaßen erhebliche Verringerung des Wechselfonds Befürchtungen und Baissespekulationen hervorruft, die die oben dargelegte Wirkung auf die Einfuhr ausüben. Das Moment der Zeit spielt hier eine große Rolle: in England z. B. sehen wir, daß die Erhöhung des Diskontsatzes und die

Einschränkung der Zirkulation fast momentan ihre Wirkung ausüben; bei uns ist das deshalb nicht der Fall, weil die Kreditverhältnisse anders beschaffen sind und die Staatsbank lange nicht denselben Einfluß hat, wie die Bank von England. Nicht dies ist aber die Hauptursache, sondern folgendes: die Hauptmasse unserer Ausfuhr besteht in Getreide, dieses aber ist eine Ware, nach der dieNachfrage im Auslande fast ausschließlich von der dortigen Ernte abhängt und die sehr geringen Preisschwankungen unterliegt. Niemand kauft Getreide nur deshalb im Vorrat, weil der Preis niedrig ist. Wohlfeilheit ruft kein rasches Anwachsen des Konsums hervor, wie das bei vielen anderen Waren der Fall ist; an Brot ißt man sich ohnehin satt, und niemand wird es bloß deshalb über den notwendigen Bedarf konsumieren, weil es etwas wohlfeiler ist. Aus allem diesem ergibt sich, daß unsere Ausfuhr, wie das in den Jahren 1875—76 der Fall war, aus von uns ganz unabhängigen Gründen bis aufs Äußerste sinken kann, so wohlfeil das Getreide bei uns auch sein mag. Andererseits dient unser Einfuhrhandel vornehmlich den Bedürfnissen der besitzenden Klassen, die ihre Lebensweise nicht leicht und nicht rasch verändern und wenigstens einige Zeit hindurch so weiter leben, wie sie's gewohnt sind, so groß die Geschäftsstockung und die Schwierigkeiten des Handels auch sein mögen. Durch die Gesamtheit dieser Umstände erklärt es sich, daß wir im vergangenen Jahre bei ungenügender Ausfuhr eine bedeutende Einfuhr hatten. Hieraus ergibt sich auch, daß bei unseren Zuständen die natürliche Herstellung des Gleichgewichts zwischen den Zahlungen Rußlands und der anderen Staaten soviel Zeit erfordern würde, daß man sie ohne äußerste Erschöpfung des Wechselfonds nicht abwarten könnte.

Außer allem diesem muß man noch die Zahlungen des Staates, der Agrarbanken, der Eisenbahngesellschaften usw. ans Ausland berücksichtigen. Sie hängen durchaus nicht von der Nachfrage nach unseren Waren ab, sondern müssen unter allen Umständen im vollen Betrage und an bestimmten Tagen geleistet werden. Wenn man auf die natürliche Herstellung des Gleichgewichts in unseren internationalen Zahlungsverpflichtungen warten wollte, so könnten diese Terminzahlungen in solchen Zeiten wie den hinter uns liegenden anderthalb Jahren, wo sich schon ohnehin ein Mangel an ausländischen Tratten fühlbar machte, nur aus dem Wechselfonds geleistet werden, an den sich in solcher Zeit auch die Importeure wenden, um das für die Ausfuhr ins Ausland notwendige Gold zu erhalten. Es ist augenscheinlich, daß der Wechselfonds lange vor dem Eintritt der nach der abstrakten Theorie zu erwartenden Herstellung des Gleichgewichts in den Zahlungen erschöpft wäre.

Aus all dem oben Gesagten ziehe ich folgenden Schluß: um unserer Valuta eine metallische Basis zu geben, müssen wir sowohl durch Tarifmaßregeln als auch auf andere Weise unsere Einfuhr einzuschränken suchen: diese Notwendigkeit ergibt sich nach meiner Ansicht aus folgenden Erwägungen: im Laufe des letzten Dezenniums strömten die ausländischen Kapitalien in verschiedener Form so reichlich zu uns, daß sie die jährlichen Schuldzahlungen im Auslande deckten und außerdem der Einfuhrhandel bedeutend rascher stieg, als der Ausfuhrhandel. Dieser Zustrom hat aufgehört, und wenn er auch nach Beseitigung der politischen Schwierigkeiten wieder von neuem anfängt, so wird er natürlich nicht die frühere Stärke erreichen. Folglich werden wir durch unseren Ausfuhrhandel nicht nur den Einfuhrhandel, sondern auch unsere Schuldzahlungen decken müssen. Jedesmal, wenn dies unmöglich wird, gibt es nur zwei Mittel zur Deckung unserer ausländischen Ausgaben — eine ausländische Anleihe oder Entnahme von Gold aus dem Wechselfonds. Das erstere, die ausländischen Anleihen, wird einige Zeit hindurch sehr schwer anwendbar und, wie weiter unten ausgeführt werden soll, jedenfalls höchst unerwünscht sein. Das zweite Mittel — die Ausfuhr von Gold aus dem Wechselfonds — rückt die Zeit, in der wir unserer Valuta eine

Metallbasis geben können, immer weiter und weiter in die Ferne. Deshalb halte ich es für meine Pflicht, nochmals meiner Überzeugung Ausdruck zu geben, daß wir unbedingt entschiedene und wirksame Maßnahmen treffen müssen, um unsere Einfuhr einzuschränken und unsere Ausfuhr zu entwickeln, bis das Gleichgewicht in unseren Zahlungen ans Ausland erzielt ist.

Zu diesem Zweck sind die für die erste Zeit notwendigen Maßregeln bereits getroffen: die Zollzahlung in Gold, die Erhöhung der Zölle auf Lokomotiven, die Maßnahmen zur Hebung der einheimischen Produktion von rollendem Material und Schienen, die Aufhebung der Photogenakzise und der Abgaben von der Goldindustrie, die Anlage von Häfen, die den Warenverkehr fördern und bequemer gestalten sollen, — alles dieses hat den oben bezeichneten Zweck, und ich glaube, daß man, falls zu diesem Zwecke noch eine Verstärkung der Tarifmaßregeln und mehr oder weniger bedeutende Opfer der Staatsrentei notwendig sein sollten, man davor nicht zurückschrecken muß, bis der Zweck erreicht ist, d. h. bis die Bilanz der internationalen Zahlungen im Durchschnitt zu unseren Gunsten ausfällt: dann ist der Boden bereitet, um unserer Valuta eine Metallbasis zu geben.

Eine andere zur Reform unserer Valuta notwendige Maßregel ist die Legalisierung der zwischen Privatpersonen auf beiderseitigen Wunsch in Gold abgeschlossenen Geschäfte. Der Diskontosatz und der bei allen Geschäften berechnete Zins stehen bei uns überhaupt viel höher als im Auslande, besonders in England und Frankreich; daher wäre es natürlich, wenn die ausländischen Kapitalien bei uns Anlagen bei der Diskontierung von Wechseln im Handel und in anderen Unternehmungen suchen würden. Ein Hindernis ist die Unsicherheit des Wechselkurses. Wenn die Geschäfte in Gold abgeschlossen werden könnten, so wäre anzunehmen, daß unser Handel und Gewerbefleiß den Kapitalüberfluß reicherer Länder ausnutzen könnten und gleichzeitig Gold in den allgemeinen Verkehr gelangte. Diesen letztern Umstand halte ich für eine der wesentlichsten Vorbedingungen einer Festigung des Valutasystems. Der erste Schritt hierzu ist getan, indem die von der Bank auszustellenden Zollquittungen in Gold eingeführt worden sind.

Die dritte vorbereitende Maßregel ist die Komplettierung des Wechselfonds. Über die Rückzahlung des diesem Fonds zu Zahlungen ins Ausland entnommenen Goldes wird weiter unten geredet werden. Um diesen Zweck auf natürlichem Wege zu erreichen, müßte man sich meiner Ansicht nach folgendes zur Regel machen: man sollte nicht danach streben, den Wechselkurs über ein bestimmtes Maß steigen zu lassen; die Steigerung hatte einen Sinn, solange man auf eine vollständige Wiederherstellung unserer Valuta hoffen konnte. Wenn man aber dieser Hoffnung, wie ich meine, jetzt entsagen muß, so ist nicht so sehr eine Steigerung des Kurses, als eine gewisse praktische Stabilisierung desselben und eine Komplettierung des Wechselfonds notwendig. Zu diesem Zweck muß man einen nicht allzu hohen Preis festsetzen, zu dem die Staatsbank Gold kauft, und dieser Preis wäre dann nicht mehr zu verändern. Wenn hierzu noch die oben genannten vorbereitenden Maßnahmen getroffen werden, so kann man erwarten, daß sich in den für unseren Ausfuhrhandel günstigen Jahren der Wechselfonds komplettiert und allmählich Gold im Verkehr erscheint; diese letztere Erscheinung wird durch eine gewisse Konsolidierung der Kreditbillette zu unterstützen sein.

Wenn alles dies durchgeführt ist, d. h. wenn die Bilanz der internationalen Zahlungen in ihrer Gesamtheit zu unseren Gunsten ausfällt, wenn der Wechselfonds sich komplettiert, Gold im Verkehr erscheint und in der Praxis eine gewisse Stabilität des Wechselkurses eintritt, so ist unter Ausnutzung einer für den Handel günstigen Zeit eine Konversion der Kreditbillette in ein neues, auf Metall lautendes Geldzeichen zu einem Kurse vorzunehmen, der jenem nahekommt, welcher zu dieser Zeit in der Praxis besteht, und für dieses neue Geldzeichen ist die Einlösungspflicht einzuführen.

Die Konversion ist nach meiner Ansicht für den Anfang nicht obligatorisch zu machen, d. h. man soll nicht den Austausch aller Kreditbillette gegen neue, auf Metall lautende verlangen, sondern dies dem Belieben des einzelnen überlassen. Hierdurch würde die ganze Operation bedeutend verlangsamt und in demselben Maße das mit ihr verbundene Risiko verringert.

3. Die Eisenbahnen.

Unsere Eisenbahnen sind fast ausschließlich mit ausländischem Gelde gebaut worden. Augenblicklich ist diese Quelle versiegt, und selbst wenn sich nach einiger Zeit die Stimmung der europäischen Märkte so ändern sollte, daß die Placierung unserer Eisenbahnpapiere wieder möglich wäre, so könnte man auch dann nicht auf das ausländische Kapital als ein ständiges Mittel zum Ausbau unseres Eisenbahnnetzes rechnen. Diese Überzeugung basiere ich auf nachstehende Erwägungen: die ausländischen Eisenbahnanleihen müssen notwendigerweise unter für uns unvorteilhaften Bedingungen abgeschlossen werden, so daß sich jener oben erwähnte Übelstand, daß die Eisenbahnen nicht genug einbringen, um die Zahlungen für ihr im Auslande aufgenommenes Baukapital zu decken, in immer größerem Maße einstellen würde. Oben, im zweiten Kapitel, ist eingehend dargelegt worden, daß die Schwierigkeiten bei den Zahlungen ans Ausland die schwächste, ja gefährlichste Seite unseres Finanzsystems bilden und daß man ohne eine allmähliche Beseitigung dieser Schwierigkeiten nicht daran denken kann, unserer Valuta eine feste Basis zu geben. Ich bin daher überzeugt, daß man sowohl im Eisenbahnwesen als auch überhaupt in finanziellen Angelegenheiten auf jegliche Weise bestrebt sein muß, ohne Auslandanleihen auszukommen. Vielleicht wird es sich, wie weiter unten dargelegt werden soll, als notwendig erweisen, noch eine Anleihe aufzunehmen.

Die unzweifelhafte Tatsache, daß uns die ausländischen Kapitalien, die uns bisher die Mittel zum Eisenbahnbau gaben, nicht mehr dazu dienen können, weist auf die Notwendigkeit hin, unser Vorgehen in dieser wichtigen Angelegenheit zu ändern. Ich bin davon überzeugt, daß man im Verlaufe einiger Jahre an den Bau neuer Eisenbahnen von Bedeutung nicht wird denken können. Diese Überzeugung schöpfe ich aus folgendem: auf dem Eisenbahnfonds lasten augenblicklich (im Februar 1877) für mehr als 80 Millionen Rubel Metall Verpflichtungen, welche die Regierung sowohl hinsichtlich der im Bau begriffenen Bahnen als auch hinsichtlich der Organisation der bereits bestehenden übernommen hat. Das sind Ausgaben, welche die Regierung machen m u ß , da sie sonst den übernommenen Verpflichtungen nicht nachkommt. An barem Gelde liegen im Eisenbahnfonds gegen 19 Millionen Rubel, so daß, wenn man die Verpflichtungen in runder Summe auf 100 Millionen Rubel Kredit einschätzt, 81 Millionen übrigbleiben, die gedeckt werden müssen. Hierzu sind im Eisenbahnfonds Obligationen für 114 Millionen Rubel Metall und für 8 Millionen Rubel Kredit vorhanden. Im Vergleich zu seinen Passiven besitzt also der Eisenbahnfonds genügende Aktiva, aber die Passiva müssen in barem Gelde gezahlt werden, während die Aktiva in zinstragenden Papieren bestehen, die nicht realisiert werden können. Auch wenn man alle neuen Bauten bei Seite läßt und nur solche Ausgaben zuläßt, die zum Unterhalt der bestehenden Bahnen notwendig sind, wird man also annehmen können, daß die Regierung im Laufe dieses und des kommenden Jahres Mittel ausfindig machen muß, um Eisenbahnausgaben im Betrage von 100 Mill. Rub. zu decken.

Ich kehre jetzt zu der Betrachtung über die Frage der einmaligen außerordentlichen Bedürfnisse zurück, die ich, wie im ersten Kapitel dargelegt ist, bis zur Betrachtung des Eisenbahnwesens verschoben hatte. Die Budgets der Jahre 1876 und 1877 werden wahrscheinlich sogar in den ordentlichen Ausgaben mit einem Defizit abschließen. Hierzu treten die durch die Mobilisation hervorgerufenen Ausgaben. Augenblicklich läßt es sich ganz unmöglich bestimmen, welche Höhe diese Ausgaben zusammen genommen erreichen werden, jedenfalls aber werden sie den Ertrag der letzten Emission der 5 proz. Bankbillette weit übersteigen. Auf der Staatsrentei lastet noch eine Schuld (mehr als 20 Millionen) an den Wechselfonds für Gold, das zur Bezahlung ausländischer Schulden entnommen worden ist. Diese Schuld kann eine Höhe von 30 Mill. Metall oder 40 Mill. Kredit erreichen. Ihre Bezahlung an den Wechselfonds könnte auf zweierlei Weise geschehen: durch Rückerstattung des Goldes oder durch Außerverkehrsetzung der entsprechenden Summe in Kreditbilletten. Wenn man annimmt, daß zur Deckung der vorauszusehenden Defizite und der außerordentlichen Ausgaben, abgesehen von der 4. Emission 5 proz. Bankbillette, noch 60 Millionen Rub. erforderlich sein werden, so erweist es sich, daß die Gesamtsumme, die durch außerordentliche Mittel zu decken ist, 200 Mill. Rub. beträgt, welche im Laufe zweier oder höchstens dreier Jahre notwendig sein werden. Folglich muß man binnen zwei oder etwas mehr Jahren Anleihen im Betrage von 200 Mill. Rub. oder vielleicht noch eine größere Summe aufnehmen, wenn die außerordentlichen Ausgaben den oben angenommenen Betrag von 60 Mill. (abgesehen von der letzten Anleihe) übersteigen. Man kann sich der Befürchtung nicht enthalten, daß dies nicht nur schwierig, sondern fast unmöglich sein wird und daß man infolgedessen genötigt sein wird, in Erwartung dieser Anleihen allzu große Beträge von Kreditbilletten zu emittieren, welche, da sie lange im Verkehr bleiben, einen ernstlichen und schädlichen Einfluß auf den Wert dieser Geldzeichen ausüben müssen. Man muß daher auf jegliche Weise bemüht sein, die ganze Operation auf einen längeren Zeitraum zu verteilen und ihr eine möglichst geringe Ausdehnung zu geben. Zu diesem Zweck könnte man die Schuld an den Wechselfonds zunächst unbezahlt lassen. Ein anderes Mittel zur Erleichterung unserer Märkte bestände in dem Abschluß einer Auslandsanleihe, aber in Anbetracht der obigen Erwägungen über die Unerwünschtheit einer solchen Operation glaube ich, daß man dazu nur in zwei Fällen seine Zuflucht nehmen müßte: wenn es sich infolge ungenügenden Einlaufes von Zöllen in Gold und infolge der Schwierigkeit des Kaufens von Wechseln als unmöglich erweist, die Auslandszahlungen ohne eine neue Entnahme aus dem Wechselfonds zu leisten und wenn die Emissionen von Kreditbilletten so stark auf die Preise und den Kurs einwirken, daß die auswärtige Anleihe als das kleinere Übel erscheint.

Jetzt gehe ich zur Frage der Eisenbahnbauten über. Aus dem Obigen ergibt sich bereits, daß man im Laufe mehrerer Jahre auf keine irgendwie erhebliche Entwickelung des Eisenbahnwesens rechnen kann, denn wenn ausländische Anleihen schwierig und gefährlich sind, der innere Markt aber mit ungeheuren Anleihen zur Deckung unproduktiver Ausgaben belastet ist, so ist es augenscheinlich, daß für die Eisenbahnen keine Mittel vorhanden sein werden. Ich bin daher überzeugt, daß man zeitweilig dem Bau jeglicher Bahnen von Bedeutung entsagen und sich auf die zum Unterhalt der bestehenden Bahnen notwendigen Ausgaben beschränken muß. Der Bau kleiner Zweigbahnen kann nur dann zugelassen werden, wenn sie eine notwendige Ergänzung bestehender Bahnen bilden (wie z. B. die Fortsetzung der Konstantinow-Bahn bis zum Asowschen Meer) und zu ihrer Verbesserung beitragen.

Metallgarantien von Eisenbahnpapieren müssen nach meiner Ansicht nicht nur nicht mehr gewährt werden, sondern man muß auch die im Eisenbahnfonds befindlichen Obligationen durch andere Papiere ersetzen, die einen Ertrag in Kreditrubeln abwerfen, — natürlich mit Ausnahme jenes Teiles, der bei der oben erwähnten ausländischen Anleihe in Betracht käme.

4. Handel und Industrie.

Ich möchte jetzt die Situation besprechen, in der sich Handel und Industrie infolge der ungünstigen Umstände der beiden letzten Jahre befinden.

Zur Sicherstellung unserer ausländischen Zahlungen und zum Zweck der allmählichen Einführung der Metallvaluta muß man, wie oben dargelegt, nach meiner Ansicht zu einem Zolltarif übergehen, der auf eine Einschränkung der Einfuhr aus dem Auslande hinausläuft. Hierdurch wird gleichzeitig die Fabrikindustrie geschützt und ein kräftigender Einfluß auf sie ausgeübt. Wenn wir nach Beseitigung der politischen Zustände, die auf Handel und Industrie jetzt einen niederdrückenden Einfluß ausüben, eine gute Ausfuhr haben, so wird Geld in der Bevölkerung zum Vorschein kommen, und sie wird zum Kauf von Manufakturwaren befähigt werden; dann werden die großen Warenvorräte, die jetzt die Geschäftslage drücken, allmählich untergebracht werden, und die Industrie wird ein festes Fundament zu neuer Entwicklung erhalten.

Nach meiner Ansicht muß man alles vermeiden, was eine neue fieberhafte Erregung der industriellen und Börsenunternehmungen hervorrufen könnte. Unter dem Einfluß der Anschauungen, die bis zum Wiener Börsenkrach von 1873 in Europa bestanden, ist im Finanzministerium der Entwurf eines Gesetzes über die Aktiengesellschaften ausgearbeitet worden, der der privaten Initiative bei der Gründung von Aktiengesellschaften größeren Spielraum gewährte. Seitdem hat sich diese Anschauung im Auslande bedeutend verändert, und die Erfahrung der letzten Jahre hat mich zu der Überzeugung gebracht, daß ein solches Gesetz bei uns unzeitgemäß wäre. Wenn bis jetzt noch keine große Anzahl von Banken für insolvent erklärt worden ist, so dankt man das dem Umstande, daß bereits seit einigen Jahren die Gründung neuer Banken nicht gestattet wurde. Ich glaube, daß man in diesem Geiste fortfahren und zum mindesten nur in wirklichen Handelszentren die Gründung von

Banken, und zwar von nur einer in jedem, gestatten darf. Neue Baugesellschaften müßte man überhaupt nicht zulassen, weil sie bei uns, wie auch überall, keinen Erfolg gehabt und ganz besonders Anlaß zu Börsenspekulationen gegeben haben.

Neugründungen von Aktiengesellschaften sollten nur für bereits bestehende Unternehmungen oder solche, die sich als unbedingt lukrativ erweisen, zugelassen werden.

Indem man auf diese Weise die Entstehung neuer Aktiengesellschaften einschränkt, müßte man nach meiner Ansicht alle Mühe daran setzen, die bestehenden zu unterstützen, wenn sie eine solide Entwickelung versprechen und sich nur temporär in schwieriger Lage befinden. Das gilt besonders von den Banken. Ich meine, daß man in jedem einzelnen Falle die Gesamtlage der Institution und der um Unterstützung bittenden Person gründlich prüfen und, falls sich das Unternehmen als ein solides erweist, rasch und in genügendem Maße helfen müßte, selbst wenn hierzu die Allerhöchste Zustimmung zu einer Abweichung von den Statuten der Staatsbank erforderlich wäre. Personen und Institutionen aber, die dem Wesen nach bereits insolvent sind, soll man nicht helfen, denn je rascher die verhüllte Insolvenz zu einer offenen wird, desto weniger Opfer fordert sie.

In dem dritten, von den Eisenbahnen handelnden Kapitel ist dargelegt worden, warum man für einige Jahre Neubauten einstellen oder wenigstens aufs äußerste einschränken muß. Meiner Ansicht nach ist es von höchster Wichtigkeit, daß die verhältnismäßig geringen Mittel, die in dieser Zeit dem Finanzministerium zu Verfügung stehen, ausschließlich zu solchen Ausgaben verwandt werden, die auf den Handel und hiermit auf die Einträglichkeit der bereits bestehenden Eisenbahnen einen Einfluß ausüben. Eine solche Politik wird, wenn sie im Laufe einiger Jahre unentwegt befolgt wird, direkt auf die Wurzel unserer jetzigen finanziellen und wirtschaftlichen Schwierigkeiten einwirken. Die Entwicklung des Handels wird die Zahlungsfähigkeit des Volkes erhöhen und der Regierung die Möglichkeit geben, unsere Zahlungen ans Ausland ohne Schwierigkeiten zu leisten. Gleichzeitig wird unser Kredit auf den europäischen Märkten eine neue und festere Basis erhalten, die wir sowohl zur Vollendung unseres Eisenbahnnetzes als auch zur Valutareform und zur Erhöhung unserer gesamten finanziellen und politischen Bedeutung nötig haben.

Im Februar 1877.

IV.

Der Aufenthalt M. von Reuterns in Livadia im Oktober 1876.

Im August, vor seiner Abreise nach Warschau und Livadia, sprach der Kaiser mit mir einigemal über politische Angelegenheiten. Wie bisher, gab er mit starkem Nachdruck seiner Entschlossenheit Ausdruck, Rußland in keinen Krieg verwickeln zu lassen. Nicht ohne Bitterkeit sprach er von der slawophilen Agitation — von dem Wunsche einiger Personen, nicht ihn als den Vertreter der Interessen Rußlands hinzustellen.

Am 4. September reiste ich aufs Land, und am 13. erhielt ich dort ein Telegramm, in dem ich mit dem Inhalte des dem Grafen Ssumarokow gewordenen Auftrages bekannt gemacht wurde. Hinzugefügt wurde, daß gegen 200 000 Mann mobilisiert werden würden, falls die Antwort Österreichs unbefriedigend ausfalle. Das war das erste Zeichen, daß wir unsere Ansicht über die politische Situation geändert haben. — Ich kehrte deshalb früher, als ich in Aussicht genommen, d. h. am 20. September, wieder zurück.

Am Sonntag, dem 24. September, erhielt ich eine Einladung nach Livadia, reiste am folgenden Tage ab und traf am 1. Oktober in Livadia ein.

Der Kaiser empfing mich sofort und sagte mir, daß es trotz seines Wunsches, die Sache friedlich beizulegen, aller Wahrscheinlichkeit nach nicht gelingen werde, dies zu erreichen, und daß man daher die Mittel zu einem Kriege beschaffen müsse. Ich fing an auseinanderzusetzen, wie schwierig das überhaupt, besonders aber in einem wirtschaftlich ungünstigen Jahre sei, gegen seine Gewohnheit unterbrach mich jedoch der Kaiser mit den Worten, daß hier nichts zu machen sei, und befahl mir, mit den anderen zu reden und ihm dann Bericht zu erstatten. Von den „anderen“ fand ich den Fürsten Gortschakow sehr kriegerisch gestimmt, Miljutin sehr besorgt wegen der Schwierigkeiten eines Winterfeldzuges, den Grafen Adlerberg sehr vernünftig, aber zurückhaltend. Ignatjew sprach viel, nicht immer übereinstimmend, schien aber dem Kriege zuzuneigen. Die allgemeine Atmosphäre Livadias war sehr kriegerisch. Ich hielt es daher für meine Pflicht, meine Überzeugung schriftlich darzulegen und dem Kaiser vorzustellen (am 3. Oktober), obwohl ich überzeugt war, daß sie nicht geteilt werden werde. Nach dem Mittag rief mich der Kaiser zu sich und sagte mir mit unzufriedener Miene: „Deine Denkschrift hat den traurigsten Eindruck auf mich gemacht; morgen auf der Konferenz werden wir von ihr sprechen“. Da ich wußte, daß mir am folgenden Tage eine unangenehme Szene bevorstand, gab ich mir das Wort, auf keinen Fall heftig zu werden, an meiner Überzeugung aber festzuhalten. Am folgenden Tage versammelten sich beim Kaiser: der Thronfolger, Gortschakow, Miljutin, Adlerberg, Ignatjew und ich. Meine Denkschrift hatte, wie sich erwies, außer dem Kaiser nur der Thronfolger gelesen.

Der Kaiser sagte, daß die Denkschrift den traurigsten Eindruck auf ihn gemacht habe; ich tadele alle Reformen seiner Regierungszeit, suche nachzuweisen, daß sie Rußland geschwächt hätten; ich wiese überhaupt auf keine Mittel zur Führung des Krieges hin und schlüge vor, Rußland zu erniedrigen. Das aber würden weder er noch sein Sohn zulassen.

Hierauf erwiderte ich, daß ich auf die Reformen, die den Ruhm der Regierung Seiner Majestät bildeten, nicht wenig Mühe, ja sogar eigene Initiative verwandt hätte und es für die größte Ehre, das größte Glück halte, daß ich das tun konnte; daß diese Reformen eine wirtschaftliche Entwicklung hervorgerufen haben, die durch einen Krieg aufgehalten würde, und daß der Ruin ungeheuer sein werde, weil vieles begonnen, aber noch nichts gefestigt sei. Hinsichtlich der Mittel zum Kriege wiederholte ich in Kürze, was ich in der Denkschrift bereits gesagt hatte. Hierauf sagte mir der Kaiser: „Mittel sind vorhanden, man muß sie nur zu beschaffen wissen und es auch wollen".

Darauf ging man zu anderen Angelegenheiten über. Es wurde der Beschluß gefaßt, Ignatjew nach Konstantinopel zu schicken, einen Teil der Armee am 1. November zu mobilisieren und Anfang Dezember die Grenze zu überschreiten, falls unsere Forderungen auf der Konferenz nicht angenommen werden sollten. Nach dem Mittag sagte mir der Kaiser dennoch einige gnädige Worte, und ich fuhr nach St. Petersburg ab.

St. Petersburg, 12. Oktober 1876.

Die Denkschrift, welche M. von Reutern am 3. Oktober 1876 in Livadia Seiner Majestät dem Kaiser vorstellte.

Ew. Kaiserliche Majestät haben geruht, mein Gutachten über folgende Frage zu fordern: welche Mittel zur Führung eines Krieges sind vorhanden, wenn es sich erweisen sollte, daß keinerlei Vereinbarungen mit den Mächten über die orientalische Frage zu einem wirklichen Resultat führen können? Ew. Majestät haben zu befehlen geruht, daß ich mit dem Reichskanzler, dem Kriegsminister und dem Generaladjutanten Ignatjew über die jetzige Situation Rücksprache nehme.

Fürst Gortschakow wandte sich an mich mit der Frage: wäre es, falls wir zu den Waffen greifen müssen, im finanziellen und wirtschaftlichen Interesse Rußlands wünschenswert, jetzt diesen Schritt zu tun oder die Sache bis zum Frühling hinzuziehen, mit anderen Worten, ist eine akute oder eine chronische Krankheit gefährlicher?

Hinsichtlich der Mittel zur Führung eines Krieges und hinsichtlich des Einflusses eines solchen auf die Finanzen und die wirtschaftlichen Interessen des Landes erkühne ich mich, in Erwägung und Entwickelung dessen, was ich Ew. Majestät bereits persönlich dargelegt habe, nachstehendes alleruntertänigst vorzustellen:

Wenn sich die Angelegenheit, wie sich vor einiger Zeit hoffen ließ, gleichsam auf eine mit Zustimmung der Mächte unternommene militärische Exekution beschränken würde, so würde das ohne Zweifel sehr bedeutende Opfer von seiten der Staatsrentei erfordern und unsere wirtschaftlichen Interessen durch die verstärkte, schon ohnehin empfindlich fühlbare Stockung im Handel und in der Industrie nicht unwesentlich schädigen, aber die Mittel hierzu würden sich mit Hilfe des inländischen und teilweise auch des ausländischen Kredits finden lassen; der Schaden, der dem Handel zugefügt würde, wäre temporär und könnte teilweise dadurch verringert werden, daß man die Waren Südrußlands vermittelst der Eisenbahnen zur Ostsee und zur Landgrenze transportierte.

Wenn jedoch die militärischen Operationen gegen die Türkei im Widerspruch zu dem Wunsche der besonders interessierten Mächte unternommen würden und zu einem europäischen Kriege — am ehesten mit Österreich und England — führen könnten, so hielte ich es für meine alleruntertänigste Pflicht, Ew. Kaiserlichen Majestät zu berichten, daß dies nicht nur zur Zerrüttung, sondern sogar, wie ich zu sagen wage, zu einem Zusammenbruch unserer finanziellen und wirtschaftlichen Interessen führen würde.

Der wirtschaftliche Zuschnitt Rußlands war zu Beginn des Krimkrieges noch der sehr einfache, von den Vätern überkommene. Rußland war damals ein fast ausschließlich Landwirtschaft treibendes Land, basierte auf außerordentlich primitiver Grundlage, die dem Einfluß äußerer Verhältnisse sehr wenig ausgesetzt war. Das Volk bearbeitete den Boden des Grundbesitzers und hatte dafür die

Nutznießung eines gewissen Areals an Stelle der Bezahlung. Die Erzeugnisse des Landes wurden auf dem Wasserwege transportiert, was gar nichts oder sehr wenig kostete, und die teuren Eisenbahnen waren so gut wie gar nicht vorhanden. Die verhältnismäßig sehr wenig entwickelte Industrie trug sozusagen den Stempel der Leibeigenschaft. Nicht nur durch einen hohen Zolltarif, sondern auch durch den Mangel an Verkehrswegen vor der ausländischen Konkurrenz geschützt, benutzte ein großer Teil der Industrie die Arbeitskraft der Leibeigenen, denn viele Fabriken befanden sich in den Händen der Gutsbesitzer, und andere hatten mit den Gutsbesitzern Verträge über die Lieferung von Arbeitskräften abgeschlossen. Als Beweis dafür, wie wenig diese Industrie und der ganze Handel des Kredits bedurften, kann der Umstand dienen, daß augenblicklich der Umsatz einiger von den vielen jetzt bestehenden Privatbanken den ganzen kommerziellen Umsatz der früheren Staats-Kommerzbank übersteigt, welche damals das einzige dem Handel und der Industrie zugängliche Kreditinstitut war.

Eine solche Wirtschaft konnte fast ohne Geld geführt werden, obwohl sie natürlich im Zusammenhange mit der Ernte und der Nachfrage nach dem gefechsten Getreide Schwankungen unterworfen war. Eine schlechte Ernte und der Mangel an Nachfrage hatten die Folge, daß sich die rückständigen Zahlungen an den Fiskus und die Besitzer häuften, konnten aber keine Krisis hervorrufen, da die Krisis eine Krankheit des Kredits ist, der zu jener Zeit fast gar nicht vorhanden war. Auf eine Gesellschaft, die auf so einfacher Grundlage beruhte, konnte selbst ein so andauernder Krieg keinen sehr wesentlichen Einfluß ausüben, da er das Wesen der Produktion nicht berührte.

Man kann daher sagen, daß der Vorzug der vor dem Krimkriege bestehenden Wirtschaftsordnung hauptsächlich auf ihrer Stabilität beruhte. Aber die Nachteile dieser Situation, die man schon lange vorher empfunden hatte, machten sich mit besonderer Deutlichkeit während des

Krieges bemerkbar. Die Fortdauer des damaligen Zustandes war an die Beibehaltung der Leibeigenschaft geknüpft, welche, wie man sagen kann, Rußland bis ins Mark der Knochen durchdrungen hatte. Hier ist nicht der Ort, all die politischen und sozialen Erwägungen zu wiederholen, welche Ew. Kais. Majestät bewogen, Rußland vom Joche der Leibeigenschaft zu befreien, ich erlaube mir nur darauf hinzuweisen, daß die Reform in finanzieller und wirtschaftlicher Hinsicht unvermeidlich war. Die Erfahrung hatte bewiesen, daß man beim Bestehen der Leibeigenschaft deshalb auf keine Aufbesserung der Finanzen rechnen konnte, weil diese Aufbesserung eine Folge der wirtschaftlichen Entwickelung sein mußte, diese aber mit der Leibeigenschaft des Volkes unvereinbar war. Mit Ausnahme der Branntweinpacht gingen die Einnahmen nicht nur nicht in die Höhe, sondern sanken zum Teil; die Steigerung der direkten Steuern, zu der die Regierung einigemal ihre Zuflucht nahm, hatte keine Erhöhung der Einnahmen, sondern ein Anwachsen der Steuerrückstände zur Folge. Gleichzeitig hatte der Krimkrieg bewiesen, daß Rußland ohne Eisenbahnen und Maschinenindustrie nicht einmal innerhalb seiner eigenen Grenzen sicher war und daß sein Einfluß auf die Geschicke des übrigen Europa auf ein Niveau herabsinken mußte, das seiner inneren Macht und historischen Bedeutung nicht entsprach. Mit der Aufhebung der Leibeigenschaft ergab sich die unabweisbare Notwendigkeit, der Zukunft Rußlands eine ebensolche Entwicklung zugrunde zu legen, wie sie die europäischen Kulturstaaten besitzen, die sich von dem primitiven, sozusagen asiatischen Zustande durch den Vorzug unterscheiden, daß ihre ganze wirtschaftliche Tätigkeit, ihr Ackerbau, ihre Industrie und ihr Handel, nicht auf der Herrschaft eines Menschen über viele andere, sondern auf der Verwendung des Kapitals bei der Arbeit beruht. Man mußte dem Ackerbau und der Industrie Geldmittel zur Verfügung stellen, um die leibeigenen Arbeit durch freie zu ersetzen. Damit aber der Handel die Produkte des

Ackerbaus und der Industrie fruchtbringend gestalten konnte, mußte er reichlichere Mittel finden, als vorher, d. h. es mußte für ihn im eigenen Lande Kredit beschafft werden. Damit war es noch nicht genug: in wirtschaftlicher wie in militärischer und politischer Beziehung erschienen Verkehrswege gleich notwendig. Die Eisenbahnen wiederum verlangten die Entwickelung von Eisenwerken, die Schaffung einer mechanischen und Maschinenindustrie. Der Privatkredit, die Anlage von Verkehrswegen und die Entwickelung der mechanischen Produktion erschienen mithin als die Grundbedingungen einer solchen wirtschaftlichen Entwickelung Rußlands, die nicht nur die Gebresten heilen konnte, welche durch die bäuerliche Reform notwendigerweise hervorgerufen waren, sondern auch imstande war, den Volkswohlstand so zu heben, daß das Steigen der Staatseinnahmen die chronischen Defizite beseitigte und die Staatsrentei in die Möglichkeit setzte, die in allen Ressorts steigenden Ausgaben zu decken.

Durch das Vertrauen Ew. Kais. Maj. ermutigt und den Weisungen Ew. Kais. Majestät folgend, war ich im Laufe vieler Jahre bemüht, den oben bezeichneten Zielen allmählich näherzukommen. Ich wage anzunehmen, daß der Erfolg unzweifelhaft ist, wenn auch nicht in dem Maße, wie man erwarten konnte. Die Anlage verbesserter Verkehrswege und der neugeschaffene Privatkredit hatten eine bedeutende Entwickelung des Handels und der Industrie zur Folge, verringerten allmählich die durch die bäuerliche Reform hervorgerufenen Unzuträglichkeiten und ließen die Staatseinnahmen um soviel steigen, daß man die Ausgaben aller Ressorts ohne Defizit und ohne Anleihen decken konnte, obgleich viele Reformen und Verbesserungen, wie die Gerichtsreform, die Unterrichtsreform, die Verbesserung der Polizei und besonders die ungeheuren Ausgaben für das Militärressort, sehr erhebliche Mittel forderten, von deren Beschaffung früher keine Rede hätte sein können.

Alles dies ist durch die Heranziehung ausländischen

Kapitals erreicht worden, und es hätte auf keine andere Weise gemacht werden können. Es ist offenbar, daß in Rußland, dessen wirtschaftliches Leben bis dahin ein primitives, sozusagen auf Naturalabgaben, d. h. auf der leibeigenen Arbeit beruhendes gewesen war, jene Kapitalien nicht vorhanden sein konnten, die bei der Ersetzung der unentgeltlichen Arbeit durch eine mit Geld zu entlohnende erforderlich waren. Die Geschichte der Entwickelung aller europäischen Länder zeigt, daß der Übergang von einer primitiven Wirtschaftsstufe zu einer rationelleren und komplizierteren nicht anders vollzogen werden kann, als indem man von den reicheren Ländern nicht nur die vervollkommneten Methoden, sondern auch die zu jeder Entwicklung notwendigen Kapitalien entlehnt.

Die ausländischen Kapitalien kommen in verschiedener Form zu uns:

1. Zur Anlage von Eisenbahnen wurden sie durch staatliche Garantien in der Weise herangezogen, daß man die Aktien und Obligationen der Eisenbahnen im Auslande unterbrachte. Die Bedingungen dieser Operation sind so beschaffen, daß unsere ausländischen Kreditoren nicht das Recht haben, plötzlich die Rückzahlung des entliehenen Kapitals zu verlangen; sie müssen sich mit den Jahreszinsen und gewissen Tilgungsbeträgen begnügen.

2. Einige von unseren Agrarbanken, die zur Unterstützung der Gutsbesitzer gegründet waren, nahmen gegen Obligationen bedeutende Kapitalien im Auslande auf. Auch für diese Obligationen dürfen die ausländischen Kreditoren nur Prozente und Tilgungszahlungen verlangen.

3. Noch reichlicher begannen Kapitalien uns zuzufließen, als das Zutrauen zur friedliebenden Politik Rußlands und zur Festigkeit seiner bürgerlichen und wirtschaftlichen Ordnung zunahm. Viele Privatunternehmungen erhielten die notwendigen Mittel aus dem Auslande, indem sie entweder die einen oder anderen Werte dort verpfändeten oder indem sich die ausländischen Kapitalisten an den

Unterehmungen selbst beteiligten. Dies Kapital wurde meist auf keinen sehr langen Termin entliehen und kann folglich zurückgefordert werden.

4. Eine andere Form der Entlehnung besteht in den Krediten, welche unsere Banken und Privatbankiers bei ihren ausländischen Korrespondenten genießen,

und 5. endlich genießt unser Handel bedeutende Avancen von seiten der ausländischen Käufer, die lange vor dem Eintreffen der gekauften Ware einen Teil des ausbedungenen Preises unseren Engroshändlern zugehen lassen, was den letzteren die Möglichkeit gibt, im Innern des Landes Einkäufe zu machen.

Wenn beim Ausbruch eines auswärtigen Krieges das Vertrauen zu uns ein Ende nimmt, werden zweifellos alle europäischen Kapitalien, die zurückgefordert werden können, Rußland verlassen. Hiermit müssen alle Unternehmungen, die mit ausländischem Kapital arbeiten, — und das sind die allerbedeutendsten — zu Falle kommen. Die Banken und Bankiers werden demselben Schicksal verfallen; sie werden nicht imstande sein, ihren jetzigen Klienten den Kredit zu gewähren, an den die letzteren gewöhnt sind und ohne den sie nicht auskommen können, so daß der Ruin und Bankerott sich auch auf eine große Masse von Privatleuten erstrecken wird, die in keinen direkten Beziehungen zu den ausländischen Kapitalien gestanden haben, aber der notwendigen Geldmittel beraubt werden, weil die Banken, bei denen sie Kredit genossen, nicht mehr imstande sein werden, ihnen diesen zu gewähren. Hören endlich die ausländischen Vorschüsse an die Großkaufleute zur selben Zeit auf, wo die Banken ihnen den Kredit sperren, so wird es ihnen unmöglich gemacht, die Waren am Produktionsorte aufzukaufen. Der Ruin wird sich also auch auf die kleinen Produzenten ausdehnen, die zum größten Teil Bauern sind.

Was die langfristigen Anleihen in den privaten Agrarbanken betrifft, deren ich oben Erwähnung tat, so kann allerdings nach den Bedingungen dieser Anleihen das Kapital selbst nicht zurückverlangt werden, aber selbst die terminierte Zahlung der Zinsen und Tilgungsquoten wird während eines Krieges, insbesondere wenn er länger dauert, beinahe unmöglich sein.

Geht man hierauf zu den Mitteln der Kriegführung über, so muß man vor allem vorausschicken, daß diese Mittel nur in Papierwerten, nicht aber in klingender Münze bestehen, die bei uns im Verkehr nicht vorhanden ist, und während eines Krieges unmöglich im Auslande beschafft werden können. Das erste Mittel zur Kriegführung müßte also in einer Anleihe oder in Anleihen auf dem innern Markte bestehen, aber dies Mittel kann keinen sehr reichen Ertrag bringen und wird jedenfalls die ungeheuren Ausgaben eines großen europäischen Krieges nicht decken. Es bleibt dann nur ein verderbliches Mittel: die Emission von Papiergeld. Der Metallfonds für das Papiergeld wird dann auch nicht in seinem jetzigen Betrage erhalten werden können, denn während des Krieges muß er zur Bezahlung der Zinsen unserer auswärtigen Schuld dienen. Das eine sowohl als das andere, d. h. die Vermehrung der Masse der Kreditbillette und die gleichzeitige Verringerung des Wechselfonds, müssen unsere Valuta vollständig erschüttern. Die Folgen sind aus unserer eigenen und aus fremder Erfahrung nur allzu bekannt.

Alles in allem genommen halte ich es für meine alleruntertänigste Pflicht, Ew. Kais. Majestät gegenüber meiner Überzeugung Ausdruck zu geben, daß bei unserem jetzigen wirtschaftlichen und finanziellen Übergangszustande, wo vieles nicht ohne Erfolg angefangen, aber noch nichts gefestigt ist, — Rußland durch einen europäischen Krieg, durch die Vernichtung des Vertrauens der ausländischen Kapitalisten zu unserer wirtschaftlichen Zukunft und durch die Entziehung des infolge dieses Vertrauens bei uns im Umlaufe befindlichen ausländischen Kapitals einem Ruin ausgesetzt wäre, mit dem sich keinerlei Krisis seiner Vergangenheit vergleichen ließe. Dementsprechend wäre auch seine finanzielle Lage zerrüttet, und Dezennien, wenn nicht gar Generationen würden vergehen, bevor es sich davon erholen könnte.

Ich wende mich nun zur Darlegung meiner Meinung darüber, ob für unsre finanziellen und wirtschaftlichen Interessen eine schnelle, dafür aber auch riskantere Entscheidung der jetzigen Schwierigkeiten oder aber eine Verzögerung dieser Entscheidung gefährlicher wäre, und halte es für meine Pflicht, meine Ansicht mit voller Aufrichtigkeit zu äußern.

Ein akuter Verlauf der Krankheit kann vorzuziehen sein, wenn er zu einer Heilung und zwar zu einer raschen Heilung führt.

Nach meiner Ansicht kann unser isoliertes Vorgehen weder zu einem raschen noch zu einem guten Ausgange führen: die Besetzung Bulgariens entscheidet die Frage durchaus nicht. Alle unsere offenen und geheimen Feinde werden begreifen, welche ungeheuren Anstrengungen ein im vorgeschrittenen Herbst in einem wegelosen Lande unternommener Feldzug erfordert, zumal wenn die Armee zur Überwinterung nicht genügend Obdach hat und die Verbindung mit Rußland schwierig ist. Alle wissen es auch, daß zum Frühling ein nicht unbedeutender Teil der Armee wegen Krankheit aus der Front ausgeschieden und ein großer Teil unserer spärlichen Geldmittel erschöpft sein wird.

Durch diese Opfer wird aber die Sache nicht nur nicht gefördert, sondern sogar in einen schlimmern Zustand versetzt, da unsere Feinde im Verlaufe des Winters Zeit haben werden, eine Koalition gegen uns zu bilden, wobei sie wissen, daß wir unmöglich ins Innere Rumeliens eindringen, ja uns nicht einmal in Bulgarien halten können, falls sich einerseits das Schwarze Meer in feindlichen Händen befindet, andererseits Österreich eine drohende Haltung einnimmt. Dann werden wir entweder unsere Truppen zurückziehen oder auch mit Österreich Krieg führen müssen, ohne einen sicheren Verbündeten zu besitzen. Der Ausgang eines solchen Krieges ist in der Hand Gottes, aber es unterliegt keinem Zweifel, daß er selbst im Falle eines Sieges Rußland auf lange Zeit ruiniert, — im entgegengesetzten Falle aber die Lage der Slawen nicht nur nicht verbessert, sondern sogar verschlimmert und wir zur Annahme von Bedingungen genötigt werden können, die für Rußland selbst unvorteilhaft sind.

Aus diesen Gründen bin ich überzeugt, daß wir zu militärischen Operationen nur dann schreiten können, wenn uns die Mitwirkung einer von den Mächten formell gesichert ist, — die bloß allgemeinen Versicherungen sind unzuverlässig und ungenügend. Wenn sich dies aber als unmöglich erweist, so bleibt uns nach meiner Ansicht nur übrig, unter der Vermittlung Deutschlands einen Ausweg zu suchen, der unsere Würde wahrt und für die Slawen möglichst vorteilhaft ist.

R.

V.

Verschiedene Stadien der Orientfrage im Laufe des Winters 1876/77 und zwei Denkschriften, welche dem Kaiser am 17. Dezember 1876 und am 11. Februar 1877 vorgestellt wurden.

St. Petersburg, 12. November 1876.

Zum erstenmal seit der Rückkehr des Kaisers aus Livadia, seiner Rede in Moskau und dem Befehl zur Mobilisierung der Armee war ich heute bei ihm zum Vortrage. Ich berichtete ihm, daß am Sonntag eine Anleihe von 100 Mill. Rub. zur Subskription ausgelegt und nicht voll gezeichnet werden würde; daß die Staatsbank zur Verhüllung dieser Tatsache die ganze nicht gezeichnete Summe übernehmen werde, d. h. daß wir eigentlich für unsere militärischen Ausgaben Kreditbillette emittieren würden; daß 100 Mill. Rub. für den Krieg durchaus nicht genügten und wir folglich Rußland mit Kreditbilletten überschwemmen würden. Gleichzeitig würde der Wechselfonds erschöpft werden, weil zur Kriegszeit ein anderes Mittel zur Bezahlung unserer ausländischen Koupons nicht existiere; auf diese Weise würden wir nach einem Jahre eine ungeheure Masse entwerteten Papiergeldes besitzen und infolge der Erschöpfung des Wechselfonds über keine Mittel zur Bezahlung unserer ausländischen Schulden verfügen. Ich schloß damit, daß ich erklärte, es sei nicht schwierig, das Resultat vorauszusagen, wenn man zwei Eisenbahnzüge aufeinander losfahren sehe. Der Kaiser hörte mich aufmerksam an, und ich glaube, daß meine Worte Eindruck gemacht haben, denn zwei Minister, die nach mir zum Vortrage waren, fragten mich, was ich Ihm gesagt habe.

An dem Fürsten Gortschakow, den ich heute vor dem Vortrage sah, und an dem Kaiser selbst bemerkte ich eine Änderung, d. h. sie erschienen mir beide friedliebender. Die Nachricht von der schwachen Subskription auf die Anleihe hat, wie es scheint, auf den Kaiser gewirkt. Anläßlich des Sinkens des Wechselkurses bemerkte ich, daß diese Erscheinung, nach Maßgabe der Emission von Kreditbilletten noch bemerkbarer werden müsse; daß das Sinken des Wechselkurses die Verringerung ihres Wertes bedeute, so daß das Geldzeichen, mit dem wir (in Ermangelung von klingender Münze) Krieg führen müßten, nach Maßgabe der Verausgabung an Wert verlieren werde und wir gezwungen werden könnten, die militärischen Operationen einzustellen, weil unser Geld seine Kaufkraft verliere.

St. Petersburg, 10. Dezember 1876.

Als ich heute beim Kaiser eintrat, fand ich ihn durch die Nachricht von der Ernennung Midhat Paschas zum Großwesir und durch das Erscheinen des hinter dem Rücken Marquis Salisburys intrigierenden Lords Beaconsfield in Konstantinopel sehr besorgt. Es muß bemerkt werden, daß der Kaiser in der letzten Zeit sehr geneigt gewesen ist, an einen friedlichen Ausgang der Affäre zu glauben, und einer Deputation der Kaufmannschaft sogar gesagt hat, der Krieg werde wahrscheinlich vermieden werden. Der Kaiser fragte mich: „Man hat Mir gesagt, daß du über Meinen Empfang in Livadia sehr gekränkt bist; ist das wahr? Jedenfalls habe Ich nicht die Absicht gehabt, dich schlecht zu empfangen.“ Ich erwiderte: „Ja, Majestät, es ist wahr. Sie sagten mir, daß Mittel zur Kriegführung vorhanden seien, man müsse sie nur zu beschaffen wissen und es auch wollen. Wenn Sie nach meiner fünfzehnjährigen Verwaltung des Finanzministeriums weder meinem Wissen noch meinem guten Willen vertrauen, muß ich zur Überzeugung gelangen, daß es mir mit zerrütteter Gesundheit, verringerten Kräften und unter noch schwierigeren Umständen unmöglich sein wird, Ihr Vertrauen zu gewinnen und zu rechtfertigen." Der Kaiser: „Ich habe nicht gesagt, daß die Mittel vorhanden sind, sondern daß sie vorhanden sein m ü s s e n , wenn nach allem dem, was Ich für die Erhaltung des Friedens getan habe, ein Krieg notwendig ist." Ich: „Ich bin überzeugt, daß alle diese sogenannten Mittel schließlich auf die Emission von Kreditbilletten hinauslaufen, und die Folgen dieser Operation sind Ihnen bekannt. Die Kreditbillette werden immer mehr im Preise sinken, und schließlich wird man in Ermangelung von Mitteln den Krieg einstellen müssen." Der Kaiser wiederholte, er sei überzeugt, daß Mittel vorhanden seien. Ich: „Ich kann nicht heuchlerisch gegen meine Überzeugung reden — nehmen Sie einen anderen Finanzminister, der da sieht, was ich nicht sehe. Die Sache ist zu wichtig, um die Möglichkeit eines Mißverständnisses übrigzulassen und einen Krieg zu beginnen, ohne zu wissen, womit man ihn zu Ende führen soll." Bei diesen Worten trat der Thronfolger ein. Der Kaiser: „Du hast Erfahrung und kannst es besser machen als die anderen, aber jeder Mensch kann sich irren. Warum sollst du nicht anhören, was andere etwa vorschlagen könnten." Ich: „Die Frage ist im Finanzkomitee zur Beratung gelangt, und dort habe ich keine anderen Ansichten gehört; wenn aber Ew. Majestät mir anzugeben geruhen, wen ich noch fragen soll, so werde ich es tun." Der Thronfolger nannte Babst und Bunge. Der Kaiser sagte, er wisse keinen, vielleicht könnten aber Abasa, Greigh oder Walujew irgend jemanden namhaft machen. Hierauf entschied er, daß ich in meinem Namen Babst und Bunge, und wer sich sonst noch fände, um ihre Meinung fragen und ihm eine Denkschrift vorstellen solle, die dann im Finanzkomitee zu beraten wäre.

(Wie ich glaube, hat Gortschakow dem Kaiser von

meiner Unzufriedenheit erzählt; nach der unangenehmen Szene in Livadia sagte ich Gortschakow: „On ne quitte pas son poste au moment du danger — il sera temps d'aviser, quand on sera hors d'affaires.“ — Neulich suchte mich Gortschakow auszuforschen, ob ich noch derselben Ansicht sei.) R.

St. Petersburg, 17. Dezember 1876.

Heute habe ich dem Kaiser die beiliegende, für das Finanzkomitee verfaßte Denkschrift vorgelesen. Sie soll beweisen, daß das Land in seiner jetzigen Situation keinen Krieg führen kann. Der Kaiser ging aufmerksam auf das Wesen der Denkschrift ein und erinnerte an die im Jahre 1853 gesprochenen Worte des Grafen Gurjew, die meine Ansicht bestätigen. Nach der Sitzung der Spezialkonferenz, die nach meinem Vortrage stattfand, sprach er sehr gnädig mit mir.

Die Denkschrift, die dem Kaiser am 17. Dezember vorgelegt wurde und auf Allerhöchsten Befehl im Finanzkomitee zur Prüfung gelangte.

Ew. Kaiserlichen Majestät haben mir zu befehlen geruht, schriftlich darzulegen, worauf sich meine Überzeugung stützt, daß im Falle eines Krieges die zur Führung desselben erforderlichen ungeheuren Geldsummen notwendigerweise fast ausschließlich durch die Emission von Kreditbilletten beschafft werden müßten, so verderblich die Folgen einer solchen Vermehrung des Papiergeldes auch sein mögen.

Die Ausgaben für die Kriegführung sind so ungeheuer und werden mit solcher Beschleunigung verlangt, daß sie auf keinen Fall durch neue Steuern oder eine Erhöhung der bestehenden Steuern gedeckt werden könnten; die Steuern können durchaus nicht so bedeutende Summen bringen, und ihre Repartition erfordert allzu viel Zeit. Neue Steuern können daher wohl zur Bezahlung der Prozente der Anleihen und zu anderen ständigen Ausgaben, die als Folge des Krieges von der Staatsrentei gemacht werden müssen, eingeführt werden — zur Kriegführung aber sind außerordentliche Ressourcen erforderlich.

Außerordentliche Bedürfnisse können — worin sie auch bestehen mögen — nur durch freie Geldmittel gedeckt werden, die sich im gegebenen Augenblick in den Händen des Volks befinden. Als eine Gesamtheit von Privatpersonen kann ein Volk nur seinen vorhandenen Mitteln entsprechend außerordentliche pekuniäre Anstrengungen machen. Ein wesentlicher Unterschied besteht in dieser Beziehung nur darin, daß ein Privatmann seine Ersparnisse oder sein ererbtes Vermögen realisieren, seine zinstragenden Papiere oder sein unbewegliches Eigentum verkaufen, Geld aufnehmen und die auf diesem Wege gewonnenen Mittel zur Befriedigung eines außerordentlichen Bedürfnisses, z. B. zu einer Kriegsanleihe, verwenden kann. Wenn es sich aber, wie in dem vorliegenden Falle, um ein allgemeines staatliches Bedürfnis handelt, so kann man nicht mehr auf die in früherer Zeit angesammelten und in den einen oder anderen Werten angelegten Kapitalien, sondern nur auf die Ersparnisse der letzten Zeit, sozusagen auf die laufenden Kapitalien, rechnen, die noch nicht in Werten angelegt sind. Denn das, was der eine von denen, die sich an der Kriegsanleihe beteiligen wollen, verkauft, wird von einem anderen gekauft werden, so daß schließlich zur Deckung der durch den Krieg hervorgerufenen Ausgaben nur die freien, nirgends placierten Ersparnisse der letzten Zeit verwandt werden können. Die Frage, inwieweit man auf die Geldmittel des Landes rechnen könne, läuft also auf eine andere Frage hinaus: wieviel freie Ersparnisse sind im Lande vorhanden, und können sie in einer Anleihe placiert werden?

Die genaue Bestimmung dessen, wieviel in einem bestimmten Lande alljährlich gespart wird, ist unmöglich, aber man kann mit Sicherheit klarstellen, ob ein bestimmtes Land die zur Befriedigung der Bedürfnisse seines Handels, seiner Industrie, seiner Landwirtschaft und anderer Interessen erforderlichen Mittel im Überfluß oder in ungenügendem Maße besitzt. Es gibt Völker, die Gläubiger, und Völker, die Schuldner sind. Bei den ersteren sammeln sich alljährlich so viel Ersparnisse, daß die Kapitalien nach Befriedigung aller eigenen Bedürfnisse Anlage im Auslande suchen müssen. Bei den anderen sind dagegen die Ersparnisse allzu gering und das Bedürfnis nach Kapitalien allzu groß, so daß bei diesen Völkern die wirtschaftliche Entwickelung von dem Zufluß ausländischer Ersparnisse abhängig ist. Wir gehören zu diesen. Über die Summe unserer jährlichen Ersparnisse kann man streiten, keinem Zweifel unterliegt es aber, daß sie zur Befriedigung unserer gewöhnlichen wirtschaftlichen Bedürfnisse nicht ausreichen und der offenbare Aufschwung der letzten Jahre nicht durch unsere eigenen Ersparnisse erzielt werden konnte, sondern der Beteiligung von Ausländern bedurfte. Im Kriegsfalle werden uns die ausländischen Kapitalien nicht nur nicht zufließen, sondern die ausländischen Kapitalisten werden im Gegenteil bestrebt sein, ihr Geld aus Rußland herauszuziehen. Wenn Rußland selbst in gewöhnlichen Zeiten weniger freie Kapitalien (d. h. Jahresersparnisse) besitzt, als es für seine Industrie, seinen Handel, seinen Ackerbau usw. braucht, und deshalb in anderen Ländern Geld aufnimmt, kann es dann eine ungeheure Summe zur Kriegführung in einer Zeit verwenden, wo es der Möglichkeit beraubt wird, aus dem Auslande Kapitalien zu erhalten?

Über die Antwort kann man, wie mir scheint, nicht im Zweifel sein, aber damit wird die Frage nicht erschöpft; die letzten anderthalb Jahre dürften wohl die schlimmste wirtschaftliche Epoche sein, die Rußland durchmachen mußte; im Jahre 1875 wurde Rußland in einigen Gegenden von einer Mißernte betroffen, dort aber, wo noch Getreide von der vorjährigen Ernte vorhanden war, fehlte es an

Nachfrage, standen die Preise niedrig; niedriger Wasserstand brachte die Warenkarawanen ins Stocken; die Moskauer Bank fallierte und rief eine Bankkrisis hervor, die durchaus noch nicht beendigt ist; unsere Papiere und der Wechselkurs sanken; der Verkehr auf den Eisenbahnen stockte, und schließlich kam die politische Beunruhigung hinzu, die nun 1½ Jahre dauert. Alles dies kennzeichnet eine wirtschaftliche Lage des Landes, die außerordentlich ernst ist und aus der man selbst im Falle der Erhaltung des Friedens nicht leicht den Ausgang finden wird. Es versteht sich von selbst, daß in einer solchen Zeit die Ersparnisse der Bevölkerung, welche die einzige Quelle neuer Ersparnisse bilden, weniger reichlich sind, als gewöhnlich, während gerade das Bedürfnis nach Kapital bei einer derartigen wirtschaftlichen Krisis ganz besonders steigt. Die Bildung neuer Kapitalien hat abgenommen, der ausländische Kredit wird eingeschränkt, das Bedürfnis nach Kapital aber steigt: alles dies ruft eine allgemeine Geldknappheit hervor und wirkt zunächst auf den Handel und die Industrie, durch diese aber auf alle produzierenden Klassen des Volkes, vom Großgrundbesitzer, der weder Absatz für seine Produkte noch Kredit findet, bis zum Bauern, der sich beim Getreideverkauf in schwieriger Lage befindet und keinen Verdienst hat. Unter diesen Umständen kann man nach meiner Überzeugung nicht darauf rechnen, in Rußland irgendwie ausreichende Mittel zur Kriegführung zu beschaffen. Das Resultat der letzten Anleihe ist eine Bestätigung meiner Ansicht.

Bei der obigen Darlegung habe ich die Form der Geldbeschaffung, d. h. die Frage, ob man das Geld durch eine einfache Anleihe, durch die Emission irgendwelcher anderen Papiere oder durch einen Aufruf zu privaten Spenden usw. zusammenbringen soll, gar nicht berührt, da es sich nicht um die Form, sondern darum handelt, daß augenblicklich keine einzige Finanzoperation Erfolg haben kann, weil die notwendige, durch nichts zu ersetzende Grundlage dieses Erfolges fehlt, d. h. die freien umlaufenden Kapitalien.

Bei einer solchen Situation wird jede Operation gleich der letzten Anleihe nur eine mehr oder weniger verschleierte Emission von Kreditbilletten sein. Wenn man ohne dies Mittel nicht auskommen kann, ist es zweifellos besser, die Kreditbillette unter der Garantie einer Anleihe zu emittieren, die, wenn nicht jetzt, so doch für die Zukunft die Hoffnung auf eine Tilgung der emittierten Kreditbillette gewährt. Wenn man sich auf die letzte Anleihe beschränken wollte, könnte man hoffen, daß im Laufe eines oder zweier Jahre alles wieder ins normale Geleise kommen werde; im Falle eines Krieges wird es aber nicht bei dieser Anleihe bleiben. Man wird noch einige solche Anleihen ankündigen und Hunderte von Millionen Rub. Kreditbillette emittieren müssen, ohne jede vernünftige Hoffnung auf eine Rückkehr zur früheren Situation. Von den wesentlichen Verschlimmerungen unserer Valuta ganz zu geschweigen.

Die Folgen einer verstärkten Papiergeldemission auf die wirtschaftlichen Interessen des Landes und die Staatsfinanzen sind allbekannt: ein Ansteigen aller Preise und infolgedessen Verarmung derjenigen Personen, die von einem festen Einkommen leben; Unsicherheit aller Geschäfte, da selbst der verständigste Mensch seinen Geschäften keine positive Berechnung zugrunde legen kann, und infolgedessen Störung aller wirtschaftlichen Beziehungen zwischen Privatpersonen und ein Sinken des Wechselkurses, das viele Unternehmungen in die Unmöglichkeit versetzen kann, ihren ausländischen Verpflichtungen nachzukommen. Die Staatsfinanzen haben unter der Entwertung des Papiergeldes nicht weniger zu leiden als die privaten Interessen; alle Gegenstände, die von der Regierung gekauft oder gemietet werden, steigen dem Sinken des Kreditrubels entsprechend im Preise; die Zahlungen im Auslande und die Garantiezahlungen für die Eisenbahnen wachsen in demselben Verhältnis, wie der Wechselkurs sinkt; die Aufrechterhaltung des Gleichgewichts im Budget wird unmöglich; die Defizite werden chronisch, zu ihrer Deckung muß die Regierung Geld aufnehmen, und auf diese Weise entzieht sie dem Handel, der Industrie und dem Ackerbau die so notwendigen Kapitalien. Bei einer solchen Situation ist die Regierung nicht nur nicht imstande, die private wirtschaftliche Tätigkeit zu fördern, sondern wird sogar zu ihrem Konkurrenten, indem sie die vom Volke angesammelten Ersparnisse unproduktiv zur Deckung ihrer Defizite verausgabt. Alles dies ist uns aus bitterer Erfahrung bekannt, und alles dies wird sich möglicherweise in noch größerem Maßstabe wiederholen, als vor 20 Jahren.

Noch ein Umstand muß unsere besondere Aufmerksamkeit auf sich lenken und zwar der, daß im Falle eines Krieges die emittierten Kreditbillette in Ermangelung klingender Münze notwendigerweise im Auslande verausgabt werden müssen. In den Donauländern zirkulieren unsere Kreditbillette schon jetzt, wenn auch in beschränkter Menge. Werden aber, nachdem unsere Truppen die Grenze überschritten haben, immer bedeutendere Summen in Kreditbilletten in einem jener verhältnismäßig kleinen und armen Länder verausgabt, so werden sie dort rasch entwertet und dann, da sie einen Ausgang suchen, nach Rußland geschickt werden und zwar wahrscheinlich über Wien; zu ihrer Deckung werden Rimessen erforderlich sein, und dadurch wird der Wechselkurs herabgedrückt. Die Kaufkraft der Kreditbillette wird also auf dem Kriegsschauplatze sinken, und dementsprechend wird der Nominalbetrag der dort verausgabten Kreditbillette wachsen; hier aber wird der Wechselkurs, dieser Maßstab des Wertes, infolge des Rückstroms der im Auslande verausgabten Kreditbillette sinken. Bei dem Ineinanderwirken dieser Umstände muß man befürchten, daß die Entwertung der Kreditbillette und das Sinken des Wechselkurses rasch vor sich gehen und Dimensionen annehmen wird, die man im voraus kaum bestimmen kann.

Ich halte es für die Pflicht eines treuen Untertans, Ew. Kaiserlichen Majestät meine auf obigen Erwägungen beruhende Überzeugung zum Ausdruck zu bringen, daß man einen Krieg nur vermittelst der Emission einer ungeheuren Masse von Kreditbilletten führen kann und daß ihre daraus resultierende Entwertung und das Sinken des Wechselkurses auch dieses Mittel für einen andauernden Krieg unzuverlässig machen, während es gleichzeitig alle Grundlagen unseres wirtschaftlichen Lebens und unserer Staatsfinanzen erschüttert.

St. Petersburg, 12. Februar 1877.

In der letzten Zeit ist die Stimmung des Kaisers immer friedlicher geworden und zwar, wie ich glaube, aus drei Gründen: 1. Er hat sich überzeugt, daß der Krieg für unsere Finanzen und unsere wirtschaftliche Entwickelung verderblich wäre; 2. infolge der radikalen Änderung der öffentlichen Meinung, und 3. er zweifelt an dem Dreikaiserbündnis und beginnt (endlich) zu argwöhnen, daß Bismarck uns in die orientalischen Komplikationen verwickeln möchte. Als ich am 4. Februar Vortrag hielt, sagte er mir, es scheine jetzt möglich, auf den Frieden zu hoffen. In der Beratung vom 5. Februar legte der Kriegsminister eine Denkschrift vor, in der er zwar anerkennt, daß der Krieg für unsere Finanzen und unsere wirtschaftliche Entwickelung verderblich wäre, aber behauptet, daß wir Krieg führen müssen, da sonst die Worte, die der Kaiser in Moskau gesprochen hat, unerfüllt bleiben; ganz Rußland, das gewohnt sei, sich von den Worten des Kaisers leiten zu lassen, werde aufhören, ihnen Glauben zu schenken, der Geist der Truppen werde sinken usw. Der Eindruck seiner Worte war offenbar stark. Der Kaiser wurde nachdenklich, hob die Sitzung auf, setzte ihre Fortsetzung auf heute an und sagte, wer da wolle, könne ebenfalls Denkschriften aufsetzen. Ich benutzte dies und verfaßte die beiliegende Denkschrift. Als ich gestern zum Vortrage beim Kaiser eintrat, empfing er mich mit den Worten: „Ich bin mit Miljutin vollkommen einverstanden; im Leben der Staaten gibt es ebenso wie in dem der Privatleute Augenblicke, wo man alles andere vergessen und seine

Ehre verteidigen muß.“ Ich: „Ew. Majestät möge entschuldigen, ich glaube aber, daß sich seit der Moskauer Rede vieles wesentlich verändert hat. Damals mußte man binnen kurzem einen Überfall der Türken auf Serbien und Montenegro erwarten, später wurde der Waffenstillstand erneuert, und jetzt ist Hoffnung auf einen Frieden vorhanden. Damals gab es kein Einvernehmen zwischen den Mächten, jetzt aber ist es vorhanden. Damals war unsere öffentliche Meinung kriegerisch, jetzt wünscht man nur die Sicherung des Friedens. Sie haben in Moskau gesagt, daß die Interessen Rußlands für Sie höher stünden als alles andere, und geben selbst zu, daß ein Krieg für sie verderblich wäre“ (er hat dies Wort gebraucht). Der Kaiser antwortete mir mit offenbarer Unzufriedenheit: „Ich teile deine Ansicht durchaus nicht.“ Ich: „Auf der vorigen Sitzung haben Sie uns erlaubt, unsere Ansicht schriftlich darzulegen“, er nahm meine Denkschrift und sagte dem eintretenden Thronfolger: „Reutern hat auch eine Denkschrift aufgesetzt, Ich werde sie dir zu lesen geben.“

Zur heutigen Sitzung waren zum erstenmal Timaschew und Walujew geladen, denen der Kaiser, wie es sich erweist, gestern meine Denkschrift geschickt hat. Der Ton des Kaisers war bedeutend ruhiger, und es schien, als ob er ohne Krieg auskommen möchte. Der Kriegsminister sprach überhaupt nicht.

Die Denkschrift, die dem Kaiser am 11. Februar 1877 vorgelegt und am 12. Februar auf der bei Seiner Maj. abgehaltenen Beratung verlesen wurde.

Betrachtet man die Frage über Krieg und Frieden vom finanziellen und wirtschaftlichen Standpunkt, so muß man vor allem den Zweck dieses Krieges und seinen Charakter feststellen.

Seit dem Beginn der jetzigen politischen Schwierigkeiten hat Rußland erklärt, daß es keinerlei ehrgeizige Pläne hege, daß es nach keinen Eroberungen strebe und den Sturz des Türkischen Reiches nicht wünsche, sondern nur die mögliche Besserung der Lage der Christen im Auge habe. Dank diesem maßvollen und uneigennützigen Programm ist zwischen den Mächten eine Vereinbarung zustande gekommen, die in den Protokollen der Konferenz niedergelegt ist. Ohne die Notwendigkeit einer Besserung der Lage der Christen zu bestreiten, behauptet die Pforte, daß sie die dazu erforderlichen Maßnahmen selbst treffen werde; sie zeigt sich bereit, mit Serbien und Montenegro Frieden zu schließen, will aber folgende zwei Bedingungen nicht annehmen:

„Die Generalgouverneure Bosniens, der Herzegowina und Bulgariens werden für die ersten fünf Jahre von der Pforte, nach vorheriger Einholung der Einwilligung der Mächte, ernannt."

„Zur Kontrolle über die Ausführung der Beschlüsse und zur Unterstützung der Ortsobrigkeit bei den verschiedenen, auf die öffentliche Ordnung und Sicherheit bezüglichen Maßnahmen werden von den Mächten zwei Aufsichtskommissionen ernannt."

Die von der Türkei nicht akzeptierten Punkte haben schwerlich eine so wesentliche Bedeutung, daß es sich lohnte, um ihretwillen Krieg zu führen; und wenn wir uns dazu entschlössen, so würden unsere und die ausländische öffentliche Meinung davon überzeugt sein, daß es nur ein Vorwand sei, hinter dem die angeblichen ehrgeizigen Absichten Rußlands verborgen wären. Die christlichen Völkerschaften der europäischen Türkei würden in dem Überschreiten der Grenze seitens unserer Truppen das Signal zum Aufstande erblicken, und schon deshalb würde es unmöglich sein, uns an unser gemäßigtes Programm zu halten, weil in fast allen Provinzen der europäischen Türkei die christlichen Einwohner vor der Rache der mohammedanischen Regierung und Bevölkerung geschützt werden müßten.

Der erste Kanonenschuß an der Donau verwandelt die

Frage einer möglichen Besserung der Lage der Christen in die Frage der Liquidation des Türkischen Reiches, d. h. in die Frage, wem Konstantinopel gehören solle, wie die christlichen Provinzen zu organisieren seien, die dazu durchaus noch nicht vorbereitet sind und die erforderlichen Mittel nicht besitzen, was mit der mohammedanischen Bevölkerung geschehen solle, und eine Menge anderer nicht weniger wichtiger und verwickelter Fragen. Es ist undenkbar, daß Europa die Entscheidung aller dieser Fragen uns überlassen sollte. Welches Ministerium in England auch regieren mag, es wird nicht teilnahmlos bleiben. Nachdem sich Österreich im Einvernehmen mit England, und vielleicht auch mit der Pforte selbst, die Provinzen gesichert hat, die den Gegenstand seiner Wünsche bilden, wird es anfangs eine drohende und dann vielleicht auch eine feindliche Haltung annehmen. Deutschland wird wahrscheinlich nicht direkt gegen uns operieren, aber nachdem Fürst Bismarck das Ziel seiner geheimen Wünsche erreicht, d. h. uns in die fast unüberwindlichen Schwierigkeiten der orientalischen Frage verwickelt hat, wird er wahrscheinlich bemüht sein, die Angelegenheit nicht vor unserer vollständigen Erschöpfung zu Ende gehen zu lassen. Ich bin überzeugt, daß ein Krieg mit der Türkei an und für sich nicht schreckhaft ist, wenn man nur unsere militärischen Kräfte und die der Türkei in Erwägung zieht, daß er aber deshalb nicht leicht und schnell beendet werden kann, weil er die vitalen Interessen anderer Mächte berührt und die durch ihn aufgeworfenen Fragen in unserer Zeit schwerlich befriedigend gelöst werden können: der Krieg wird daher ernst und andauernd sein und selbst im Falle eines vollkommenen Erfolges eine ganze Reihe von Schwierigkeiten bei der Organisation und Teilung der türkischen Provinzen nach sich ziehen.

Welchen Einfluß wird ein solcher Krieg auf unsere finanzielle und wirtschaftliche Lage ausüben?

Hinsichtlich der Finanzen ist zu sagen:

Während eines Krieges sind Anleihen im Auslande unmöglich. Innere Anleihen können angekündigt werden, aber gleich der letzten werden sie nicht tatsächlich gedeckt werden, so daß sie ihrem Wesen nach nichts anderes sein werden als maskierte Emissionen von Kreditbilletten. Durch dasselbe Mittel werden notwendigerweise die für den Fiskus obligatorischen Ausgaben für die Vollendung der im Bau begriffenen Eisenbahnen gedeckt werden, hierzu aber sind 100 Mill. Rub. erforderlich, wobei selbstverständlich von jeglichen neuen Eisenbahnunternehmungen abgesehen wird. Die Zahlung der Zinsen der auswärtigen Schuld kann nur vermittelst der Entnahme von Gold aus dem Wechselfonds vor sich gehen. Auf diese Weise wird eine ungeheure Masse von Kreditbilletten im Umlauf sein, und gleichzeitig wird der Wechselfonds erschöpft werden. Das ist eine Situation, aus der es keinen Ausweg gibt und die es unvermeidlich unmöglich macht, die Staatsschulden zu bezahlen und die militärischen Kräfte in ihrem jetzigen glänzenden Stande zu erhalten.

Hinsichtlich der wirtschaftlichen Lage ist zu bemerken:

Zufällige Ursachen müssen von den organischen geschieden werden.

Eine ganze Reihe von volkswirtschaftlich ungünstigen Umständen, die in den beiden letzten Jahren eingetreten sind, haben uns in eine, wie man wohl sagen kann, beispiellos schlechte Lage versetzt. Der Handel liegt völlig darnieder, der Privatkredit ist fast ganz vernichtet; das Volk, das für seine ländlichen Produkte keinen Absatz findet, kann kein Konsument von Manufakturwaren sein, so daß die Fabriken stillstehen und der Bevölkerung keinen Verdienst geben; die Fallissements von Privatpersonen wiederholen sich täglich und werden binnen kurzem die Zahlungsunfähigkeit der Privatbanken nach sich ziehen. Ich bin überzeugt, daß nicht bloß ein Krieg, sondern sogar eine andauernde Ungewißheit der politischen Lage Rußland dem schlimmsten Ruin entgegenführt.

Die organischen Ursachen liegen in dem Übergangszustand, in dem wir uns befinden. Die Regierung Seiner Majestät des Kaisers war durch eine ganze Reihe bürgerlicher und wirtschaftlicher Reformen bezeichnet, die zum Staunen der ganzen Welt in der kurzen Frist einiger Jahre ohne jede Erschütterung glücklich durchgeführt wurden, während in anderen Ländern die entsprechenden Veränderungen in Jahrhunderten vollzogen wurden und häufig nicht ohne blutige Revolutionen abgingen. Aber gerade deshalb, weil die Reformen so rasch durchgeführt wurden, erfordern sie noch viel Zeit, um festen Boden zu fassen. Vieles ist erblüht und verspricht reiche Frucht, aber den Früchten muß man Zeit zum Reifen lassen; das Begonnene muß erstarken können.

Die industriellen und wirtschaftlichen Unternehmungen, die in den letzten Jahren überall entstanden sind, werden ohne Zweifel zugrunde gehen, und das Volk wird seinen Verdienst einbüßen. Die früheren Herrn der Leibeigenen, die jetzigen Großgrundbesitzer, söhnen sich, je besseren Ertrag das Land dank der allgemeinen Entwickelung abwirft, immer mehr mit der Agrarreform aus; die Unzufriedenheit wird aber in dieser Bevölkerungsklasse von neuem aufkommen, sobald der Grund und Boden infolge der allgemeinen Zerrüttung keinen zu seiner Bearbeitung genügenden Ertrag abwerfen und gleichzeitig der Grund- und Bodenkredit fast unzugänglich werden wird. Endlich wird die Agrarreform zwar unerschüttert bleiben, da die Leibeigenschaft nicht mehr zurückkehrt, aber ihr Hauptzweck, die Verbesserung des Loses der Bauern, wird nicht erreicht werden. Unter dem Drucke der Not werden sie die Wohltaten der Reform vergessen und aufhören, ein so konservatives Element zu sein, wie sie es bis jezt waren.

Ich bin fest überzeugt, daß der Krieg die natürliche Entwickelung der bäuerlichen und wirtschaftlichen Unternehmungen, welche den Ruhm der Regierung Seiner Majestät bilden, aufhalten wird: er wird Rußland in nicht wieder gut zu machender Weise schädigen und es in einen Zustand finanzieller und wirtschaftlicher Zerrüttung versetzen, welcher einen günstigen Boden für die revolutionäre und sozialistische Propaganda abgibt, zu der unsere Zeit schon ohnehin allzu geneigt ist.

VI.

Die Umstände, die zum orientalischen Kriege führten.

Der Kaiser ist im allgemeinen aufrichtig friedliebend. Die schweren Verhältnisse, unter denen er den Thron bestieg, haben einen unaustilgbaren Eindruck auf ihn gemacht. Er war Zeuge dessen, wie das Elend des Krimkrieges die starke Natur seines Vaters brach. Dem Kaiser war es außerordentlich schwer, auf die Bedingungen des Pariser Traktats einzugehen. Die politischen und finanziellen Folgen des Krimkrieges lasteten auf ihm noch fast zehn Jahre nach seiner Beendigung. In der letzten Zeit kam noch hinzu, daß er unter dem Einfluß seiner zerrütteten Gesundheit überhaupt die Lust zu den Geschäften verlor und sich nur aus Pflichtgefühl mit ihnen abgab. Der Kaiser mißt den Präzedenzfällen eine große Bedeutung bei. Ihm schien es, als ob er einen Krieg, der nach seiner langen friedlichen Regierung einträte, nicht zu Ende führen und gleich seinem Vater unter der Last erliegen werde.

Fürst Gortschakow ist ebenfalls friedliebend. Im Laufe von zwanzig Jahren hat der Appell an die Waffen niemals eine Rolle in seinen politischen Erwägungen gespielt. Noch im Frühling 1876, vor seiner Abreise nach Ems, sagte er mir: „Pas un homme et pas un rouble." Aber Fürst Gortschakow ist eitel; ein treffendes Wort hält er für einen Erfolg. Es muß hinzugefügt werden, daß sich Gortschakow im allgemeinen nur wenig mit den orientalischen Angelegenheiten befaßte und sich nur für die europäischen interessierte. In

10*

den orientalischen Angelegenheiten stand er vollständig unter dem Einflusse Ignatjews, als dieser Direktor des Asiatischen Departements war, und später unter dem Einflusse Stremouchows, des Nachfolgers Ignatjews im Departement.

Ignatjew und Stremouchow haben bei der Vorbereitung der Explosion im Orient die Hauptrolle gespielt. Sie haßten einander, und von einer Verabredung zwischen ihnen kann daher kaum die Rede sein, aber in gewissen Fällen unterstützten sie sich trotzdem gegenseitig. Ich will nicht behaupten, daß ihre Tätigkeit die Aufrollung der orientalischen Frage zum Zweck gehabt habe, sie hat aber mehr als alles andere zu diesem Resultate geführt.

Der Einfluß Stremouchows auf die orientalische Frage bestand vor allem in der Wahl der Konsuln und Agenten und in der Bestimmung ihrer Tätigkeit.

Die Rolle Ignatjews ist außerordentlich schwer zu definieren. In seinen offiziellen Depeschen, die dem Kaiser vorgelegt wurden, ist eine slawophile Tendenz überhaupt nicht zu bemerken. Die einen hatten den Zweck, den Einfluß des Botschafters auf die Pforte darzulegen, die anderen hatten von seinem Einfluß auf die christlichen Untertanen der Pforte Zeugnis abzulegen. Wenn man über Ignatjew nur nach seinen offiziellen Depeschen urteilt, so kann man in ihm nur den gewandten Diplomaten erblicken, der das Vertrauen der Pforte, ja sogar des Sultans, zu gewinnen wußte. Hierdurch wird aber die Position, die Ignatjew in der russischen öffentlichen Meinung inne hatte, durchaus nicht erklärt. Überhaupt kennt man in Rußland unsere ausländischen Vertreter sehr wenig und verhält sich recht gleichgültig zu ihren Handlungen und Verdiensten. Man kann sonst keinen russischen Diplomaten nennen, über dessen Politik man als eine unabhängige oder im Gegensatze zu den Absichten des Kanzlers oder sogar des Kaisers stehende geredet hätte. Ignatjew bildet die einzige Ausnahme. Er war wirklich populär, hatte Verbindungen mit einigen Kreisen, die bei der Regierung mißliebig waren. Man kann nicht umhin, die Gewandtheit zu bewundern, mit der es ihm gelang, sich wenn auch nicht gerade in der besonderen Gunst des Kaisers, so doch in der Stellung eines Botschafters und in der Rolle einer Autorität in orientalischen Dingen zu erhalten. Für den Kaiser war er der Vollstrecker seiner Befehle, d. h. durchaus kein Slawophile, das Publikum aber erblickte in ihm einen Vorkämpfer der slawischen Ideen. Ignatjew suchte stets dem Kaiser und überhaupt allen die Überzeugung beizubringen, daß die türkische Herrschaft infolge innerer Fäulnis und Schwäche ihrem Sturze nahe sei und daß sie einem Angriffe von unserer Seite keinen einigermaßen energischen Widerstand leisten könne. Wie ich glaube, war er davon wirklich überzeugt. Diese Ansicht Ignatjews hatte auf die Entscheidung einen großen Einfluß. Wie mir bekannt ist, wurde diese Ansicht von den Vertretern der anderen Mächte in Konstantinopel nicht geteilt.

Der Aufstand in der Herzegowina begann im Sommer 1875. Im Herbst, als ich aus dem Auslande und der Kaiser aus Livadia zurückgekehrt war, fand ich Seine Majestät und Gortschakow fest entschlossen, die Sache nicht bis zur Aufwerfung der orientalischen Frage gedeihen zu lassen. Während des Winters 1875—76 blieben beide dabei. Den Kaiser fand ich damals besorgter als Gortschakow, der die Sache so ziemlich auf die leichte Achsel nahm. Seinen Ausspruch „Pas un homme et pas un rouble" habe ich schon angeführt. Er hatte festes Vertrauen auf das Dreikaiserbündnis, war überzeugt, daß England ohne einen kontinentalen Bundesgenossen nichts tun könne und tun wolle, und hielt es für zweifellos, daß sich die Türkei der Entscheidung der drei Kaiser fügen werde.

Unterdessen begann in Rußland die Agitation, erst in slawophilen Kreisen, dann in der Presse und schließlich in der höheren Gesellschaft. Dem Kaiser ist jede Agitation zuwider. Eifersüchtig behütet er seine selbstherrliche Gewalt vor jeder Einmischung. Nur in diesem einzigen Falle verbot und hemmte er nicht. Hierdurch entstand ein Zwiespalt zwischen der offiziellen Politik, die friedliebend verblieb, und den angeblichen Absichten, von denen sich das hiesige und das ausländische Publikum nach äußeren Anzeichen eine Meinung bilden konnte. Man nahm an, daß der Kaiser durch seine offizielle Politik gebunden sei, daß er aber tatsächlich die slawophilen Ideen teile und einen Krieg wünsche. Als einen sicheren Beweis dafür sah man den Umstand an, daß sich die Hofkreise an der Agitation beteiligten. Plötzlichen Impulsen seien sie schwerlich zugänglich und würden sich diesen Stimmungen schwerlich hingeben, wenn sie glaubten, daß es dem Kaiser nicht gefalle. Das Beispiel der dem Hofe nahe stehenden Personen hatte einen ungeheuren Einfluß auf die Stärkung der Agitation: die einen folgten einfach der Mode, den anderen machte es Vergnügen, über die Politik der Regierung offen zu schimpfen, da sie annahmen, daß es in diesem Augenblick nicht gefährlich sei, sondern vielleicht sogar gefalle, und die Führer der slawophilen Bewegung benutzten endlich diese Umstände ganz bewußt, um das Feuer zu schüren. Sympathie für die Slawen war ohne Zweifel vorhanden, dank dem passiven Verhalten der Regierung und unter dem Einfluß des Hofes wurde sie aber künstlich zu völlig trügerischen, der Wirklichkeit nicht entsprechenden Dimensionen aufgebauscht.

Dies gab unserem Vorgehen einen zweideutigen Charakter, erweckte im Auslande Mißtrauen gegen unsere Versicherungen und beraubte die offizielle Regierung der Gewalt über die eigenen Agenten, nahm ihr also auch die Möglichkeit, beruhigend auf die christliche Bevölkerung der Türkei einzuwirken. Unsere Agenten im Orient, die von Stremouchow nach eigenem Geschmack ausgewählt waren, sahen die Zirkulare und Vorschriften der Regierung als eine bloße Formalität an, die die wahren Absichten der Regierung nicht zum Ausdruck brachte. So verlor das Ministerium des Auswärtigen seinen Einfluß auf die christliche Bevölkerung der Türkei, — was es auch reden und tun mochte, es wurde alles nur als eine notwendige Maske angesehen, die die

Eroberungsgelüste verbergen sollte. Es ist z. B. undenkbar, daß sich Serbien trotz der strengen Warnung, die ihm im Namen des Kaisers erteilt wurde, zur Kriegserklärung entschlossen hätte, wenn es nicht überzeugt gewesen wäre, daß es hier Gönner habe, die ihm schon heraushelfen würden.

Ich bin vollkommen überzeugt, daß der Kaiser in dieser Zeit, d. h. bis zur Mitte des Jahres 1876, den aufrichtigen Wunsch hatte, die Sache zu einem friedlichen Ende zu bringen, und daß ihm die Agitation, der serbische Krieg, die Freiwilligen usw. in der Seele zuwider waren. Dasselbe glaube ich auch von Gortschakow, wenn auch in geringerem Maße.

Ich hatte die Möglichkeit, mir hierüber ein Urteil zu bilden, denn der Kaiser pflegte immer mit mir über die äußere Politik zu sprechen. In dieser Zeit tat er es fortwährend, ohne daß ich die geringste Veranlassung dazu gab. Er gebrauchte dabei häufig sehr starke Ausdrücke der Mißbilligung, ja sogar des Unwillens über die Serben und die hiesigen Slawophilen; es schien, als ob er froh wäre, so zu sagen sein Herz gegenüber einem Menschen ausschütten zu können, von dessen Sympathie mit seinen Gedanken er überzeugt war. Ich wiederhole nochmals, daß ich von der Aufrichtigkeit der friedlichen Gefühle des Kaisers und seinem absoluten Widerwillen gegen die Agitation, die slawophilen Ideen usw. vollkommen überzeugt bin. Wenn er mit mir sprach, so geschah es aus vollster Seele. Zweifellos wäre es möglich gewesen, die slawophile Agitation nicht bis zu den Dimensionen gelangen zu lassen, die sie um die Mitte des Jahres 1876 annahm. Unsere Agenten im Orient wären dann über die wirklichen Absichten der Regierung nicht im Ungewissen gewesen, die anderen Mächte und die Türkei selbst hätten keinen Grund gehabt, an der Aufrichtigkeit der Versicherungen des Kaisers zu zweifeln. Es lag die volle Möglichkeit vor, den Zeitungen Einhalt zu gebieten und auf diese Weise die Verbreitung der Agitation im Publikum und im Volke zu verringern. Timaschew war stets dazu bereit. Ich bin niemals ein Befürworter der Unterdrückung der Presse gewesen und habe weder zur Verteidigung meiner Maßregeln noch zum Schutze meiner Person zu diesem Mittel meine Zuflucht genommen. Jedes System muß aber folgerichtig sein; wenn eine Regierung, welche die Presse wegen ihrer Abneigung gegen die klassische Bildung verfolgte, sie nicht daran hinderte, den Krieg gegen die Türkei, England und Österreich zu predigen, so konnte man daraus nur den Schluß ziehen, daß diese Regierung selbst auf den Krieg lossteuere und die Sympathie des Volkes für ihre Offensivpolitik gewinnen wolle. Mit einem Worte, nur bei Fahrlässigkeit von seiten der Regierung konnte die Agitation solche Dimensionen annehmen, wie es tatsächlich der Fall war. Bis zum Sommer 1876, d. h. bis zur Ablehnung des Berliner Memorandums von seiten Englands, bestärkte Fürst Gortschakow den Kaiser in der Überzeugung, daß es auf diplomatischem Wege gelingen werde, eine gewisse Besserung der Lage der Slawen zu erreichen, den slawischen Sympathien Rußlands Genugtuung zu verschaffen und außerdem um einen billigen Preis diplomatisches Prestige in Europa zu gewinnen. Nach der Berliner Entrevue blieb der Kaiser noch zwei Monate im Auslande und wußte wahrscheinlich nicht, was hier vor sich ging. Als er aber zurückgekehrt war, hatte die Erregung schon den höchsten Grad erreicht, und es war sehr schwer, ihr ein Ende zu machen.

Der Kaiser blieb hier ungefähr einen Monat und wiederholte mir gegenüber mehrfach seine Absicht, die Angelegenheit ohne Krieg zu Ende zu bringen, alle seine Reden legten aber schon von einem inneren Kampfe und von seelischen Konflikten Zeugnis ab; friedliche Äußerungen tat er manchmal im Tone einer zornigen Erwiderung an eine Person, die anderer Meinung war, obwohl eine solche Person im Zimmer gar nicht vorhanden war.

In Livadia langte ich am 1. Oktober an und traf dort den Kaiser sowohl als den Fürsten Gortschakow in durchaus kriegerischer Stimmung. Dem Hofe nahestehende

Damen sagten mit leuchtenden Augen: L'Empereur s'est mis à la tête du mouvement national usw.; die Einstimmigkeit dieser Aussprüche lieferte den Beweis, daß die Parole von oben ausgegeben war. Diese Phrasen brachten die Wandlung, die sich vollzogen hatte, tatsächlich zum Ausdruck. Der Kaiser blieb in Livadia, umgeben von einer kleinen Anzahl von Personen, die alle an einem Stricke zogen, stand mit seinen übrigen Ratgebern nicht in Verbindung; Er hörte nur eine Stimme und sah nur eine Seite. Man kann sagen, daß das Echo aus Rußland nur vermittelst der Slawophilen zu ihm gelangte. Aksakow stand im Briefwechsel mit Miljutin und anderen. Der Kaiser hielt es nicht aus und nahm plötzlich eine Richtung an, die der ursprünglichen entgegengesetzt war. Er schien sich nicht nur für die Idee der Befreiung der Slawen, sondern auch für die aller Christen und sogar Jerusalems zu begeistern. Der Kaiser war offenbar in einem fieberhaft erregten Zustande.

Unter dem Einfluß der Atmosphäre von Livadia und der veränderten Stimmung wurden zwei Schritte getan, die die Sachlage schließlich entschieden. Das waren die Mobilisation der Armee und die Moskauer Rede. Die Mobilisation wurde auf der Beratung beschlossen, die am 4. Oktober beim Kaiser stattfand: sie war für den 1. November geplant, damit die Truppen im Dezember bereit seien, die Grenze zu überschreiten. Auf die Bemerkung, daß es wohl kaum zweckmäßig sei, den Krieg in einer solchen Jahreszeit zu beginnen, wurde geantwortet, sie sei im Gegenteil sehr geeignet, da es im Winter kein Fieber gebe usw. Bei näherer Prüfung erwies es sich jedoch, daß im Dezember die Wege in Bessarabien so grundlos waren, daß ein Feldzug außerordentlich schwierig gewesen wäre. Die Mobilisation halte ich für verhängnisvoll. In diplomatischer Beziehung machte sie einen Kompromiß endgültig unmöglich. In finanzieller Hinsicht hatte sie die nutzlose Verausgabung von 100 Mill. Rub. zur Folge, die notwendig waren, um die Armee sechs Monate hindurch auf dem Kriegsfuß zu erhalten; gleichzeitig verringerte sie die Mittel zur Kriegführung um eine ebenso große Summe, und in militärischer Hinsicht war sie schließlich eine der Türkei erteilte Warnung, damit sie sich an der Donau zur Abwehr rüste. Wir besaßen zwei Vorzüge vor der Türkei: eine Organisation, die uns die Möglichkeit gewährte, unsere Armee rascher kriegsbereit zu machen, und die Eisenbahnen, durch die sie rascher an die Grenze gebracht werden konnte. Dieser beiden Vorteile beraubten wir uns ohne jeglichen Nutzen. Wenn wir die Mobilisation von Mitte März bis Mitte April vorgenommen und sofort die Grenze überschritten hätten, wären die Türken in ihrer Sorglosigkeit überrascht worden und hätten schwerlich in Bulgarien überlegene Kräfte gehabt, wie es sich nachher erwies.

Die Moskauer Rede wurde in meiner Abwesenheit in Livadia beschlossen. Ich halte sie deshalb für verhängnisvoll, weil sie dem Kaiser wie eine Ehrenverpflichtung die Hände band. So hat er sich später geäußert, als nach dem Rausch von Livadia die Ernüchterung bereits in ihm Platz gegriffen hatte. Die Ernüchterung begann fast schon in Moskau. Die Rede wurde von einer zahlreichen Versammlung mit jenem Enthusiasmus aufgenommen, die jede Erklärung, besonders aber eine patriotische hervorruft, welche der Kaiser persönlich an seine Untertanen richtet; schon damals konnte aber der Kaiser bei seinem feinen Taktgefühl nicht umhin zu bemerken, daß die Atmosphäre Moskaus, obgleich sich hier das Zentrum der slawophilen Agitation befand, nicht diejenige Livadias war, die ihn bisher umgeben hatte. Mit der Beendigung des serbischen Krieges, mit dem Waffenstillstande, zu dem wir die Pforte durch unsere Drohungen gezwungen hatten, war die Begeisterung des Publikums rasch gesunken; Leute, die sich von ihren wirtschaftlichen Interessen leiten ließen, hatten bereits den Mut, sich laut zugunsten des Friedens auszusprechen; diese Reaktion machte immer weitere Fortschritte, und im Winter war von der früheren Begeisterung fast keine Spur übrig geblieben.

In dem nüchternen Milieu von Petersburg verfiel der Kaiser immer mehr in seine friedliche frühere Stimmung; in Gesprächen mit mir gab er häufig seinem Wunsche Ausdruck, die Sache zu einem friedlichen Ende zu führen. Im Dezember sagte er einer Deputation der Kaufmannschaft öffentlich, er hoffe, daß es zu keinem Kriege kommen werde.

Über die Umstände des unglücklichen diplomatischen Feldzuges von dem türkisch-serbischen Waffenstillstande, den wir ohne jeden Grund nicht zu einem sechsmonatlichen machen wollten, bis zu dem von der Türkei zurückgewiesenen Protokoll, will ich hier nicht reden, muß aber bemerken, daß mir der persönliche Einfluß bekannt ist, den Fürst Bismarck auf die orientalische Frage gehabt hat. Schon lange und bei verschiedenen Gelegenheiten suchte uns Fürst Bismarck zur Aufwerfung der orientalischen Frage gleichsam aufzuhetzen. Wenn genug Zeit verflossen ist, um unsere Archive aus den letzten 6—7 Jahren den Geschichtsforschern zu öffnen, werden diese Spuren sich finden. In Österreich glaubt man, daß gleich zu Beginn, im herzegowinischen Aufstande, seine Hand tätig war; ich habe keinerlei Beweise dafür, halte es aber nicht für unmöglich. Vom Beginn der Komplikationen bis zur Berliner Entrevue (im Mai 1876) ging Bismarck mit uns und mit Andrassy, ich glaube aber, daß er ihm näher stand als uns. Vom Moment, wo England das Berliner Memorandum nicht akzeptierte, bis zur Entsendung Manteuffels nach Berlin und dann bis zum Moment, wo sich Fürst Gortschakow von Livadia aus an ihn wandte, war er überhaupt zurückhaltend; als aber nach der Rückkehr des Kaisers hierher die friedlichen Ideen die Oberhand zu gewinnen begannen, war Fürst Bismarck auf jegliche Weise bemüht, es nicht zuzulassen, daß die Angelegenheit beigelegt werde. Seine Gespräche mit unserem Botschafter waren so beschaffen, daß selbst ein entschiedener Slawophile sie nicht verleugnet hätte. Sie tendierten auf eine Steigerung der chauvinistischen Leidenschaften und waren in bemerkenswerter Weise auf den Charakter des Kaisers berechnet. Bismarck sprach von der Ehre Rußlands, von dem Sinken des Geistes in der Armee, von dem Schaden, den ein friedlicher Ausgang dem monarchischen Prinzip brächte, — und alles dies übte seine Wirkung aus. Von dem Augenblick an, wo der Krieg beschlossen war, wurde Fürst Bismarck wieder zurückhaltender.

Ich erkläre mir das folgendermaßen: Fürst Bismarck hatte zweierlei im Auge: er wollte die freundschaftlichen Bande zwischen Deutschland und dem Rußland Kaiser Alexanders II. erhalten und womöglich noch enger knüpfen, andererseits aber wollte er Rußland derart in die unentwirrbare orientalische Frage verwickeln, daß es während einer künftigen Regierung weder den Wunsch, noch die Möglichkeit haben konnte, sich in einer für Deutschland unvorteilhaften Weise in die europäische Politik zu mischen.

September 1877.

VII.

Der Rücktritt vom Posten eines Finanzministers.

Oktober 1878.

Wie es bei uns üblich ist, bin ich wegen „zerrütteter Gesundheit“ vom Amte eines Finanzministers zurückgetreten. Aber das war kein Vorwand. Schlaflosigkeit, Nervosität, Reizbarkeit und Verbitterung hatten mir jede geistige Anstrengung, den Verkehr mit Geschäftsleuten, die Streitigkeiten mit anderen Ressorts, die Debatten im Reichsrat und in den Komitees unerträglich schwer gemacht. Selten legte ich mich schlafen, ohne den inneren Wunsch zu haben, nicht wieder aufzuwachen. Der Gedanke, daß es möglicherweise beschieden sei, in Ehrlosigkeit, d. h. in Zahlungsunfähigkeit, zu enden, verfolgte mich. Die Krankheit war aber nicht die einzige und nicht einmal die hauptsächliche Ursache meines Rücktritts, d. h. ich wäre gegangen, auch wenn ich gesund gewesen wäre. Bis zur Abreise des Kaisers ins Ausland im Frühling 1876 wurden die finanziellen und wirtschaftlichen Interessen bei der Entscheidung politischer Fragen offenbar in Rechnung gezogen. Bald nach der Rückkehr des Kaisers begann ich aber zu bemerken, daß diese Interessen immer mehr in den Hintergrund traten. Die serbische Agitation, die sich während der Abwesenheit des Kaisers entwickelt hatte, beunruhigte und ärgerte ihn und riß ihn doch fort. Er fühlte sich überholt und ließ sich immer mehr und mehr von dem Strome fortreißen, bis er endlich den Platz an der Spitze der Bewegung eingenommen hatte. Den Höhepunkt dieser Stimmung fand ich in Livadia, wo ich am 1. Oktober 1876 eintraf. Finanzielle und wirtschaftliche Interessen schienen gleichsam nicht zu existieren. An einem anderen Orte habe ich erzählt, was ich dort alles durchgemacht habe. Als ich die Denkschrift verfaßte, die ich dort dem Kaiser übergab, wußte ich, daß sie einen unangenehmen Eindruck machen mußte: sie stand in einem allzu schroffen Widerspruch zu der damaligen Stimmung. Die erste Audienz, die ich gleich nach meiner Ankunft, am 1. Oktober, hatte, zeigte mir, daß sich der Kaiser gleichsam von allem abgewandt hatte, was ihn an seine frühere Ansicht erinnern konnte, besonders aber von den finanziellen und wirtschaftlichen Erwägungen; ich wußte, daß er mich nicht werde ausreden lassen, und beschloß daher, mich schriftlich zu äußern, da ich annahm, daß er sich vielleicht wohl ärgern, die Denkschrift aber lesen werde. Einige Worte, die mir der Kaiser nach dem Mittagessen an demselben Tage, an dem meine Denkschrift übergeben worden war, sagte, zeigten mir, daß er ganz besonders und ernstlich unzufrieden sei, und ich hatte bis zu dem nächsten Tage, für den eine Beratung angesagt war, Zeit, die wahrscheinlichen Folgen zu überlegen. Ich hatte überhaupt nicht geglaubt, daß meine Denkschrift allein die damalige Richtung unserer Politik ändern könne, aber ich glaubte, daß sie den Anlaß zu Debatten geben und man dort die Stimme der Vernunft hören werde, wo sich alles auf Noten des Gefühls eingesungen hatte; ich glaubte, daß die Logik, die durch die sogenannte innere Überzeugung verdrängt worden war, wenn auch nur etwas wieder in ihre Rechte treten werde. Auch jetzt glaube ich noch, daß etwas Ähnliches hätte passieren können, wenn z. B. der Kaiser, wie er es gewöhnlich tut, befohlen hätte, meine Denkschrift den übrigen Mitgliedern der täglichen Beratungen mitzuteilen. Wahrscheinlich hätte keiner sich entschlossen, meiner Ansicht direkt beizutreten, weil sie der des Kaisers allzusehr widersprach, aber in Anbetracht dessen, daß ich sowohl den Zorn des Herrschers als die Unpopularität auf mich nahm, hätten sich, wie ich glaube, einige gefunden, die gern bereit gewesen wären, die Gelegenheit zu benutzen, um den Kaiser abzukühlen, mettre de l'eau dans son vin; die Ernüchterung kam ohnehin recht bald; sie kam gleich nach Moskau, im November, und war im Dezember vollständig. Eine solche Debatte konnte die Ernüchterung bedeutend beschleunigen, konnte einem so verderblichen Entschluß, wie dem der Mobilisation zu Beginn des Winters, vorbeugen und den Ton der Moskauer Rede ändern. Meine Erwartungen erfüllten sich nicht, der Kaiser zeigte meine Denkschrift niemandem außer dem Thronfolger, ein Resümee der geäußerten Meinungen fand nicht statt, und nur für mich persönlich gab es eine unangenehme und sogar beleidigende Zurückweisung. In der Nacht und am Morgen vor dieser Konseilsitzung hatte ich unter dem Eindruck der zornigen Worte, die mir nach dem Mittagessen gesagt worden waren, darüber nachgedacht, wie ich dem Sturm begegnen solle. Ich entschloß mich, auf jeden Fall die Kaltblütigkeit zu bewahren (dieses gelang mir). Darauf legte ich mir die persönliche Frage vor: Soll ich um meine Entlassung bitten? Das erschien mir anfangs als der natürliche und meinem Charakter entsprechende Ausgang. Die völlige Mißachtung der mir anvertrauten Interessen, die Mißachtung von Interessen, denen ich mein ganzes Leben geweiht hatte, ließ einen solchen Schritt nicht nur berechtigt erscheinen, sondern schien ihn gleichsam zu fordern. Dann aber wurde ich den Gedanken nicht los: Was wird mit den Finanzen? was mit so vielen wirtschaftlichen Interessen, deren Entwickelung ich gefördert habe? Mit einem Worte — nach langem und schwerem Nachdenken gelangte ich zum Entschluß, aus Liebe zu meiner Sache, zum Vaterlande und zu dem jetzt zornigen, im Laufe langer früherer Jahre aber gütigen und gerechten Monarchen alles zu ertragen. Wer mich kennt, wird wissen, daß dieser Entschluß einen schweren Kampf gekostet hat, und vielleicht wäre ich nicht imstande gewesen, zu ihm zu gelangen, wenn ich nicht noch einen anderen gefaßt hätte, nämlich den, von meinem Posten zurückzutreten, sobald der Friede gesichert sei. Nur auf diese Weise konnte ich die Achtung vor mir selbst bewahren, und das hat mich im Laufe von 21 Monaten, bis zur Beendigung des Berliner Kongresses, aufrechterhalten.

Je mehr der Kaiser nach seiner Rückkehr aus Livadia wieder in seine frühere friedliche Stimmung gelangte, desto mehr zeigte er mir gegenüber sein früheres vertrauensvolles und gnädiges Verhalten; das blieb so bis zum Schluß, ja, er legte mir gegenüber eine besondere Zartheit an den Tag, wie gegen einen Menschen, den man schonen muß. Wußte der Kaiser von meiner Absicht zurückzutreten? Ich glaube, er erriet sie. Daß ich mir im Mai 1877 ein Haus kaufte, rief manches Gerede hervor, welches wahrscheinlich auch zu ihm gelangt ist. Ihm gegenüber sprach ich nie von mir, und wenn er nach meiner Gesundheit fragte, antwortete ich kurz. Wie früher liebte es der Kaiser, mich nach meinen finanziellen Plänen für die Zukunft zu fragen. Nachdem er von der Armee zurückgekehrt war, tat er das selten, und stets antwortete ich nicht in der ersten Person, d. h. ich sprach nicht davon, daß *ich* das eine oder andere zu tun gedächte, sondern erklärte, daß der Finanzminister wahrscheinlich in die Notwendigkeit versetzt sein werde, dieses oder jenes zu tun. Diese Nuance ist dem Kaiser bei seinem feinen Taktgefühl wahrscheinlich nicht entgangen. Aber der Kaiser weiß, daß niemand einem ihm persönlich nahe stehenden und hohen Amte entsagt, solange er sein Vertrauen besitzt oder zu gewinnen hofft. Man spricht von seiner Krankheit, seiner Müdigkeit, seinem Rücktritt — aber alles dieses hört auf, sobald er einen seiner Gnade würdigt. Der Kaiser war daher gewohnt, alles dieses als eine Koketterie anzusehen, durch die irgend etwas erzielt werden solle. Da ich das wußte, ging ich Gesprächen über mich aus dem Wege. Es ist wahrscheinlich, daß der Kaiser, wenn er auch von meiner Absicht gehört hatte, doch dachte: il y pensera à deux fois.

Am 28. Juni erhielt ich von N. K. Giers ein Telegramm aus Zarskoje Selo über den friedlichen Ausgang des Berliner Kongresses. Am Abend desselben Tages sandte ich in das Feldjägeramt ein an den Kaiser gerichtetes Schreiben, in dem ich um meinen Abschied bat. Als ich am 30. Juni in Zarskoje Selo in das Kabinett trat, begann der Kaiser mit der Erklärung, meine Bitte versetze ihn in eine schwierige Situation, da ich, während ich sein volles Vertrauen besäße, um die Verabschiedung von einem so wichtigen Posten bäte, auf dem meine Erfahrung und meine Kenntnisse jetzt besonders wichtig seien. Es wäre besser, wenn ich auf einige Zeit ins Ausland reiste, um mich zu erholen; sollte im Herbst mein Zustand nicht besser geworden sein, so könne man ja darüber nachdenken, was zu tun sei. Ich erwiderte, daß ich, falls ich Finanzminister bliebe, mich nicht zu einer Urlaubsreise entschließen könnte; daß die Verhältnisse viel zu ernst seien, um das Finanzministerium ohne Leitung zurückzulassen; daß jetzt die Liquidation des Krieges beginne und dann langsam, Schritt für Schritt, das wiederhergestellt werden müsse, was durch den Krieg zerstört sei; daß dieses jedenfalls eine Arbeit von vielen Jahren sei, die nicht von dem einen begonnen und von dem anderen fortgesetzt werden könne. Hierbei setzte ich ganz der Wahrheit gemäß auseinander, wie unerträglich mir die Mühen und Arbeiten bei der Verwaltung des Ministeriums seien; daß ich mich schon längst zum Rücktritt entschlossen und meine Absicht nur deshalb nicht ausgeführt hätte, weil ich es für Ehrensache hielt, während des Krieges nicht an mich selbst zu denken; daß ich Gott dafür dankte, daß es mir gelungen sei, bis ans Ende auszuhalten, und daß der bloße Gedanke an eine Fortsetzung mich mit Schrecken erfülle. „Ich habe schon längst bemerkt, daß deine Kräfte dich im Stiche lassen", bemerkte der Kaiser. Ich: „Darf ich fragen, woraus Sie das erfahren haben?" Der Kaiser: „Während unserer Beratungen bemerkte Ich, wie dein Gesicht sich veränderte."

Beim Abschied sagte mir der Kaiser tiefgefühlte, sehr gnädige Worte. Er war sichtlich gerührt und ich auch.

Der Thronfolger verabschiedete sich ebenfalls sehr gnädig von mir. Ich vergaß zu sagen, daß er bald nach dem Beginn unseres Gesprächs eingetreten war. Der allgemeine Eindruck, den ich aus dieser Audienz davontrug, war der, daß der Kaiser von Anfang an entschlossen war, mein Rücktrittsgesuch anzunehmen, und daß er mich nur deshalb aufforderte, auf meinem Posten zu bleiben, weil er einem alten und treuen Diener eine Aufmerksamkeit erweisen wollte.

Ich habe zu sagen vergessen, daß der Kaiser im Verlauf des Gesprächs den Wunsch äußerte, ich möchte meinem Nachfolger meine Gedanken über die Finanzen mitteilen, worauf ich erwiderte, ich hätte schon im Jahre 1877 eine eingehende Denkschrift gleichsam als finanzielles Testament aufgesetzt. Der Kaiser war sichtlich erstaunt und fragte später Greigh nach dem Zeitpunkt der Abfassung dieser Denkschrift. Der Kaiser gab auch seiner Zufriedenheit Ausdruck, als er erfuhr, daß ich den Winter in Petersburg zu verbringen gedächte.

Ich glaubte, daß der Ukas über meine Verabschiedung zu Beginn der nächsten Woche erfolgen werde, dem war aber nicht so. Als ich mit Greigh [1]) am 7. Juli das Kabinett betrat, sagte mir der Kaiser: „Ich habe Deine Verabschiedung unterzeichnet und wollte sie dir selbst übergeben, lies!"

Der Inhalt des Dokuments und dieser ungewöhnliche Modus der Einhändigung bewegten mich tief, und ich konnte nur sagen: „Majestät, ich bedauere nur, daß ich keine Kinder habe, denen ich dieses Dokument als Erbe hinterlassen kann." Der Kaiser reichte mir die Hand und sagte: „Und jedes Wort ist die vollste Wahrheit."

---

[1]) General-Adjutant Greigh, der Nachfolger M. v. Reuterns.

Das Allerhöchste Reskript, das M. von Reutern von Seiner Majestät dem Kaiser persönlich eingehändigt wurde, lautet:

Von Gottes Gnaden

Wir Alexander der Zweite,

Kaiser und Selbstherrscher aller Reußen, Zar von Polen, Großfürst von Finnland usw. usw. usw.

Unserem Staatssekretär, Mitglied des Reichsrats, Wirklichen Geheimrat Michael Reutern.

Indem Wir Ihrer Bitte, wegen durch Arbeit zerrütteter Gesundheit vom Amte eines Finanzministers verabschiedet zu werden, mit aufrichtigem Bedauern willfahren, halten Wir es für Unsere Herzenspflicht, in dankbarer Erinnerung Ihre ruhmreiche Tätigkeit und besonders jene wichtigen Dienste zu ehren, die Sie im Laufe der sechzehnjährigen Verwaltung des Finanzministeriums dem Staate geleistet haben. Sie wurden auf den Posten eines Ministers in einer schweren Zeit berufen, als infolge des kurz vorher beendeten Krieges und der umfassenden inneren Reformen außerordentliche Anstrengungen erforderlich waren, um die Finanzen des Reiches auf den Weg einer gesunden Entwickelung zu lenken.

An die Erfüllung der Ihnen auferlegten Aufgabe machten Sie sich im festen Glauben an die Zukunft Rußlands, in der klaren Erkenntnis, daß das Wohl der Staatswirtschaft auf dem Reichtum des Volkes beruhe und durch die Vermehrung seiner produktiven Kräfte bedingt werde. Durch eine Reihe von Maßregeln, die nach Unseren Weisungen von Ihnen unmittelbar oder unter Ihrer nächsten Mitwirkung durchgeführt wurden, sind bemerkenswerte Resultate erzielt worden: im Laufe einiger Jahre wurde ein umfassendes Eisenbahnnetz angelegt; Industrie und Handel gelangten zu einer noch nicht dagewesenen Entwickelung; die Staatseinnahmen begannen rasch zu steigen und ein alljährlicher Überschuß der Einnahmen über die Ausgaben trat an die Stelle der früheren chronischen Defizite unserer Budgets; endlich stieg und festigte sich der Staatskredit trotz der Vergrößerung der Summe unserer Schuldverpflichtungen in bedeutendem Maße. Dank diesen Erfolgen war das Land imstande, auch die ungeheuren Lasten des letzten Krieges zu tragen, ohne daß im Inneren und im Auslande das Vertrauen zu seinen Kräften erschüttert wurde. Indem Wir für gerecht halten, Ihren in seinen Folgen so fruchtbringenden, ruhmvollen Dienst durch die Äußerung Unseres besonderen Wohlwollens zu kennzeichnen, haben Wir Sie zum Ritter des Kaiserlichen Ordens Unseres Heiligen Apostels Andreas des Erstberufenenen ernannt, dessen anbei folgende Insignien wir Ihnen anzulegen und statutenmäßig zu tragen befehlen. Mögen diese Insignien, die vor ganz Rußland Ihre staatlichen Verdienste bezeugen, für Sie der Ausdruck Unserer herzlichen Dankbarkeit für Ihre unermüdlich eifrigen, aufgeklärten, durch glänzende Erfolge bezeichneten Arbeiten zum Wohle des Thrones und des Vaterlandes sein.

Wir verbleiben Ihnen in Unserer Kaiserlichen Gnade unabänderlich wohlgeneigt.

Das Original ist von Seiner Kaiserlichen Majestät eigenhändig unterzeichnet:

„Alexander".

Zarskoje Selo, 7. Juli 1878.

Michael von Reutern.

Eine biographische Skizze.

I.

Familie, Erziehung, Beginn des Dienstes.

Michael von Reutern wurde am 12. September 1820 in der Stadt Poretschje im Gouvernement Smolensk geboren. Seinen Geburtsort kann man einen zufälligen nennen, da sich seine Eltern gerade auf der Rückreise aus Südrußland, wo der Vater in Militärdiensten gestanden hatte, nach Livland befanden.

Der Vater Reuterns, Generalleutnant Christoph von Reutern, war ein tapferer Offizier und schneidiger Kavallerist, bei seinen Kameraden ebenso beliebt wie bei seinen Vorgesetzten. Einen großen Teil seines Lebens hatte er auf Feldzügen zugebracht. Kaum siebzehnjährig, begann er im Jahre 1799 seine militärische Laufbahn als Teilnehmer an dem berühmten italienischen Feldzuge Suworows; in den Jahren 1805—1807 finden wir ihn auf den Schlachtfeldern von Austerlitz, Preußisch-Eylau und Friedland, können ihn dann durch das ganze große historische Drama begleiten, das durch die Namen Borodino, Kulm, Leipzig und Paris bezeichnet ist, und sehen ihn schließlich, schon als Brigadekommandeur, im türkischen Feldzuge von 1828 und 1829. Reutern war nacheinander Adjutant des Kriegsministers Fürsten Barclay de Tolly, Kommandeur des alexandrinischen Husarenregiments und endlich Kommandeur der Bugschen Ulanendivision. In dieser letzten Stellung erlag er im 50. Jahre seines Lebens einem Herzschlage und hinterließ seine Witwe mit zwei Söhnen und sieben Töchtern in tiefem Schmerz und recht bedrängten Verhältnissen.

Reuterns Mutter, das Hoffräulein Karoline von Helffreich (geb. 1789, † 1867), entstammte dem estländischen Adel. Eine Frau von bemerkenswertem Verstande, großer Willenskraft, tiefer Religiosität und außergewöhnlicher Güte, verstand sie, die ihr zugefallene schwere Aufgabe mit Ehren zu erfüllen, den Kindern ihre Herzenseigenschaften mitzuteilen und sie zu redlichen und nützlichen Menschen zu erziehen. Mit hingebender Liebe und höchster Achtung haben die Kinder es ihr gedankt.

Nach Angaben, die dem Archiv der Stadt Lübeck entnommen sind, stammt das Geschlecht der v. Reutern aus den Niederlanden, wo es sich im 16. Jahrhundert „Reuter", „Rüter" und auch „Ruyter" schrieb. Im Jahre 1520 ließ sich der aus Holland stammende Gerhard Reuter in Lübeck nieder. Er erhielt von Kaiser Karl V. eine Bestätigung seines Adels, trat in dänische Dienste und wurde von König Christian III. mit dem bei Lübeck gelegenen Gut Rupertsdorf belehnt. Ein direkter Nachkomme dieses ersten Lehnträgers von Rupertsdorf Johann Daniel Reuter, geb. 1635 zu Rupertsdorf, siedelte in den 60er Jahren des 17. Jahrhunderts nach Riga über, das seit alter Zeit in regen Handelsbeziehungen zu Lübeck stand, gelangte hier als Bürger zu verschiedenen städtischen Ämtern, wurde Ratsherr und Oberwettherr und ward für seine Verdienste von König Karl XI. im Jahre 1691 unter dem Namen „von Reutern" in den schwedischen Adelsstand erhoben. Johann Daniel von Reutern, der Ahnherr aller in Rußland lebenden von Reutern, hinterließ das Andenken einer durch Geschäftstüchtigkeit und administrative Gaben hervorragenden Persönlichkeit. Er galt als einer der reichsten rigischen Kaufleute seiner Zeit und vererbte auf seine Kinder außer einem für die damaligen Verhältnisse ansehnlichen Barvermögen einen wertvollen Landbesitz bei Riga und ein schönes Haus, das sich bis jetzt erhalten hat und eine Zierde der alten Stadt Riga bildet. Das feine Verständnis Michael von Reuterns für die Interessen des Handels und seine finanzpolitische Befähigung sind vielleicht ein Erbteil von seinem Vorfahren Johann Daniel, dem rigischen Ratsherrn und Mitarbeiter des klugen Schwedenkönigs Karls XI.[1]).

Michael von Reutern, der, wie gesagt, in der Stadt Poretschje' geboren wurde, begann sein Erdenwallen mit einer recht langwierigen Reise auf den im Herbst wie gewöhnlich grundlosen Wegen Rußlands, bis das Ziel der Reise seiner Eltern — das Gut Rösthof im Walkschen Kreise Livlands — erreicht war. Den Namen Michael erhielt er zu Ehren seines Taufvaters, des Fürsten Michael Barclay de Tolly, eines Gönners und Freundes seines Elternhauses. In der ländlichen Einsamkeit von Rösthof verlebte er die ersten glücklichen Jahre seines Lebens, aber schon im sechsten

---

[1]) Die väterliche Aszendenz Michael v. Reuterns in Livland ist folgende: Johann (Daniel) Reuter geb. zu Rupertsdorf bei Lübeck 1635 April 10, wird 1666 Bürger und 1685 Ratsherr zu Riga, erhält 1691 Juni 21 als „von Reutern" den schwedischen Adel, † 1698 März 8.
Uxor: Elisabeth von Freden † 1669.

|

Johann v. Reutern get. 1666 Juni 9, wird 1709 rig. Ratsherr, † 1714 Dez. 19. Uxor: Katharina Barbara Metsue von Dannenstern † 1719.

|

Johann v. Reutern geb. 1714 Okt. 11, † 1756 April 30; Herr auf Soor, Loddiger und andern Gütern in Livland, Rigascher Ordnungsrichter.
Uxor: Beate Christine Rigeman von Löwenstern † 1783.

|

Christoph Hermann v. Reutern geb. 1744 Mai 9, † 1802 Oktober 5; Herr auf Soor, Loddiger, Rösthof u. a. G., kursächsischer Kammerherr.
Uxor: Charlotte v. Fischbach † 1831.

|

Christoph v. Reutern geb. 1782 Sept. 29, † 1832 Mai; Herr auf Rösthof, kaiserl. russ. Generalleutnant. Uxor: Karoline v. Helffreich † 1867.

|

Michael v. Reutern, geb. 1820 Sep. 12, † 1890 August 11; kaiserl. russ. Finanzminister 1862—78, Präsident des Ministerkomitees 1882—86, wird 1890 Januar 20 in den Grafenstand des Russischen Reichs erhoben.

Die von Reutern wurden 1747 in die livländische und 1756 in die estländische Adelsmatrikel eingetragen.

Lebensjahre war es ihm beschieden, sich abermals auf Reisen zu begeben und einen großen Teil des unermeßlichen Reiches zu durchqueren. Die beginnenden Komplikationen im Orient, der bevorstehende Krieg mit der Türkei veranlaßten den Vater Michaels sich wiederum dem geliebten aktiven Dienst zuzuwenden. Im Jahre 1825 verließ die zahlreiche Familie mit allen Gouvernanten und Dienstboten die livländische Heimat und begleitete den Vater in den fernen Süden. Solange sich General v. Reutern auf dem Kriegsschauplatze, in der Moldau und jenseits der Donau, befand, lebte die Familie an verschiedenen Orten, bald in Wosnessensk, bald in Czernowitz, bald in Kischinew; nach der Beendigung des Krieges und der Wiedervereinigung mit dem Gatten und Vater ließ sie sich endgültig in Nowo-Mirgorod nieder, woselbst sie von dem schweren Schlage — dem im Mai 1832 erfolgten frühen Tode des Generals — betroffen wurde.

Der vom Schmerz tiefgebeugten Witwe, auf deren Schultern die Sorge für eine zahlreiche, größtenteils aus minderjährigen Kindern bestehenden Familie und für ein großes wohleingerichtetes Hauswesen mit einem ganzen Hofstaat von Dienern und Dienerinnen lag, stand die schwere Aufgabe bevor, dieses ganze Hauswesen aufzulösen und die weite Reise in die baltische Heimat anzutreten. Mit Hilfe einiger guter Menschen, Kameraden und Untergebener des Verstorbenen und örtlicher Gutsbesitzer (der Herrn Kissel und Baron Medem), konnte alles ins Reine gebracht werden, und nach einigen Monaten war die Familie in Livland. Leider waren die Vermögensverhältnisse so wenig gesichert, daß sich die Erhaltung Rösthofs als unmöglich erwies und dieser liebe Besitz verkauft werden mußte. Frau von Reutern zog mit ihren Kindern nach Dorpat, das damals neben wohlfeilen Existenzbedingungen ein geistig sehr entwickeltes kulturelles Leben bot. Der 12jährige Michael wurde in der im besten Ruf stehenden Krümmerschen Privatschule in Werro untergebracht. Krümmer war selbst ein guter Pädagog und wußte sich mit fähigen Lehrern zu umgeben, so daß Michael von Reutern, als ihm seine Mutter ein Stipendium für das Lyzeum in Zarskoje Selo verschaffte, mit 15 Jahren das Eintrittsexamen in diese Lehranstalt mühelos bestand und in die Zahl der Zöglinge des X. Kursus aufgenommen wurde. Wenn das Lyzeum auch jetzt noch einen starken Einfluß auf seine Zöglinge ausübt und ihnen einen eigenartigen Stempel aufdrückt, so war es in jener Zeit erst recht der Fall. Das Leben in dem stillen Zarskoje Selo, in der Nähe seines wundervollen, majestätischen Parks, die noch frischen Erinnerungen an die Epoche des kaiserlichen Gründers des Lyzeums, des humanen Alexanders I., und die lebendigen Traditionen der Puschkinschen Zeit — alles das zusammengenommen schuf eine Atmosphäre, die ganz besonders geeignet war, die edlen Regungen der jugendlichen Seelen zu wecken und zu entwickeln. Auf diese Weise gab das Lyzeum Michael v. Reutern nicht nur die Grundlage einer guten und vielseitigen Bildung, sondern entwickelte auch die besten Seiten seiner Persönlichkeit: Geradheit und Redlichkeit des Charakters, Treue in der Freundschaft und ein echt humanes Verhalten zu seiner Umgebung. Der junge, hagere und ein wenig schüchterne Livländer schloß hier enge Freundschaft mit vielen Kameraden, von denen wir Golownin, den Fürsten Golizyn, Zehc, Salomon, Baron Nikolai nennen wollen. Dreißig Jahre später pflegte er als Finanzminister im freundschaftlichen Gespräch mit denselben Männern Erholung von den Mühen und Arbeiten des Staatsdienstes zu suchen. Kein Wunder, daß Reutern von inniger Liebe zu seinem alten Lyzeum von Zarskoje Selo erfüllt war und auch der Entwickelung des nach Petersburg übergeführten, ein wenig anders organisierten Lyzeums mit wohlwollender Aufmerksamkeit folgte.

Im Jahre 1839 absolvierte Reutern das Lyzeum mit der silbernen Medaille und trat in den Dienst der Kreditkanzlei des Finanzministeriums. In dieser Zeit wurde sein einziger Bruder im Pagenkorps untergebracht, und die Generalin Reutern entschloß sich, mit ihren beiden unverheirateten

Töchtern von Dorpat nach Petersburg überzusiedeln, wo sie mit ihrem Sohne Michael eine gemeinsame Wohnung bezog. Dank diesem Umstande hat Reutern, indem er die Familie des Lyzeums sofort durch den von seiner guten Mutter behüteten häuslichen Herd ersetzen konnte, das trostlose Umherziehen aus einem „möblierten Zimmer" in das andere nicht kennen gelernt.

Im Jahre 1843 trat Reutern in den Dienst des Senats, in dem er verschiedene Posten, unter anderem den eines Heroldmeisters, inne hatte. Da machte sein Freund Golownin, der Sekretär des Großfürsten Konstantin Nikolajewitsch geworden war und bei diesem in Gunst stand, den Großfürsten auf die außerordentlichen Fähigkeiten des jungen Reutern aufmerksam. Die Folge war eine im Jahre 1854 an diesen gerichtete Aufforderung, in den Dienst des Marineministeriums überzugehen. Hier nahm Reutern verschiedene Stellungen ein, wurde im Jahre 1856 zur Revision der Häfen in den Norden und Süden des Reichs abkommandiert und dann auf drei Jahre nach Preußen, Frankreich, England und in die Vereinigten Staaten entsandt, um Kenntnisse zur Vervollkommnung des staatlichen Rechnungs- und Budgetwesens zu sammeln. Diese Studienreisen, auf denen Reutern sowohl Rußland als auch eine Reihe ausländischer Staaten kennen lernte, haben auf seine Entwickelung und die Erweiterung seines geistigen Horizonts den wohltätigsten Einfluß ausgeübt. Nachdem er einen glänzenden Bericht über seine Reisen erstattet hatte, wurde er im Jahre 1858 zum Staatssekretär Seiner Majestät befördert und gleichzeitig zum Geschäftsleiter des gerade erst gegründeten Eisenbahnkomitees ernannt. Dieses Komitee stand unter dem Präsidium des hochbetagten Kanzlers Grafen Nesselrode, dessen Vertrauen und Freundschaft Reutern in außerordentlich hohem Maße zuteil wurde. Im Jahre 1860 wurde er mit der Leitung des Finanzkomitees für Bauerangelegenheiten ernannt, so daß auch er an dem großen Werk der Aufhebung der Leibeigenschaft Anteil gehabt hat. Am 23. Januar 1862 endlich wurde er zum Verweser des Finanzministeriums und am 6. Dezember desselben Jahres, im zweiundzwanzigsten Jahre seines Staatsdienstes, zum Finanzminister ernannt.

Auf diesem verantwortungsvollen Posten hat Michael von Reutern 16 Jahre hindurch gestanden. 1878, gleich nach der Beendigung des Berliner Kongresses, verließ er ihn trotz des Widerstrebens des Kaisers. Eine Ursache seines Rücktritts war körperliches Leiden. Die letzten Jahre seiner ministeriellen Tätigkeit, in denen seine sehnlichsten Hoffnungen und die Früchte seiner langjährigen staatlichen Tätigkeit durch den Krieg vernichtet worden waren, hatten seine Gesundheit stark erschüttert und ihm den Lebensmut genommen.

II.

Staatsmännische Tätigkeit [1].

Mit dem Januar 1862, d. h. mit der Ernennung M. von Reuterns zum Verweser des Finanzministeriums, beginnt seine eigentliche staatsmännische Tätigkeit [2]. Seine soliden theoretischen und praktischen Kenntnisse, die während seines verhergegangenen Dienstes durch mannigfache Abkommandierungen gefestigt worden waren, sowie seine hervorragenden natürlichen Fähigkeiten ließen ihn als den rechten Mann für einen so überaus verantwortungsvollen Posten erscheinen, auf dem ihm die beneidenswerte Aufgabe zufiel, die wirtschaftliche und finanzielle Erneuerung Rußlands durchzuführen. In alle Zweige dieser umfassenden Verwaltungen trug er neue, den leitenden Prinzipien der Regierung Alexanders II. entsprechende Bestrebungen hinein. Ein vollständiges Bild dieser mannigfaltigen Tätigkeit läßt sich in einer gedrängten Skizze nicht geben; der Verfasser hat sich daher auf die Hervorhebung der wesentlichsten

---

[1]) Verfasser dieses Kapitels ist Staatssekretär A. N. Kulomsin.

[2]) Als Quellen für diese Skizze haben außer persönlichen Erinnerungen gedient: die Staatseinnahmen- und Ausgabenbudgets für die Jahre 1862—1878; die Berichte des Reichskontrolleurs und der Staatsbank für dieselben Jahre. — Unsere Eisenbahnpolitik, nach den Dokumenten des Archivs des Ministerkomitees verfaßt unter der Redaktion des Staatssekretärs Kulomsin, Petersburg 1902. — P. P. Migulin, Unsere Bankpolitik, Charkow 1904. — P. P. Migulin, Unser Staatskredit. — Dokumente des Departements der direkten Steuern des Finanzministeriums.

Momente beschränkt. Wir werden im folgenden sehen, wieviel Schwierigkeiten Reutern auf dem Wege zu seinem Ziel, der Hebung der produktiven Kräfte Rußlands, zu überwinden, wie oft er nicht nur mit zufälligen Nebeneinflüssen, sondern auch mit den verantwortlichen Leitern der übrigen Ressorts zu kämpfen hatte. Wenn er trotzdem bei seinen wesentlichsten Unternehmungen unbestreitbaren Erfolg hatte, verdankte er das zwei Umständen: vor allem dem rückhaltlosen Vertrauen, das ihm Kaiser Alexander II. entgegenbrachte. Der Kaiser ließ Reutern im Verlauf der gesamten Amtstätigkeit als Finanzminister alle auf den Namen Seiner Majestät einlaufenden, auf die Staatswirtschaft bezüglichen Memoranden, Projekte und Vorschläge zur Begutachtung zugehen, bevor er ihnen weitere Folge gab. Sodann verdankte Reutern seine Erfolge den besonderen Eigenschaften seines Charakters, der methodischen und praktischen Art seines Geistes, der Beharrlichkeit, mit der er Schritt für Schritt an die Verwirklichung seines Planes ging, indem er geduldig die sich ihm entgegenstellenden Hindernisse überwand und sich durch keinen Mißerfolg beirren ließ, der Vorsicht bei der Durchführung der geplanten Maßregeln und der strengen Konsequenz bei Konflikten mit politischen Gegnern. Schreiber dieser Zeilen, einer der wenigen noch lebenden Zeugen der Sitzungen des Ministerkomitees jener Zeit, hat im Laufe eines Dezenniums die außergewöhnliche sachliche Beredsamkeit Reuterns, die Schnelligkeit, mit der er das Wesen der Einwendungen seiner Opponenten erfaßte, seine Gewandtheit in der Kontroverse, die eherne Logik, mit der er die Argumente seiner Gegner widerlegte, seine Gabe, die Zuhörer unter den Zauber seiner Persönlichkeit zu zwingen, beobachten können.

Gehilfen und Mitarbeiter Reuterns waren: G. N. Nebolssin, S. A. Greigh und P. J. Schamschin. Die einzelnen Ressorts der Finanzverwaltung standen unter K. K. Grot, J. J. Lamanski (unter beiden während der ganzen Zeit), Domontowitsch, Butowski und dessen Nachfolger Jermakow, Fürst D. A. Obolenski, Ziemssen und unter van der Vliet und D. F. Kobeko als den Chefs der gemeinsamen Kanzlei (unter Kobeko 13 Jahre hindurch).

Es war eine für die russischen Finanzen kritische Zeit, als Reutern ihre Verwaltung übernahm. Rufen wir sie ins Gedächtnis zurück, um die Tätigkeit dieses vertrauten Mitarbeiters Alexanders des Befreiers nach Gebühr zu würdigen. Die Summe der emittierten Kreditbillette, die vor dem Krimkriege bei einem Metallfonds von 123 Mill. Rub. in einem Betrage von 311 Mill. Rub. im Verkehr gewesen waren, war zum Jahre 1858 auf 735 Mill. Rub. angewachsen, während der Metallfonds auf 119 Mill. Rub. gesunken war. Die Metalldeckung, die vor dem Kriege 39,4 % betragen hatte, war also auf 16,2 % gesunken. Einer Allerhöchsten Willensäußerung zufolge, die bereits im Jahre 1855 veröffentlicht worden war, sollte man drei Jahre nach dem Friedensschlusse anfangen, die Kreditbillette allmählich aus dem Verkehr zu ziehen. Demgemäß wurde 1858 befohlen, Kreditbillette für 60 Millionen Rub. zu vernichten. Zum Jahre 1859 waren Kreditbillette für 90 Mill. Rub. aus dem Verkehr gezogen, dafür war aber der Metallfonds auf 99 Mill. Rub. gesunken. Trotz dieser so kritischen Valutaverhältnisse wurde zur Liquidation unserer früheren Hypothekeninstitutionen geschritten, wobei Einlagen im Betrage von 1012 Mill. Rub. aus ihnen hinausgestoßen wurden. Von ihnen bildeten 521 Mill. Rub. eine Schuld des Staatsschatzes an diese Institutionen und erforderten daher Deckung. Die Regierung vermehrte noch geradezu absichtlich ihre finanziellen Schwierigkeiten. Zur Deckung der 521 Mill. veranstaltete sie zwei Anleihen, eine 3 prozentige im Jahre 1859 und eine 4½proz. im Jahre 1860, im Betrage von 86 Mill. Rub. Metall, für die sie 69 Mill. Kreditrubel erhielt; ferner emittierte sie vierprozentige, ununterbrochen zinstragende Billette für 147 Mill. Rub.; 4proz. Schatzscheine für 15 Millionen, neue Kreditbillette für 69 Mill. Rub.; den Bankinstitutionen übergab sie 24 Mill. Rub. fiskalischer Kapitalien und 14 Mill.

Rub. fiskalischer Einlagen. Der Rest der Schuld des Staatsschatzes an die Kreditinstitutionen betrug 160 Mill. Rub. Die Kreditbillette, die man mit der einen Hand aus dem Verkehr gezogen hatte, wurden also mit der anderen Hand wieder herausgegeben.

Man überließ den Eisenbahnbau der „Großen Gesellschaft“ und erwartete davon einen Zufluß ausländischer Kapitalien nach Rußland. Es trat aber gerade das Gegenteil ein: die Ausländer teilten die Aktien zum Nominalpreise unter sich, verkauften sie darauf zum hochgetriebenen Kurswert an russische Kapitalisten, und die Differenz floß aus Rußland ins Ausland. Gleichzeitig stieg die Zahl der russischen Auslandreisenden von 17 000 im Jahre 1856 auf 275 000 im Jahre 1860. Die Ausgaben dieser Reisenden betrugen nach der Schätzung Skalkowskis (Les Ministres des Finances en Russie) 200 Mill. Rubel jährlich. Alles dies hatte zur Folge, daß in den Jahren 1858—61 von den Summen des Fiskus 81 Mill. Rub. zur künstlichen Aufrechthaltung des Wechselkurses verbraucht wurden, der trotzdem in dieser Zeit von 8,94 % auf 11,6 % unter pari sank. Dementsprechend stieg das Silberagio von 9,73 % auf 14,65 % (im Durchschnitt). Endlich schwächte auch die Agrarreform das Vertrauen der europäischen Börsen zu unseren Finanzen, und zu allem dem fand unmittelbar vor der Ernennung Reuterns die ausländische Reise des damaligen Direktors der Kreditkanzlei Hagemeister statt, der durch sein pessimistisches Gerede über die Armut Rußlands eine Panik unter den ausländischen Bankiers hervorrief, zu Hause aber zu beweisen suchte, daß wir unmittelbar vor einem Staatsbankerott ständen.

Was die wirtschaftliche Lage Rußlands betrifft, so hatte der von Tengoborski ausgearbeitete und im Jahre 1857 eingeführte freihändlerische Zolltarif unserer Fabrikindustrie und damit auch der nationalen Arbeit einen schweren Schlag versetzt, was zweifellos auch auf unsere Handelsbilanz einwirkte. An Schienenwegen besaß Rußland zur Zeit des Amtsantritts Reuterns 1954 Werst für den

Verkehr eröffneter und 1117 Werst im Bau begriffener Eisenbahnlinien. Südlich von Moskau gab es nur die Anfangsstrecke der Rjasaner Bahn. Die Nishni Nowgoroder Bahn war im Bau. Die Zeitgenossen erinnern sich an den Schmerz, der das Herz eines jeden Russen ob der Mißerfolge erfüllte, mit denen Rußland damals für seine Zurückgebliebenheit in der Bewaffnung und im Verkehrswesen hatte büßen müssen: man braucht nur daran zu denken, daß die Geschosse mit Postpferden von Lugansk nach Sewastopol geschafft wurden und daß diese Geschosse dann wegen der geringen Tragkraft der Kanonen, für die sie bestimmt waren, den Feind nicht erreichten. Von der Eisenindustrie kann man sagen, daß sie so gut wie gar nicht existierte, denn die Uralischen Fabriken waren durch die Bauerreform erschüttert, die ihnen die unentgeltliche Arbeitskraft genommen hatte, und im europäischen Rußland gab es fast gar keine Eisenwerke, wenn man von den kleinen Hüttenwerken des Moskauer Rayons, die das dortige Sumpfeisenerz verarbeiteten, von der Fabrik des Herzogs von Leuchtenberg in St. Petersburg, den Staatswerken in Olonez und einigen Fabriken des Zartums Polen absieht. Unser Süden stellte damals eine einzige große Grassteppe vor. Seit der Inhibierung der Bankoperationen unserer Fürsorgebehörden und der Leihkassen der Mündelkonseils war Rußland ohne Hypothekenkredit.

Abgedruckt sind weiter unten zwei Dokumente, die sich unter den hinterlassenen Papieren M. v. Reuterns gefunden haben. Es ist schwer zu bestimmen, welches von ihnen für die Finanzgeschichte Rußlands die größere Bedeutung hat. Das erste ist ein Memorandum, das dem Kaiser am 16. September 1866 überreicht wurde und im Beisein Seiner Majestät im Ministerkonseil zur Prüfung gelangte. Einwendungen gegen die finanziellen Maßregeln Reuterns, die dem Kaiser zu Ohren gekommen waren, und, wie Reutern selbst sagt, gegen ihn gerichtete Intriguen gaben den Anlaß zu diesem Memorandum. Es enthält dann auch eine Darlegung des Planes Reuterns, der auf die Wiederherstellung der durch den Krimkrieg zerrütteten finanziellen und wirtschaftlichen Verhältnisse Rußlands gerichtet war. Der Plan läßt sich folgendermaßen zusammenfassen:

1. Abschaffung des uneinlöslichen Papiergeldes, dieses fressenden Geschwürs am russischen Wohlstande, das sowohl unseren Warenaustausch mit dem Auslande ungünstig beeinflußt als auch den Zufluß ausländischer Kapitalien hindert, deren wir als ein an freien Kapitalien armes Land bedürfen.

2. Aufbesserung unserer Handelsbilanz durch Herabsetzung unserer Ausgaben und Regierungsbestellungen im Auslande; Verringerung des Imports ausländischer Waren und Hebung unseres Exports.

3. Schaffung eines möglichst dichten Netzes von Eisenbahnen, auf denen der Hauptgegenstand unserer Ausfuhr, das Getreide, an die Grenze gebracht werden kann.

4. Einstellung des staatlichen Eisenbahnbaues; der Eisenbahnbau ist der privaten Initiative, die von der Regierung nur unterstützt werden soll, zu überlassen. Zur Hebung unseres Kredits war es nach der Ansicht Reuterns überaus wichtig, daß die Regierung nur im Falle dringender staatlicher Bedürfnisse zu Anleihen ihre Zuflucht nahm, da es ein ganz anderes Ding ist, ob private Eisenbahngesellschaften den ausländischen Kredit in Anspruch nehmen oder die Regierung sich mit immer neuen Anleihen belastet, sei es auch zu produktiven Zwecken.

5. Möglichste Reduzierung der Staatsausgaben, unbedingte Herstellung des Gleichgewichts im Budget, da, wie es im Memorandum heißt, „die jährlich wachsende Ablenkung der Kapitalien von produktiven Unternehmungen durch ihre Verwandlung in Ressourcen des Staatsschatzes die Hauptursache unserer wirtschaftlichen Desorganisation ist.“

6. Einige Abänderungen im Zolltarif zwecks Einschränkung des Schmuggels, wobei jedoch der dem einheimischen Gewerbfleiße gewährte Schutz keineswegs abzuschwächen ist.

7. Beseitigung der Budgetüberschreitungen und Festsetzung der unabänderlichen Regel, daß die einzelnen Minister über ihre Forderungen nicht ohne vorherige Rücksprache mit dem Finanzminister Seiner Majestät Vortrag halten sollen.

Der Name Reuterns war im Auslande bereits so bekannt, daß ihm die ausländischen Bankiers schon einige Tage nach seiner Ernennung ihre Dienste anboten. Das gab Reutern die Möglichkeit, zu Beginn des Jahres 1862 eine Anleihe von 15 Millionen Pfund Sterling abzuschließen, um eine allmähliche Einlösung der Kreditbillette ins Werk zu setzen. Leider wurden gleich bei der Ankündigung der Einlösung im voraus die Termine genannt, an denen die Kreditbillette zu allmählich ansteigenden Preisen der Einlösung unterlagen. Das gab den Spekulanten die Möglichkeit, sich zu einem niedrigen Preise in den Besitz von Kreditbilletten zu setzen und sie dann zu einem höheren zur Einlösung vorzustellen. Es begann eine wilde Spekulation mit unseren Kreditbilletten. Gleichzeitig forderte der polnische Aufstand eine neue zeitweilige Emission von Papiergeld zur Bestreitung der Ausgaben des Feldzuges. Der Plan Reuterns konnte nicht verwirklicht werden, der Kurs sank wieder, und als die Einlösung im November 1863 eingestellt wurde, betrug der Metallfonds nur 55,7 Mill. Rub. bei 636,5 Mill. Rub. Kreditbilletten; mit anderen Worten — der Goldfonds betrug nur 8,7 % der Summe der emittierten Kreditbillette.

* * *

Die erste Aufgabe Reuterns war es, unser Budget sowohl formell als materiell in Ordnung zu bringen. In formeller Hinsicht wurde vor allem die durch nichts berechtigte, unseren Kredit außerordentlich schädigende Geheimnistuerei beseitigt. Dieser Entschluß wurde schon im Dezember 1861 im Finanzkomitee unter dem unmittelbaren Einfluß Reuterns gefaßt, der damals die Geschäfte dieser

Institution leitete. Es ist kaum zu glauben, daß die Staatsbudgets, die in Westeuropa schon seit Beginn des 18. Jahrhundert, in einzelnen Staaten sogar seit längerer Zeit, zur öffentlichen Kenntnis gebracht wurden, bei uns noch bis 1862 als Staatsgeheimnis behütet wurden. Reutern hat nun gemeinsam mit dem Reichskontrolleur Tatarinow und dem Präsidenten des Departements für Staatsökonomie Tschewkin die Regeln für die Aufstellung und Bestätigung der jährlichen Kostenanschläge und des Staatsbudgets ausgearbeitet, Regeln, die bis heute Gesetzeskraft besitzen. Das Budget des Jahres 1863 wurde bereits nach dem neuen Modus geprüft, aber erst im Mai bestätigt. Gleichzeitig erfolgte der Allerhöchste Befehl, Maßregeln zu treffen, daß das Budget fürderhin unbedingt zu Neujahr veröffentlicht werde. Tatsächlich war das nicht so leicht zu erreichen. Trotz alles Dringens des Finanzministers und des Reichsrats stellten einzelne Ressorts ihre Kostenanschläge so spät vor, daß das Budget des Jahres 1864 wieder erst im Mai bestätigt wurde. Das Budget für 1865 konnte im Dezember 1864, das für 1866 am 18. Januar desselben Jahres bestätigt werden, aber die Budgets für 1867 und 1868 gelangten wieder erst im März zur Bestätigung. Seit 1869 erhält das Staatsbudget am 31. Dezember des vorhergehenden Jahres die Allerhöchste Sanktion (eine Ausnahme bildet nur ein einziges Jahr, wo die Bestätigung am 2. Januar erfolgte). So blieb es bis zur Einführung unserer repräsentativen Institutionen, wo die seit 36 Jahren bestehende Ordnung wieder gestört wurde.

Mit besonderer Energie machte sich Reutern an die materielle Regelung des Budgetwesens. Vor allem mußte darauf bestanden werden, daß die Ressorts wirklich die gesamte Summe der staatlichen Einnahmen und Ausgaben anzeigten, was erst nach hartnäckigem Kampfe und nur allmählich gelang. Ferner war sich Reutern vollkommen klar darüber, daß an eine Festigung unseres Kredits nicht gedacht werden konnte, solange die Beseitigung der chronischen Defizite nicht gelungen war. Auch dieses Werk gelang ihm nicht sofort, zumal unsere Budgets damals an einer anderen schweren Krankheit litten — den im Kostenanschlag nicht vorhergesehenen Ausgaben, die sowohl mit wie ohne Mitwirkung des Ökonomiedepartements gestattet wurden. Sie betrugen im Jahre 1867 — 24½, 1868 — 28, 1869 — 31, 1870 — 30 und 1871 — 37½ Mill. Rub. Eine besonders große Gefahr für den Staatskredit erblickte Reutern in dem Streben einzelner Minister, sich bestimmte Summen ohne Rücksprache mit dem Finanzminister oder gar im Gegensatze zu dessen Gutachten zu erbitten. In dieser Veranlassung erfolgte im Herbst 1865 ein in entschiedenen Ausdrücken gehaltener Allerhöchster Befehl, und als auch dieser nichts half, stellte Reutern diese Forderung im September 1866 in ganz kategorischer Form in dem oben erwähnten Memorandum. Die Folge der Prüfung des Memorandums, die im Beisein Seiner Majestät erfolgte, war das an die Minister gerichtete Verbot, sich Kredite ohne vorherige Rücksprache mit dem Finanzminister zu erbitten, und der allgemeine Allerhöchste Befehl, alle Kredite der einzelnen Ministerien zu reduzieren. Trotzdem fanden die Minister stets neue Vorwände, um außerordentliche Kredite zu verlangen, und die Staatsausgaben wuchsen unaufhaltsam. Bei der Ausführung der Einnahmen- und Ausgabenbudgets des Staates ergaben sich infolgedessen nach den Berichten des Reichskontrolleurs folgende faktische Defizite im Ordinarium:

Im Jahre	Rub.
1862	34 854 444
1863	40 181 441
1864	90 344 144
1865	54 475 133
1866	53 277 826
1867	9 934 947
1868	10 245 227

Dann beginnt eine Periode der Überschüsse:

Im Jahre	Rub.
1869	1 434 892
1870	5 375 035
1871	18 220 983
1872	4 543 817
1873	3 289 750
1874	17 706 306
1875	48 904 542

Das Gesamtbudget, das sich im Jahre 1863 auf 347 865 360 Rub. belaufen hatte, balancierte im Jahre 1878 mit 600 398 425 Rub.

* * *

Den größten Einfluß auf die Hebung des russischen Volkswohlstandes wie auf die Erreichung einer für uns günstigen Handelsbilanz im Warenaustausch mit dem Auslande erwartete Reutern von der raschen Entwickelung unseres Eisenbahnnetzes. Er legte ein ganz besonderes Gewicht darauf, die fruchtbarsten Gebiete unseres Vaterlandes den Absatzmärkten unseres Hauptausfuhrartikels, des Getreides, näher zu bringen. Die Aufgabe war durchaus nicht leicht. Generalleutnant Melnikow, dessen Ernennung zum Verkehrsminister in demselben Jahre erfolgte wie diejenige Reuterns, gab in einem seiner alleruntertänigsten Berichte nachstehendes Bild von der damaligen Sachlage: „Der traurige Ausgang des umfassenden Unternehmens der „Großen Gesellschaft" hat auf die Zukunft unseres Eisenbahnbauwesens einen sehr ungünstigen Einfluß ausgeübt. Die Bankiers, die die genannte Gesellschaft gründeten, und die französischen Ingenieure, die die Petersburger und Nishni Nowgoroder Linie bauten und uns nach Empfang großer Prämien verließen, haben in Europa die übertriebene Vorstellung verbreitet, daß der Eisenbahnbau in Rußland maßlos teuer sei und die Exploitation infolge der klimatischen Verhältnisse und des geringen Wertes der voluminösen Gegenstände des Transports nicht vorteilhaft sein könne. Sie ließen das Unternehmen unbeendigt mit Prozentzahlungen und einer gewaltigen Schuld (etwa 80 Mill. Rub.) belastet. Dazu kam noch, daß eine bedeutende Zahl der Kunstbauten infolge ihrer unbefriedigenden Ausführung des Umbaus bedurften. — So schädigten sie die weiteren Unternehmungen und schwächten den Kredit unserer Eisenbahnen auf den Hauptmärkten Europas. Dazu kam noch das bedeutende Sinken unseres Kurses und die unruhige Stimmung vor dem Ausbruch des polnischen Aufstandes von 1863."

Im Jahre 1862 war aber ein neues Eisenbahnnetz in einer Gesamtausdehnung von 4510 Werst projektiert worden. Dazu gehörten folgende Linien: die Südbahn von Moskau nach Tula, Orel, Kursk, Charkow, Jekaterinosslaw und Sewastopol; die Ostbahn von Orel über Tambow bis Saratow; die Westbahn von Orel über Smolensk und Witebsk bis Dünaburg (die Riga-Dünaburger Bahn war 1862 für den Verkehr eröffnet worden) und von Riga bis Libau; die Südwestbahn von Odessa über Kiew und Tschernigow bis zur Vereinigung mit der Westbahn in der Nähe von Bajansk; die Südostbahn von Jekaterinosslaw bis zu den Bergwerken von Gruschew. Infolge der schwierigen finanziellen Verhältnisse konnte man bei der Verwirklichung dieses Eisenbahnnetzes weder auf die Mittel der Regierung noch auf private russische Kapitalien rechnen. Es blieb nichts übrig, als ausländische Kapitalien heranzuziehen, und Reutern erwirkte daher zusammen mit Melnikow den Allerhöchsten Befehl, daß fernerhin die Konzessionen nicht für das ganze Eisenbahnnetz, wie es bei der „Großen Gesellschaft" der Fall gewesen war, sondern für einzelne Linien, ja sogar für einzelne Strecken ausgedehnter Linien gegeben werden sollten und daß man außerdem „zu größerer Ermutigung der Unternehmer möglichst günstige Bedingungen für die Eisenbahngesellschaften in den Konzessionen zu gewähren habe."

Bei der Ausführung dieses Allerhöchsten Befehls wurden

nachstehende Konzessionen vergeben: am 19. März 1863 erhielt eine englische Gesellschaft die Konzession für die Linie Dünaburg—Witebsk auf 85 Jahre zu einem Preise von 80 250 Rub. Kredit pro Werst und unter einer Garantie von $5^{1}/_{12}$ %; englische Bankiers erhielten weiterhin die Konzession für die Linie Moskau—Sewastopol auf 99 Jahre zu 121 000 Rub. pro Werst und einer Garantie von $5^{1}/_{24}$ %, wobei versprochen wurde, Sewastopol zu einem Freihafen zu machen und der Gesellschaft im Donezbassin dem Staate gehörige Grundstücke zur Anlage von Steinkohlenbergwerken zu überlassen. Zum Bau der von Kiew nach dem Süden führenden Linie wurde im März 1863 eine Gesellschaft konzessioniert, an deren Spitze der Generaladjutant Graf Baranow stand, wobei der Preis pro Werst auf 85 000 Rub. festgesetzt und eine Garantie von 5 % bei entsprechender Tilgung vereinbart wurde. Von den drei Gesellschaften kam nur die erste zustande, und die Bahn nach Witebsk wurde im Jahre 1866 eröffnet. Die beiden anderen kamen trotz der ihnen gewährten außerordentlichen Vergünstigungen nicht zustande.

Die Mißerfolge bei der Verwirklichung dieser beiden Bahnen, die mit Recht als die Hauptarterien unseres Binnenverkehrs angesehen wurden, veranlaßten Reutern, zeitweilig dem Drängen Melnikows nachzugeben und zum Bau zweier Staatsbahnlinien zu schreiten. Melnikow wollte nämlich dadurch, daß die Hauptlinien möglichst wohlfeil von der Krone gebaut wurden, das im Auslande hinsichtlich der Kostspieligkeit der russischen Bahnen bestehende Vorurteil zerstreuen. So wurde der Bau der Strecke Kiew-Balta (259 Werst) dem Baron Ungern-Sternberg [1]) übertragen, dem vier Arbeiterkompagnien zu 550 Mann zur Verfügung gestellt wurden. Ungern-Sternberg wurde hierauf auch mit dem Bau der Strecke Balta-Jelissawetgrad (244 Werst) betraut, und ebenso wurde der Bau der von Moskau in der Richtung

[1]) Konstantin Baron Ungern-Sternberg war von 1854 bis 1857 Estländischer Ritterschaftshauptmann.

auf Kursk führenden Bahn Regierungsingenieuren übertragen. Die Voraussetzungen Melnikows erwiesen sich als richtig: die Moskau-Kursker Bahn (502 Werst) kostete im Durchschnitt 62 000 Rub. Kredit pro Werst, die Strecke Balta-Jelissawetgrad 40 338 und die Strecke Odessa-Balta 74 743 Rub. Kredit pro Werst. Gleichzeitig wurde am 9. Oktober 1864 die Konzession für die Warschau-Terespoler Bahn an L. Kronenberg vergeben. Dieser Bau kam pro Werst 52 850 Rub. Metall zu stehen.

In diese Zeit fällt das Angebot von Derwies', die Fortsetzung der Rjasaner Bahn bis Koslow — im ganzen 197 Werst — zu bauen. Obwohl im allgemeinen Plane die Richtung auf Morschansk vorgesehen war, ging die Regierung auf die vorgeschlagene Abänderung ein. Anfangs legte von Derwies einen Antrag des englischen Staatssekretärs für Indien Laing vor, der die Zahlung eines bestimmten Prozentsatzes vom Baukapital — unabhängig davon, ob die Bahn mit der Zeit einen Ertrag abwerfe oder nicht — verlangte, aber dieser Antrag wurde von Reutern verworfen, weil auf diese Weise die Bahn gleichsam mit Mitteln erbaut worden wäre, die durch eine ausländische Anleihe beschafft waren. Der Mißerfolg entmutigte den unternehmenden von Derwies nicht, und deutsche Kapitalisten erwiesen sich als zugänglicher; ihnen schlossen sich dann auch englische an. Die Konzession wurde am 14. März 1865 auf 81 Jahre zum Betrage von 91 158 Rub. Kredit pro Werst, einschl. Kapitalbeschaffung, mit einer Garantie von 5 % Aktien- und Obligationendividende und ½ % Amortisation gewährt; $^2/_3$ des Kapitals in Obligationen, $^1/_3$ in Aktien. Trotz des hohen Preises wurden von der Regierung keine Einwendungen gemacht, da Reutern in Derwies einen gewandten Geschäftsmann schätzte, der ein Werk zu Ende zu führen wußte. Immerhin wurde von ihm noch vor der endgültigen Entscheidung die Zusicherung verlangt, daß alle Papiere der künftigen Gesellschaft plaziert werden würden. Die Konzession erwies sich als so vorteilhaft, daß die meisten Obligationen binnen kurzem untergebracht waren und der Bau dereBahn von dem Erlös bestritten wurde. Alle Aktien im Nominalwerte von 2 600 000 Rub. und ein Teil der Obligationen blieben in von Derwies' Händen und bildeten den Reingewinn vom Bahnbau. Die Bahn wurde im Jahre 1866 eröffnet und gab nicht nur vom ersten Jahre an einen Ertrag, sondern ließ auch die Einkünfte und den Wert der Aktien der Moskau-Rjasaner Bahn bedeutend steigen. Diese Umstände gaben Reutern die Möglichkeit, in seinem alleruntertänigsten Bericht über das Budget des Jahres 1869 zu erklären: „Die im Jahre 1866 eröffnete Rjasan-Koslower Bahn ist der erste von unseren Schienenwegen, der in die reichen Getreidegegenden eindringt. Die erstaunlichen Resultate des Betriebes haben gleichsam vom Eröffnungstage an gezeigt, was man für das Land und ebenso auch für die Unternehmer von Eisenbahnen erwarten kann, die die fruchtbaren Gegenden mit den Märkten verbinden."

Mit der Konzessionierung der Rjasan-Koslower Bahn hatte tatsächlich die Periode der Mißerfolge beim Suchen nach Konzessionären ihr Ende erreicht. Die Angebote kamen von allen Seiten, und es begann nun ein hartnäckiger Kampf mit unbescheidenen Anforderungen der Aspiranten. An der Spitze der Regierungsvertreter, die damals auf der Wacht der Staatsinteressen standen, befand sich der Generaladjutant K. W. Tschewkin [1]), und eine zuverlässige Stütze waren ihm Reutern und Melnikow. Trotz der Verschiedenheit ihrer Ansichten über die prinzipielle Frage, ob der private oder der staatliche Eisenbahnbau vorzuziehen sei, gingen sie stets einmütig vor, sobald es sich um den Schutz der Reichskasse und des Staatskredits handelte. Fremden Einflüssen unzugänglich, haben diese drei Männer Rußland gute Dienste geleistet, indem sie vor dem Kaiser jene geschickten Manöver enthüllten, durch die die Eisenbahnspekulanten die Regierung in ihre Netze zu ziehen suchten.

---

[1]) Präses des Ökonomiedepartements des Reichsrates.

Kaiser Alexander II. wiederum übergab mit erstaunlicher Geduld alle komplizierten Fragen der Eisenbahnwirtschaft nach ihrer Prüfung im Ministerkomitee dem damaligen Ministerrat, dessen Sitzungen unter seinem persönlichen Präsidium stattfanden. Hier hörte er die langwierigen Debatten an, die nicht selten zwei- und dreimal denselben Gegenstand betrafen. Seine Entscheidungen neigten gewöhnlich einer möglichst vorsichtigen Eisenbahnpolitik zu; auch er war gegen die Übernahme allzu schwerer Verpflichtungen seitens des Fiskus.

Einen entscheidenden Einfluß im Sinne einer Vorherrschaft des privaten Eisenbahnbaus übte die im Frühling 1865 vom Kaiser gebildete Kommission aus, die den Bericht Melnikows über die Verwaltung des Verkehrsressorts in den Jahren 1862—1863 zu prüfen hatte. Sie stand unter dem Präsidium K. W. Tschewkins und hatte zu Mitgliedern P. A. Walujew, den Staatssekretär N. A. Miljutin, den Minister der Post und der Telegraphen Oberhofmeister Grafen Tolstoi und den Reichssekretär Butkow. Diese Kommission ging von der These aus, daß ein möglichst schneller Eisenbahnbau unaufschiebbar sei. „Je länger wir hierin zaudern," heißt es in dem Protokoll der Kommission, „desto mehr werden wir hinter Westeuropa zurückbleiben, desto weniger werden wir imstande sein, unsere Landwirtschaft zu entwickeln, ja auch nur vor dem Verfall zu bewahren. Die ungenügende Entwickelung unseres Eisenbahnnetzes gefährdet die Einheit und Integrität des Staates. Ganz abgesehen von der strategischen Wichtigkeit der Eisenbahnen für den Fall eines auswärtigen Krieges, kann die Regierungsgewalt nur mit Hilfe dieser das Zentrum des Reiches mit der Peripherie verbindenden Verkehrsmittel jenen partikularistischen Bestrebungen entgegenwirken, die die Grundlagen der Reichseinheit untergraben und ins Schwanken bringen". Hierbei wies N. A. Miljutin auf die Gefahr hin, der Rußland während des polnischen Aufstandes von 1863 ausgesetzt war. Wäre nicht damals die Petersburg—Warschauer Bahn eröffnet gewesen, so hätte der Aufstand nicht so leicht unterdrückt werden können. Die Aufständischen hätten die Rolle einer kriegführenden Partei spielen können, und die uns feindlich gesinnten westeuropäischen Mächte wären imstande gewesen, sie in der Hoffnung auf unsere ungenügende Mobilisierungsfähigkeit mit den Waffen zu unterstützen. Miljutin äußerte die Ansicht, daß Rußland in den nächsten zehn Jahren nicht weniger als 5000 Werst Eisenbahnen bauen müsse, „um jene traurigen Folgen abzuwenden, die oben erwähnt wurden und die bei einer Verzögerung dieses Werkes unvermeidlich eintreten werden.“ So bescheiden waren die damaligen pia desideria. Im Bau befanden sich damals folgende Bahnen: Moskau—Orel (362 Werst), Balta—Jelisawetgrad (244 Werst), Witebsk—Dünaburg (242 Werst) und Rjasan—Koslow (196 Werst), im ganzen 1044 Werst zu den bereits dem Verkehr eröffneten 3551 Werst. Die Kommission nahm den Antrag Miljutins an und wies auf die Notwendigkeit hin, einerseits Moskau mit Kursk, Charkow, Kiew, Odessa und der Krim und ebenso auch mit Saratow, andererseits Kiew mit Balta und der galizischen Grenze und Orel über Witebsk mit Libau zu verbinden. Nach dem Studium der Geschichte des ausländischen Eisenbahnbaus gelangte die Kommission zum Schluß, daß die Perioden des privaten Eisenbahnbaus stets mit denen der Entwickelung des Eisenbahnnetzes zusammengefallen seien. Sie sprach sich dahin aus, daß „die Erreichung des vorgesteckten Zieles unvermeidlich mit pekuniären Opfern verknüpft sei, aber notwendigerweise bei der Abtretung der Linien an private Gesellschaften die öffentlichen Interessen gewahrt werden müßten und die Regierung sich die gehörige Aufsicht über die Gesellschaften und den Einfluß auf sie zu sichern habe.“

In Verbindung mit dem Eisenbahnbau wurden am Ende des Jahres 1865 auf Initiative Reuterns die Ausgaben für die Erbauung von Staatsbahnen und für die Unterstützung der privaten Gesellschaften von den ordentlichen Staatsausgaben abgesondert und zu diesem Zweck ein spezieller Eisenbahnfonds gebildet, über den gesondert Rechnung geführt werden sollte. Wie sehr diese Ausgaben bereits die Staatsrentei belasteten, ersieht man daraus, daß die Zahlungen des Staates auf Grund der den Privatbahnen geleisteten Garantie zum 1. Januar 1866 bereits 32 972 533 Rub. betrugen, von denen nur 1 855 728 Rub. von den Gesellschaften ersetzt wurden. Zum Zweck des Eisenbahnbaus hatte Reutern den Summen der Ersten Inneren Prämienanleihe des Jahres 1864, die eigentlich zur Unterstützung der Operationen der Staatsbank abgeschlossen war, bereits 27 075 650 Rub. entlehnt. Diese Summe wurde aus dem Erlös der Zweiten Inneren Prämienanleihe des Jahres 1866 ihrer ursprünglichen Bestimmung wieder zugeführt, und außerdem wurden von der zweiten Anleihe 44887959 Kop. für den Eisenbahnfonds bestimmt. Der Fonds bedurfte bald einer weiteren Kräftigung; in seinem alleruntertänigsten Bericht vom 3. Februar 1867 meldete Reutern, „zur Beendigung der im Bau begonnenen Staatseisenbahnen seien außer den im Budget für 1867 bereits ausgeworfenen 30 Mill. Rub. noch 90 Mill. Rub. notwendig, deren Realisation auf drei Jahre verschoben werden könne". „Man kann es", schreibt Reutern, „nicht als eine gesunde Finanzpolitik bezeichnen, wenn die Reichsdomänen, als welche die Staatseisenbahnen erscheinen, auf Kosten der ständig wachsenden Staatsschuld vermehrt werden; auch hat die bloße Möglichkeit der Anleihen ihre Grenzen." „Unter solchen Umständen", heißt es weiter in dem Bericht, „ist der Finanzminister verpflichtet, auf den richtigsten und, seiner Meinung nach, sogar einzigen Ausweg hinzuweisen: den Staatsbahnen die zur Anlage weiterer Schienenwege notwendigen Mittel zu entnehmen und ganze Linien oder fertige Strecken von Linien allmählich zu verkaufen."

Hierzu wurde Reutern durch die Finanzkrisis veranlaßt, die in den Jahren 1865—66 nicht nur bei uns, sondern auch in Westeuropa ausgebrochen war. Die ständigen Emissionen von Loskaufpapieren, die nach der Aufhebung der Leibeigenschaft bei uns begannen, die beiden inneren Anleihen, die rasch aufeinander folgten, die auf allen Gebieten der Staatsverwaltung begonnenen, außerordentliche Ausgaben erheischenden Reformen und die uns feindliche Stimmung der ausländischen Geldmärkte führten dahin, daß der Rubelkurs im Jahre 1866 unerhört tief sank — auf 68 Kopeken. Die beiden englisch-holländischen Anleihen der Jahre 1864 bis 66 konnten, zusammen genommen, nicht höher als zu $83^3/_7$ % untergebracht werden; an der Petersburger Börse sank unsere 6 proz. Anleihe, die noch im Jahre 1864 zu $105\frac{1}{2}$ kotiert wurde, im Jahre 1866 bis $93^3/_4$ %; die Loskaufscheine der Gutsbesitzer wurden zu 60 % (selten zu 75—80 %) ihres Nominalwertes angenommen; selbst die inneren Prämienanleihen hatten nicht den Erfolg, auf den die Regierung bei ihrer Emission gerechnet hatte. Diese Umstände waren es, die den Finanzminister auf den Gedanken des Verkaufs der Nikolaibahn brachten, um einen besonderen Eisenbahnfonds zu bilden. Der Beschluß wurde auch im Prinzip auf der Sitzung des Finanzkomitees vom 29. September 1866, im persönlichen Beisein des Kaisers, gefaßt.

Mit dem Jahre 1867 begann bei uns ein wahres Eisenbahnfieber, das bis in die Mitte der 70er Jahre dauerte. In der Gesellschaft bürgerte sich die Überzeugung ein, daß jeder, der zu einer Konzession gelange, ein großes Vermögen verdienen müsse, und nicht nur bei den Vertretern der Handelswelt, sondern auch in anderen Gesellschaftschichten, die bis dahin mit dem Eisenbahnbau nichts zu tun gehabt hatten, machte sich das Streben geltend, sich in der einen oder anderen Weise an ihm zu beteiligen. Überhaupt wies diese ganze Epoche, die uns ein Eisenbahnnetz von 20 000 Werst gegeben hat, dieselben Schattenseiten auf wie die Eisenbahnfieber-Perioden Westeuropas, nur mit dem Unterschiede, daß bei uns die Regierung, die die Realisierung der zinstragenden Eisenbahnpapiere unter ihre Aufsicht genommen hatte, derartige Mißbräuche bei der Emission dieser

Papiere, wie sie die Geschichte des westeuropäischen Eisenbahngründertums in reicher Fülle aufweist, nicht zuließ. Immerhin hielt sich der Preis pro Werst noch einige Zeit hindurch auf einer außerordentlichen Höhe.

So wurden im Jahre 1867 Konzessionen gewährt: der Jelezer Landschaft für die Jelez-Grjasische Bahn (103 Werst) mit einer Garantie von $5^1/_{10}$ % zu 84 781 Rub. Kredit pro Werst; der Oreler Landschaft für die Orel-Witebsker Bahn (488 Werst) zu 75 965 Rub. Metall, d. h. etwa 90 000 Rub. Kredit, pro Werst, mit einer absoluten Garantie von $5^1/_{10}$ %, gerechnet von der Zeit der Emission der Papiere; für die Riga—Mitauer Bahn (40 Werst) zu 78 336 Rub. Kredit bei einer Garantie von $5^1/_{12}$ %; für die Schuja-Iwanowo-Bahn (84 Werst) zu 64 952 Rub. Kredit. Endlich erhielten Baronet Parkins und Power die Konzession für die Poti—Tifliser Bahn (289) zu 61 930 Rub. Metall pro Werst. Zu dieser Kategorie von Konzessionen ist noch der im Jahre 1868 mit Sam. Sal. Poljakow geschlossene Kontrakt über den Bau der von Kursk über Charkow nach Rostow führenden Bahn mit einer Zweiglinie bis Taganrog (im ganzen 763 Werst) zu 68 000 Rub. Metall pro Werst zu rechnen. Poljakow wurde dabei das Recht gewährt, zur Exploitation der Bahn eine Aktiengesellschaft zu gründen, der die gewöhnliche Garantie versprochen wurde.

Bis dahin wurde in alle Konzessionen die Bedingung der zollfreien Einfuhr von Schienen und rollendem Material aus dem Auslande aufgenommen. Anders konnte es auch nicht sein, da der Eisenbahnbau keinen Aufschub duldete. Seiner leitenden Idee getreu, die produktiven Kräfte Rußlands zu heben, richtete jedoch Reutern im Jahre 1866 eine Eingabe an Seine Majestät, in der wir folgenden Passus finden: „Ew. Majestät ist meine Überzeugung bekannt, daß die Entwickelung der Schienenproduktion und einiger anderen Zweige der Metallfabrikation eine der vitalen Bedingungen der künftigen finanziellen und wirtschaftlichen Wohlfahrt Rußlands bildet. Ich spreche auch von der finanziellen Wohlfahrt, weil die allmähliche, aber nach Möglichkeit sofort anzustrebende Entwickelung der Produktion von Schienen, stählernen und gußeisernen Kanonen, Panzerplatten usw. jenen schweren Tribut der Zahlungen ans Ausland erleichtern wird, der jetzt auf unseren Wechselkurs und unseren Staatskredit drückt. Man kann gewiß mit dem Eisenbahnbau nicht so lange warten, bis sich unsere Schienenproduktion genügend entwickelt hat, ebenso klar ist es aber auch, daß sich unsere metallurgische Industrie nicht entwickeln kann, solange für alle unsere Eisenbahnen Schienen verwendet werden, die zollfrei aus England eingeführt sind." In weiterem Verfolg dieses Gedankens führte Reutern aus, man müsse die Gründung von Schienenwalzwerken vor allem dadurch fördern, daß man den Schienentransport speziell auf denjenigen Bahnen begünstige, die durch für die Entwickelung der Schienenproduktion günstige Gegenden führen, wie durch den Ural und das an Steinkohlen und Erz reiche Bachmutsche Bassin. Dieses Memorandum gelangte im Beisein des Kaisers im Ministerrat zur Besprechung, und am 19. Februar 1866 erschien ein Allerhöchster Befehl über die Förderung solider Privatgesellschaften zur Anlage von Schienenwalzwerken in Südrußland. Am 6. Oktober desselben Jahres verkündete Reutern einen Allerhöchsten Ukas, demzufolge sowohl das Kriegsministerium als auch das Verkehrsressort und andere Ressorts nach dem Beispiele des Marineressorts sämtliche Bestellungen trotz aller Schwierigkeiten und Unbequemlichkeiten im Lande selbst machen sollten.

Zur Durchführung dieser kaiserlichen Willensäußerungen wurden sukzessive Maßregeln zur Entwickelung unserer Schienen-, Lokomotiven- und Waggonproduktion getroffen. Schienen wurden bis dahin nur in den Demidowschen Werken im Ural und in der Putilowschen Fabrik zu St. Petersburg erzeugt (in der letzteren aus alten Schienen). Jetzt verpflichtete man Poljakow, eine Fabrik zu bauen und zur Erzeugung von Schienen zu schreiten. Diese Fabrik wurde jedoch nicht gebaut, und im Jahre 1872 ward die Kaution von 500 000 Rubeln, die Poljakow geleistet hatte, ihm wieder zurückgezahlt. Statt dessen schloß der Engländer Hughes im Jahre 1869 mit der Regierung einen Kontrakt, in dem er sich verpflichtete, in Südrußland eine Fabrik zu bauen und in ihr jährlich 1 500 000 Pud Schienen herzustellen. Er erhielt ein Darlehen von 500 000 Rub. auf 37 Jahre unter den üblichen Bankbedingungen. Dann gründeten Gubonin und Golubew die Fabrik in Brjansk. Alle erwähnten Fabriken erhielten Regierungsbestellungen, und dank diesem Umstande betrug ihre Gesamtproduktion an Schienen in den Jahren 1869 bis 1874 13 865 000 Pud. Wie wenig das aber im Vergleich zu dem Schienenbedürfnis war, ist daraus ersichtlich, daß in derselben Zeit der Schienenimport aus dem Auslande zwischen 6 und 14 Millionen Pud jährlich schwankte. In dem von Reutern ausgearbeiteten und am 5. Mai 1868 bestätigten neuen Zolltarif wurden ferner Zölle auf rollendes Material eingeführt: für Lokomotiven 75 Kop., für Tender 30 Kopeken pro Pud; für Plattformen 75 Rub. und für Waggons 1. und 2. Klasse bis zu 300 Rubel. Lokomotiven wurden damals bei uns nur in der Alexandrowski-Eisengießerei zu St. Petersburg (der ehemaligen Fabrik des Herzogs von Leuchtenberg) gebaut, und zwar fast ausschließlich für die Nikolaibahn. Dank den Bestellungen der Regierung machten sich fünf Maschinenfabriken an den Bau von Lokomotiven, und die Zahl der Fabriken, die sich mit Waggonbau beschäftigten, stieg auf 13. Die Gesamtsumme der Bestellungen, die bei ihnen in den Jahren 1868—1874 gemacht wurden, belief sich auf 54 500 000 Rub.

Die Gesellschaft der Moskau—Rjasaner Bahn zahlte im Jahre 1867 für ihre Aktien eine Dividende von 12 %, die Gesellschaft der Rjasan—Koslower 8 % und die der Moskau—Jarosslawer Linie 9 %. Diese Resultate der Exploitation der Bahnen des Moskauer Rayons gaben der Energie der Unternehmer einen neuen Anstoß und veranlaßten sie, ein neues Risiko auf sich zu nehmen: die einen erachteten es für möglich, sich in bezug auf einen Teil des Baukapitals mit einer Garantie seitens der örtlichen landschaftlichen und städtischen Institutionen statt der Regierungsgarantie zu begnügen; die anderen verlangten für einen Teil des Baukapitals oder sogar für das ganze Baukapital überhaupt keine Garantie. Im Jahre 1868 erhielten Konzessionen: die Borissoglebsker Landschaft, deren Vertreter Fürst M. S. Wolkonski war, für die Linie Grjasi—Borissoglebsk (390 Werst) zu 67 000 Rub. Metall pro Werst, wobei das Kapital bloß durch die Emission von Aktien realisiert werden sollte, bei einer landschaftlichen Garantie von $2\frac{1}{2}$ % und $\frac{1}{12}$ % für Amortisation. Die Koslowsche und die Tambowsche Kreislandschaft erhielten Konzessionen für die Verbindungslinie Koslow—Tambow (74 Werst) bei 69 000 Rub. pro Werst; diesmal verpflichteten sich diese Landschaften für das Obligationskapital, das zwei Mill. Rub. Metall betrug, zu einer Garantie von $5\frac{1}{12}$ %, während die Aktien im Betrage von 3 100 000 Rub. ohne Garantie emittiert wurden. Die Jelezer Landschaft, die vorher die Linie Jelez—Grjasi erhalten hatte, erbat sich jetzt eine Konzession für die Fortführung der Linie von Jelez bis Orel (174 Werst), wobei nur das Obligationskapital ($\frac{3}{4}$ des Gesamtkapitals) garantiert wurde; die Aktien wurden ohne Garantie emittiert, der Preis pro Werst betrug 66 658 Rub. Metall. Baron Pahlen [1]) erhielt die Konzession für die Baltische Bahn (377 Werst) zu 70 000 Rub. Metall pro Werst. Die Bahn sollte ausschließlich vermittelst der Emission ungarantierter Aktien gebaut werden. Hofmeister A. A. Abasa und Baron Ungern-Sternberg, der Erbauer der Balta—Krementschuger Bahn, erhielten die Konzession für die Linie Krementschug—Charkow zu 57 894 Rub. Metall pro Werst, bei einer Regierungsgarantie für $\frac{3}{4}$ des Kapitals in Obligationen; der Kirssanowschen Kreislandschaft und der

[1]) Baron Alexander von der Pahlen, Besitzer des Gutes Palms, war von 1862 bis 1868 Estländischer Ritterschaftshauptmann.

Saratowschen Gouvernementslandschaft wurde die Konzession für die Linie Tambow—Saratow (340 Werst) zuteil, bei einer landschaftlichen Garantie von 384 977 Rub. Metall, was $5^{1}/_{12}$ % des Aktienkapitals der Bahn (7 573 326 Rub. Metall) ausmachte. Einen Teil der Garantie, 75 000 Rub., nahm die Stadt Saratow, 50 000 Rub. die Kirssanowsche Landschaft, den Rest die Saratowsche Gouvernements-Landschaft auf sich; das Obligationskapital im Betrage von 20 160 000 Rub. Metall behielt die Regierung sich vor. Der Baupreis dieser Bahn wurde auf 81 571 Rub. Metall pro West berechnet. Endlich erwirkten sich die Moskauer Kapitalisten, die zuerst die Linie Moskau—Sergiewski Possad ausschließlich vermittelst der Emission ungarantierter Aktien gebaut hatten, im Jahre 1868 die Konzession für die Fortsetzung dieser Linie bis Jarosslaw (196 Werst) zu 61 224 Rub. Metall, bei einer Regierungsgarantie für das Obligationskapital im Betrage von $5^{13}/_{100}$ %.

So war denn am Schluß des Jahres 1868 der Bau der Hauptarterien des Eisenbahnverkehrs sowohl von Moskau zur unteren Wolga, zum Asowschen und Schwarzen Meere (zum letzteren in zwei Richtungen, über Kiew und Charkow) als auch von unserm Hauptausfuhrhafen Riga zu den fruchtbaren zentralen Gouvernements und von Odessa ins Innere des Landes und zu der österreichischen Grenze — gesichert worden. Die Linien gelangten rasch, eine nach der anderen, in den Betrieb. Niemals aber hatten sich all die schlechten Seiten des Eisenbahngründertums mit solcher Macht geäußert, wie damals. Beim Vergeben der Konzessionen wurde Reutern der Kampf mit den unbefugten Einflüssen fast unerträglich; der ungeheure Profit der Konzessionäre, der anfangs unumgänglich gewesen war, hatte schließlich gar keine Berechtigung. Außerdem ereignete sich folgendes: von den Gründern vieler im Bau begriffener Bahnen begannen gleich von Anfang an Bitten um Unterstützung einzulaufen; um ein Sinken der Papiere zu verhindern, mußte die Regierung die Obligationskapitalien der Bahnen übernehmen; endlich erwiesen sich in der Eile in Angriff genommene Bahnlinien als nicht genügend einträglich und die Regierung sah sich infolge dessen zu Zuzahlungen zu den Garantien genötigt. Alles dies erschöpfte die Ressourcen der Staatsrentei aufs äußerste. Diese Umstände veranlaßten den Finanzminister, die sich in die Länge ziehenden Verhandlungen wegen Veräußerung der Nikolaibahn zum Abschluß zu bringen. Die im Jahre 1852 eröffnete Nikolaibahn hatte in den ersten neun Jahren ihres Bestehens bloß 7 Millionen Rub. Reineinnahme gebracht; die Jahre 1852, 53, 55 und 56 hatten gar keine Reineinnahmen ergeben, die Jahre 1861—65 einen durchschnittlichen Reingewinn von 3 492 833 Rub. geliefert. Nach langwierigen Verhandlungen mit verschiedenen Konkurrenten wurde die Nikolaibahn an die Große russische Eisenbahngesellschaft veräußert, wobei die Regierung durch die Realisierung der beiden Emissionen der Nikolaibahn-Obligationen einen Erlös von 105 866 934 Rub. Kredit erzielte. Im Vergleich mit den Gesamtaufwendungen für die Bahn, die nach offiziellen Quellen bis zum Verkaufstermin, dem 1. Sept. 1868, 80 096 323 Rub. betrugen, hatte die Regierung hiermit in rein fiskalischer Hinsicht keine unvorteilhafte Operation vollzogen.

Nachdem er sich durch Übergabe der Nikolaibahn an die „Große russische Eisenbahngesellschaft“ eine bedeutende Summe verschafft hatte, hielt Reutern den Moment für geeignet, die Konzessionäre durch Abänderung der Bedingungen der Konzessionserteilung von der Regierung abhängig zu machen und dadurch bessere Gründungsverhältnisse herbeizuführen. Bisher wurden die Statuten jeder Gesellschaft, die von den Konzessionären gebildet wurde, gesondert in Beratung gezogen; manchmal wurde die eine oder andere Bedingung in der Konzession ausgelassen und dann war es außerordentlich schwer, ihre Aufnahme in die Statuten der Gesellschaft durchzusetzen. Jetzt wurde beschlossen, die Statuten der Gesellschaft einer jeden neuen Linie im voraus auszuarbeiten und hierauf einen Wettbewerb unter den vom Minister für zuverlässig erkannten Konzessionären auszuschreiben. Diese hatten ihre Angebote in versiegelten Kouverts einzureichen. Die Regeln wurden streng geheim ausgearbeitet, und Schreiber dieser Zeilen war Zeuge des niederschmetternden Eindrucks, den ihre Verkündigung auf die Glieder des Ministerkomitees machte (als Reutern den darauf bezüglichen Allerhöchsten Befehl vorlas). Die Allerhöchste Sanktion erhielten die Regeln am 18. Oktober 1868.

Die Wirkung blieb nicht aus. Die erste unter den neuen Bedingungen gewährte Konzession für die Linie Moskau—Smolensk (391 Werst) bestimmte den Preis pro Werst auf 53 290 Rub. Metall, und ¼ des Grundkapitals bestand in nicht garantierten Aktien. Die nächste Konzession für die Nowotorshokbahn (32 Werst) wurde dem Fürsten Trubezkoi zu 45 000 Rub. Metall pro Werst und zwar ohne Garantie gewährt. Die Konzession für die Linie Rybinsk-Bologoje (275 Werst) wurde am 22. Januar 1869 zu 69 000 Rub. Metall ohne Garantie bestätigt. Dann folgten die Libauer Linie (294 Werst) zu 43 500 Rub. Metall, deren Grundkapital nur zu zwei Dritteln garantiert war; die Borissoglebsk—Zariziner Bahn (390 Werst) zu 60 000 Rub. Metall; die Woronesh—Rostower Bahn zu 58 620 Rub. Metall (1/3 des Grundkapitals nicht garantierte Aktien); die Linie Iwanowo—Wosnessensk—Kineschma (871 Werst) zu 44 400 Rub. Metall (2/5 des Grundkapitals nicht garantierte Aktien); die Skopinbahn (33 Werst) zu 36 840 Rub. Kredit, ohne Garantie; die Linie Brest—Grajewo (204 Werst) zu 57 500 Rub. pro Werst, ohne Garantie des Aktienkapitals; die Brest—Berditschewer Linie (535 Werst) zu 44 500 Rub. Metall (1/3 des Grundkapitals nicht garantierte Aktien).

Dieses Eingreifen in die Exploitation der Eisenbahnen führten zum Austritt Melnikows aus dem Verkehrsministerium. Ihn ersetzte Graf W. A. Bobrinski, der sich der leitenden Idee Reuterns, daß die Staatsbahnen zum Zweck der Verstärkung des Eisenbahnfonds an Private zu verkaufen seien, vollkommen unterordnete. Eine Folge der entschiedenen Vorherrschaft dieser Idee war die Veräußerung des nördlichen Teils der Kiew—Odessaer Bahn nebst der Zweigbahn nach Wolotschisk an die neu gebildete Gesellschaft der Kiew—Brester Bahn; des südlichen Teils samt der noch nicht gebauten Strecke nach Kischinew an die Gesellschaft für Dampfschiffahrt und Handel und der Moskau—Kursker Bahn an eine neu gebildete selbständige Gesellschaft russischer Kapitalisten. Im ganzen wurden in den Jahren 1870—71 1819 Werst Staatseisenbahnen veräußert, wofür 156 319 766 Rub. Kredit erzielt wurden. Diese Summen liefen in Aktien der Eisenbahngesellschaften ein, während die Obligationen von der Regierung dem oben erwähnten Fonds zugeführt wurden, den die konsolidierten Eisenbahnobligationen bildeten. Die Zuzahlungen zu den gewährten Garantien und andere Hilfleistungen bewirkten, daß sich eine bedeutende Schuld der privaten Eisenbahngesellschaften an die Regierung — gegen Ende des Jahres 1872 waren es 173 869 675 Rub. — bildete.

Die von Reutern unternommene Veräußerung der Staatseisenbahnen ist sowohl in der Literatur als in offiziellen Schriftstücken mehrfach der Gegenstand scharfer Kritik gewesen. Wenn man aber die damalige schwierige Lage unserer durch große Defizite belasteten Finanzen, den Staatskredit, der sich eben erst zu erholen begann und der auf jegliche Weise geschont werden mußte, und schließlich das unaufschiebbare, wahrhaft staatliche Bedürfnis nach einem ausgedehnten Eisenbahnnetz in Berücksichtigung zieht, so wird es durchaus verständlich, daß Reutern auf jegliche Weise, wenn irgend möglich, Anleihen zu vermeiden suchte.

Graf Bobrinski, der Reutern hinsichtlich der Veräußerung der Staatsbahnen nachgegeben hatte, bestand auf einer Abänderung der Regeln, nach denen die Konzessionen gewährt wurden, und zwar in dem Sinne, daß die Verhandlungen mit den Unternehmern dem Verkehrsminister persönlich übertragen wurden und diesem auch die endgültige Auswahl des einen oder anderen Konzessionärs anheimgestellt ward. Reutern, dem die erwähnten Unterhandlungen eine schwere Bürde waren, trat dem Grafen Bobrinski diesen scheinbaren Vorrang gern ab. Um die Aufwendungen des Fiskus noch mehr herabzusetzen und den Bahnbau selbst zu verbilligen, bestand Bobrinski auf den Bau einiger schmalspurigen Bahnen: der Liwnybahn, die vom Staate zu 26 233 Rub. Kredit pro Werst erbaut wurde, der Nowgoroder Privatbahn und der Privatbahn Jarosslaw—Wologda, die zu 24 377 und 22 449 Rub. Metall pro Werst vergeben wurden.

Die in der letzten Zeit projektierte Vergebung von Konzessionen unter der Bedingung der Emission nicht garantierter Aktien führte dahin, daß sich die Aktien nicht unterbringen ließen und die Regierung genötigt war, sie entweder zu beleihen oder den Gesellschaften auf andere Weise zu Hilfe zu kommen — mit anderen Worten einen sehr bedeutenden Teil der Realisationen auf sich zu nehmen. Reutern, der ständig nach Mitteln suchte, um die auf das Land fallende Last der Bürgschaft für die Einträglichkeit der Eisenbahnunternehmungen zu erleichtern, schlug daher einen neuen Modus der Garantien, einen temporären auf 15 Jahre, vor. Unter solchen Bedingungen wurde im Jahre 1872 dem Baron Steinheil die Konzession für die Wladikawkasbahn (652 Werst) zu 31 570 Rub. Metall, Warschawski für die Rjashsk—Wjasmasche Bahn (598½ Werst) zu 34 500 Rub. Metall und Baschmakow für die Morschansk—Ssysraner Bahn (498½ Werst) zu 47 369 Rub. Metall gewährt.

Ende des Jahres 1873 wurde Graf W. A. Bobrinski, der von seinem Posten wegen Krankheit zurücktrat, durch seinen bisherigen Gehilfen, den Grafen A. P. Bobrinski, ersetzt. Mit dem Eintritt dieses letzteren in die Zahl der Mitglieder des Ministerkomitees begann für Reutern die schwerste Periode seiner Tätigkeit. Bobrinski war eine gerade und ehrliche Natur, aber hitzig und aufbrausend in der Debatte, dabei stets bereit, in Wort und Schrift den Gegner zu verletzen; beleidigender Anspielungen pflegte er sich nicht zu enthalten und war überhaupt zu Streitigkeiten geneigt, wodurch er in höchst erregender Weise auf Reutern einwirkte, der seiner vollen Selbstbeherrschung bedurfte, um in seinen Antworten innerhalb der Grenzen seines gewohnten objektiven Verhaltens zur Sache zu bleiben. Bobrinski begann damit, daß er das Prinzip der persönlichen Auswahl der Konzessionäre zur Bildung von Eisenbahngesellschaften seitens des Verkehrsministers einer überaus strengen Kritik unterzog. „Solche Vollmachten und eine solche Verantwortung", sagte er in einer Eingabe an den Kaiser, „übersteigen die Rechte und die Verantwortung, die den Ministern überhaupt übertragen sind. Außerdem wirken diese Rechte auch auf die Untergebenen, ohne die der Minister bei der Entscheidung über die Zuverlässigkeit des einen oder anderen Konzessionärs, des Maßes der erbetenen Vergünstigungen und der Kosten der Bahn selbst auf keinen Fall auskommen kann. Das führt zu Intriguen seitens der Gründer, welche die Untergebenen zur Angabe unrichtiger Tracierungsresultate und Aufstellung falscher Schlußfolgerungen, zu geheimer Fürsprache oder Vermittelung in ihrem Interesse, zu verleiten suchen. Der Konzessionär selbst aber riskiert nichts, indem er das Recht erhält, mit dem von der Regierung garantierten Baukapital zu schalten und zu walten". Graf A. P. Bobrinski trat als entschiedener Anhänger des staatlichen Bahnbaus auf und arbeitete für die Verleihung privater Konzessionen einen außerordentlich komplizierten Modus aus. Der Verleihung jeglicher Eisenbahnkonzession sollten vorhergehen: staatliche Tracierungen, rechtzeitige Veröffentlichung der Statuten der Gesellschaft, öffentliche Subskription auf die Aktien der Gesellschaft und endlich die Berufung einer Generalversammlung der Aktionäre. Zum Bestande der Verwaltung der Gesellschaft sollte ferner ein von der Regierung ernannter Direktor gehören. Durch die Einführung eines solchen Modus wollte Graf Bobrinski erreichen, daß sich weite Kreise des Publikums an den Eisenbahngesellschaften beteiligten, und verhüten, daß der Eisenbahnbau in die Hände von Geschäftsleuten gelange, die sich die Erzielung der einen oder anderen Konzession von vornherein vorgenommen hatten.

Als Mann von gesundem praktischen Verstande kämpfte Reutern mit Eifer gegen die genannten Regeln, indem er auseinandersetzte, daß ihre Anwendung nicht zu den gewünschten Resultaten führen werde. Er gab jedoch der Majorität der Mitglieder des Ministerkomitees nach, die Graf Bobrinski durch die scheinbare Harmonie seines Systems auf seine Seite gebracht hatte. Es wurde beschlossen, vier Bahnen auf Grund dieser Regeln zu bauen: die Orenburger, Fastowo-, Ural- und Weichselbahn. Darbei forderte jedoch Graf Bobrinski, daß in die zu veröffentlichenden Statuten dieser vier Gesellschaften der Emissionspreis der Aktien aufgenommen und den Aktien keine absolute, sondern eine bedingte Garantie gewährt werde. Diese Bedingungen hielt Reutern für völlig unmöglich: die Verkündigung des Emissionspreises vor der Festsetzung des Subskriptionstages hätte offenbar infolge von Machenschaften der Spekulation zu einem Mißerfolge der Subskription geführt, und wenn man die Garantie in einer neuen Form gewährt hätte, bei der die Prozente und Tilgungszahlungen für etwaige, zum Unterhalt oder zur Verstärkung der Exploitation der Linien aufzunehmende Anleihen auf die aktienmäßig garantierten Einnahmen geschrieben werden konnten, so mußte hierdurch das Vertrauen der Kapitalisten zu allen unseren Eisenbahnpapieren untergraben werden. Reutern setzte seine Ansicht durch, und den Aktien dieser Bahnen wurde sogar eine neue Vergünstigung gewährt, es wurde nämlich festgesetzt, daß keinerlei Forderungen der Kreditoren der Gesellschaft auf die den Aktien garantierten Einkünfte erstreckt werden könnten.

Die Gründung der Gesellschaften wurde einem Gesuch Bobrinskis entsprechend dadurch erleichtert, daß ihnen die Emission von Obligationen in der Höhe von $3/4$ des Kapitals gestattet wurde, sowie durch die Erlaubnis zu zollfreier Einfuhr ausländischer Schienen und die Zulassung rollenden Materials in außerordentlich beschränkter Menge — 1½ bis 3½ Waggons pro Werst. Der Preis pro Werst wurde für die Uralbahn (669 Werst) auf 52 860 Rub. Metall, für die Orenburger Bahn (510½ Werst) auf 50 680 Rub. Metall, für die Weichselbahn (503 Werst) auf 41 953 Rub. Metall und für die Fastowobahn (348 Werst) auf 42 700 Rub. Metall festgesetzt.

Die Subskription, die für den März und April 1874 angesetzt war, hatte einen glänzenden Erfolg, aber nach Reuterns Voraussage wurden die Erwartungen des Grafen Bobrinski, daß die Aktien und die Gesellschaften in die Hände des großen Publikums gelangen würden, nicht verwirklicht. Von den Personen, die an den Eisenbahnangelegenheiten interessiert waren, wurden gegen 4½ Mill. Rub. für die zeitweilige Verpfändung von Börsenwerten in den Banken verausgabt, um bares Geld zur Beteiligung an der Subskription zu bekommen, untergeschobene Subskribenten anzuwerben usw. Auf diese Weise gelangten die Orenburger und die Fastowobahn an Warschawski, Gubonin und Poljakow, die Uralbahn an Gubonin und Poljakow und die Weichselbahn an verschiedene Kapitalisten.

Nach der Gründung der genannten Gesellschaften beantragte Graf Bobrinski, obwohl der Bau von 2500 Werst, die ins Eisenbahnnetz aufgenommen waren, noch nicht gesichert war, im Ministerkomitee noch weitere 5695 Werst. Im Falle der Bestätigung dieses Projekts hätte die Regierung die Sorge auf sich genommen, binnen kurzer Zeit Eisenbahnen in einer Ausdehnung von mehr als 8000 Werst, darunter eine bedeutende Anzahl strategischer, erstehen zu lassen. Der Finanzminister konnte nicht umhin, gegen diesen umfassenden und wenig durchdachten Plan Einwendungen zu machen. Die im Bau begriffenen Eisenbahnen — schrieb er — erfordern alles in allem eine Aufwendung von 231 Mill. Rubel garantierten Kapitals mit einer Garantie von 13 Mill. Rub. zu den augenblicklichen jährlichen Garantiezahlungen der Staatsrentei für die bereits fertigen Eisenbahnen im Betrage von 16—20 Mill. Rub. Ferner kann auch die Exploitation der bereits bestehenden Eisenbahnen nicht als befriedigend angesehen werden, da der Mangel an rollendem Material und an Ausweichgeleisen sowie die Unordnungen in der Verwaltung der Bahnen temporäre Stockungen im Warentransport zur Folge haben. Dem Vorschlage der sofortigen weiteren Entwickelung des Bahnnetzes stellte daher Reutern die Notwendigkeit entgegen, die bereits eröffneten Bahnen in Ordnung zu bringen. Von all den projektierten Bahnen wurde darauf nur mit der Donez-Steinkohlenbahn und der Melitopolbahn eine Ausnahme gemacht, und zwar ausschließlich zu dem Zwecke, der Donezkohle einen Ausweg zum Schwarzen Meere zu verschaffen und die Gewinnung dieser Kohle zu erleichtern. Graf Bobrinski schlug vor, die letztgenannten Bahnen, die einen Aufwand von 44—48 Mill. Rub. erforderten, auf Staatskosten zu bauen, aber das Ministerkomitee pflichtete ihm nicht bei, und der Kaiser bestätigte das Protokoll des Komitees. Infolgedessen trat Bobrinski von seinem Posten zurück.

Zu dem Entschluß, der weiteren Entwicklung des Eisenbahnnetzes Einhalt zu tun, wurde Reutern durch die Lage des von ihm geschaffenen Eisenbahnfonds veranlaßt. Dieser Fonds wurde seit seiner Bildung durch die Emission von konsolidierten Eisenbahnobligationen komplettiert. Seit dem 9. Januar 1870, an dem die erste Emission dieser Obligationen zu 5 % bei einem Subskriptionspreise von 76 stattfand, hatte Reutern die letzte, fünfte Emission am Anfang des Jahres 1874 zu 91 bei Rothschild und zu 92 in der Staatsbank bei einer Herabsetzung des Zinsfußes bis zu 4½ % realisieren können, d. h. zu einem Preise, bei dem die vorhergegangenen vier Emissionen zu 5 % realisiert worden waren. Bis zur Unendlichkeit ließen sich diese Emissionen nicht fortsetzen. Im Fonds befand sich allerdings ein freier Barbestand von 68 Mill. Rub., aber die im

Bau begriffenen Bahnen erforderten noch bedeutende Summen und der ständige Zufluß von Geldmitteln in den Eisenbahnfonds durch Rückzahlung der den Eisenbahngesellschaften gewährten Vorschüsse, Darlehen und Garantiezahlungen, auf welchen Reutern gerechnet hatte, wollte sich nicht einstellen: die Eisenbahnen schuldeten dem Fonds mehr als 69 Mill. Rub. Bei der Vorsicht, die Reutern eigen war, hielt er es für notwendig, vor allen Dingen in den Eisenbahnangelegenheiten Ordnung zu schaffen, die Ertragsfähigkeit zu heben und hierdurch Kapitalisten wieder Vertrauen zu ihnen einzuflößen.

Der neuernannte Verkehrsminister K. N. Possjet schloß sich, als er sein Amt übernahm, der Ansicht Reuterns an, daß man Eisenbahnen unmöglich auf Staatskosten bauen könne. Nach neu ausgearbeiteten Regeln wurde die Wahl der Konzessionäre einem Übereinkommen zwischen dem Verkehrs- und dem Finanzminister überlassen. Auf dieser Grundlage wurde nach zweimaligem Wettbewerb die Donezbahn (489 Werst) im Januar 1876 einer Moskauer Kapitalistengesellschaft mit Mamontow an der Spitze zu 47 812 Rub. Metall pro Werst überlassen, wobei die Regierung 5 % der Obligationen dieser Bahn zu einem Kurse von 96 für sich behielt. Fast gleichzeitig wurde der Charkow—Nikolajewer Bahn die Ssumy-Zweigbahn (223 Werst) zu 34 750 Rub. Metall und der Nowgoroder schmalspurigen Bahn deren Fortsetzung bis Staraja Russa (88 Werst) zu 23 149 Rub. Metall pro Werst überlassen.

Zur Kräftigung der Losowo—Sewastopoler, Rjashsk—Wjasmaer, Koslow—Woronesh—Rostower und Rostow—Wladikawskasbahn wurden in den Jahren 1875—76 deren Obligationskapitale um 15 351 842 Rub. Metall effektiv vergrößert, und am Schluß des Jahres 1877 wurden teils aus dem Eisenbahnfonds, teils aus der Staatsrentei 25 159 000 Rub. zur Erhöhung der Betriebsfähigkeit einer ganzen Reihe von Bahnen ausgeworfen.

Seit dem Ende des Jahres 1875 traten Verhältnisse ein,

die auf den russischen Staatskredit ungünstig einwirkten: Mißernte in Südrußland, Sinken der Preise unserer Ausfuhrprodukte, Mangel an Nachfrage nach unserem Getreide infolge einer reichen Ernte in Westeuropa, eine Bankkrisis infolge des Fallissements einer Moskauer Privatbank und neue politische Komplikationen im Orient. Alles dies zusammen genommen hatte plötzliche und bedeutende Kursschwankungen unserer Fonds zur Folge, von denen die 4½ proz. Obligationen seit dem 1. Januar 1876 10 % ihres Wertes einbüßten. Unter diesen Umständen faßte das Ministerkomitee auf Antrag des Finanzministers den Beschluß, den Eisenbahnbau bis auf weiteres einzustellen.

Eine Ausnahme wurde mit der Bender—Galazer Bahn (280 Werst) gemacht, zu deren Bau Poljakow am 11. Juli 1877 mitten in der heißesten Zeit des Krieges die Konzession erhielt, und zwar unter erleichterten Bedingungen, zu 19 473 Rub. Metall pro Werst ohne rollendes Material, zu dessen Erwerbung ihm 4 Mill. Rub. Metall aus der Staatsbank gewährt wurden. Er erhielt außerdem die Erlaubnis, alle Metallteile zollfrei aus dem Auslande zu beziehen. Die Bahn wurde am 7. Nov. desselben Jahres eröffnet. Die tatsächlichen Kosten der Bahn erwiesen sich doppelt so hoch, als man angenommen hatte, d. h. zu den 5 545 000 Rub. Metall mußte man noch 4 550 897 Rub. hinzufügen und im Jahre 1878 weitere 1 350 000 Rub. zur Verstärkung der Betriebsfähigkeit anweisen.

Die letzte Eisenbahnangelegenheit, an deren Entscheidung M. v. Reutern als Finanzminister Anteil nahm, war die Konzessionierung einer nur 25 Werst langen Zweigbahn von den Balachanschen Naphthaquellen zur Stadt Baku und zum Naphthahafen am Kaspischen Meer. Diese Zweigbahn, die 31 390 Rub. Metall pro Werst kostete, sollte nach einer Erklärung Reuterns das Naphtha um 7 Kop. und das Petroleum um 21 Kop. pro Pud verbilligen.

In einer der Reden, die Reutern im Jahre 1874 im Ministerkomitee hielt, finden wir die Bestätigung dafür, daß der Bau des nach damaligen Verhältnissen umfangreichen Eisenbahnnetzes nur einen Teil eines großen allgemeinen Finanzplans bildete, durch welchen Reutern die Entwickelung der produktiven Kräfte und die Hebung des Wohlstandes Rußlands anstrebte. Das Schienennetz umfaßte im Jahre 1878 etwa 20 000 Werst. Reutern gelang es nicht, verschiedene Schwächen unseres Eisenbahnwesens zu beseitigen, die er selbst vollkommen zugestand. Was er geleistet hat, ist jedoch völlig ausreichend, um ihm den Ruhm desjenigen Staatsmannes der Epoche Alexanders II. zu sichern, der mehr als die anderen zur wirtschaftlichen Erneuerung Rußlands beigetragen hat.

Es ist sehr zu bedauern, daß die Eisenbahnen, die Privatleuten übertragen worden waren, nicht gemäß den Verpflichtungen erbaut wurden, welche die Konzessionäre auf sich genommen hatten. Hierdurch erlitt der Fiskus später große Verluste, aber die Beaufsichtigung des Bahnbaues lag außerhalb der Einflußsphäre Reuterns. Auf das Fehlen dieser Aufsicht ist in den Sitzungen des Ministerkomitees mehrfach hingewiesen worden, aber der mehrmalige Wechsel in der obersten Leitung des Verkehrsministeriums brachte auch hier wenig Abhilfe.

* * *

Nicht wenig Schwierigkeiten machte es Reutern, das Privatbankwesen bei uns in Rußland einzubürgern. Als er das Amt eines Finanzministers übernahm, gab es, da die Bankoperationen der Kollegien der allgemeinen Fürsorge und der Vormundschaftsräte liquidiert worden waren, mit Ausnahme der eben erst reorganisierten Staatsbank keinerlei Bankinstitutionen. Heute kann man sich kaum vorstellen, daß damals solche Dinge wie Kontokorrent und Schecks, von Banktransferten ganz zu geschweigen, bei uns unbekannt waren. Die Operationen der Staatsbank erstreckten sich nur auf einen sehr beschränkten Kreis von Kaufleuten und Industriellen. Ohne Kredit war aber an eine Entwickelung der einheimischen Gewerbe- und Handelstätigkeit gar nicht zu denken. Das erste Werk des neuen Ministers war daher die Ergänzung des Statuts der Staatsbank durch Bestimmungen über ihre Kontore und Filialen und die Gründung dieser Abteilungen. Im Jahre 1863 wurde sodann die erste Privatbank für kurzbefristeten Kredit bestätigt; es war die St. Petersburger Gesellschaft gegenseitigen Kredits; im Jahre 1881 gab es bereits 83 Privatbanken. Im Jahre 1864 wurde die erste Aktienbank für kurzfristigen Kredit, die „St. Petersburger private Handelsbank", bestätigt. Um die Gründung zu ermöglichen, mußte die Staatsbank für eine Million Rub. Aktien dieser Bank erwerben und für 10 Jahre auf den Anteil am Gewinn verzichten. Im Jahre 1873 waren 31 solcher Banken bestätigt.

Außerdem wurde im Jahre 1862 das Reglement der städtischen Kommunalbanken und in den Jahren 1871—72 die Reglements über den Modus der Gründung städtischer, landschaftlicher und überhaupt privater und kommunaler Kreditinstitutionen bestätigt. Schon im ersten Dezennium wurden 181 städtische Kommunalbanken gegründet. Es wurde mit der Organisation des Kleinkredits begonnen und im Jahre 1872 ein neues Statut der Sparkassen herausgegeben, deren es bereits im Jahre 1881 67 gab.

Noch schwieriger war die Organisation des Agrarkredits. Bis zur Aufhebung der Leibeigenschaft gab es bei uns fast gar kein Land, das nicht in der einen oder anderen Weise einer bewohnten Ortschaft zugezählt gewesen wäre; d. h. mit anderen Worten, fast alles Land war „bewohnt", und nur Adlige durften bewohntes Land besitzen. Das Land wurde lediglich nach der Zahl der auf ihm lebenden „Seelen" gewertet. Nach der Agrarreform des Jahres 1861 konnte nur das nach Abtrennung des Bauerlandes den Gutsbesitzern verbliebene Land beliehen werden; solche vom Bauerlande losgelöste Güter entstanden aber nur allmählich — nach Maßgabe der Ausstellung der „Ustawnyja Gramoty" (Urbarial-Urkunden), in denen die Größe des den Gutsbesitzern verbliebenen Areals angegeben war. Der Wert dieses Areals konnte ebenfalls nur sehr allmählich bestimmt werden, und in vielen Gegenden war dieser Wert sehr gering, fast gleich Null. Im Jahre 1864 wurde allerdings die Gründung der Gesellschaft gegenseitigen Bodenkredits gestattet, aber es ist sehr verständlich, daß Reutern nicht geneigt war, die Zahl der Banken zu vermehren, die auf dem gegenseitigen Vertrauen beruhen; ihre Kontrolle war sehr schwierig und bei der Möglichkeit von Irrtümern, die gerade infolge der schwankenden Bodenpreise entstehen konnten, lag die Befürchtung nahe, daß solche Banken das Vertrauen zu unserem Bodenkredit untergraben würden. Abgesehen von den schon seit langer Zeit bestehenden Kreditinstitutionen in den baltischen Provinzen und in Polen, wurde dann nur noch eine Gesellschaft, die auf dem Prinzip der Gegenseitigkeit beruhte, gegründet, und zwar sollte ihr Wirkungskreis sich auf das ganze Reich erstrecken, damit Mißerfolge in der einen Gegend durch erfolgreiche Operationen in anderen Gebieten ausgeglichen würden. Es ist sehr begreiflich, daß Reutern die Aktienagrarbanken vorzog, in denen die Interessen der Aktionäre einen zügelnden Einfluß auf die Darlehnsnehmer ausüben mußten. Die erste derartige Bank wurde im Jahre 1871 für Charkow gegründet, und im Jahre 1873 gab es ihrer schon 11.

Zu den wichtigsten Maßnahmen, die Reutern auf dem Gebiete des Handels durchführte, gehören ferner: die Veranstaltung zweier Allrussischer Ausstellungen — einer in Moskau im Jahre 1865, einer in St. Petersburg im Jahre 1870; die Regelung der Statuten der privaten Aktiengesellschaften und die Erleichterung ihrer Gründung; der Abschluß einiger Verträge mit auswärtigen Staaten über gegenseitige Erleichterungen von Handelsgeschäften; die Errichtung 13 neuer Börsen in Rußland; die Errichtung des Handels- und Manufakturkonseils beim Finanzministerium (1872), einer Moskauer Filiale desselben und einiger lokaler Komitees.

Für den Bergbau sind die Herabsetzung der Bergbausteuer und die Gewährung bedeutender Erleichterungen bei der Gewinnung von mineralischem Heizmaterial und in der privaten Goldindustrie zu verzeichnen.

* * *

In bezug auf die Beseitigung der ständigen Defizite in unseren Staatsbudgets bestanden für Reutern außerordentlich ungünstige Verhältnisse.

Das Grundprinzip seiner wirtschaftlichen Anschauungen bestand darin, daß der Finanzminister die Quellen des Volkswohlstandes mit besonderer Behutsamkeit behandeln müsse, um nicht durch übermäßige Steuern die natürliche Entwickelung dieses Wohlstandes zu stören oder zu hemmen. Außerdem durchlebte Rußland damals eine so schwere Krisis in seiner wirtschaftlichen Entwickelung, daß in keiner einzigen Bevölkerungsklasse freie Barmittel vorhanden waren. Die Landwirte waren eben erst der unentgeltlichen Arbeitskraft beraubt worden; ihr ganzes bisheriges Wirtschaftsystem war in der Wurzel untergraben. Der Handel mit dem Auslande entwickelte sich, da keine Zufuhrwege zu den Häfen vorhanden waren, äußerst langsam und bedurfte der Unterstützung; der Binnenhandel fristete ein klägliches Dasein. Die Industrie konnte sich nicht in genügendem Maße entfalten, da es in der Bevölkerungsmasse nur wenige zahlungsfähige Konsumenten gab. Im Volk herrschten noch unbeschränkt die Naturalwirtschaft und patriarchalisches Wesen. Die Fabrikindustrie fand fast nur unter der städtischen Bevölkerung Abnehmer, auf dem Lande begnügte man sich mit den Erzeugnissen eines primitiven Handwerks. Ganz abgesehen von seinen eigenen Überzeugungen waren es also auch die Verhältnisse, die Reutern nötigten, sich während der ganzen Zeit seiner Finanzverwaltung äußerst vorsichtig zur Steuerkraft der Bevölkerung zu verhalten. Er sah die Notwendigkeit einer durchgreifenden Reform unseres Steuersystems vollkommen ein und legte den Arbeiten der kurz vor seiner Ernennung zum Zweck einer Reform der Steuern und Abgaben niedergesetzten Kommission große Bedeutung bei, begriff aber mit dem ihm eigenen praktischen Sinn, daß man bei diesem Reformwerk besonders vorsichtig sein müsse, um nicht die Einnahmequellen des Staates zu schädigen.

Die Einführung einer neuen, irgendwie erheblichen Grundsteuer hielt er einfach für Wahnsinn, da eine solche Steuer einen um so weniger nennenswerten Ertrag bringen konnte, als der Grundbesitz mit der im Jahre 1864 erfolgten Einführung der Landschaftsverfassung bereits zu den Ausgaben für die Bedürfnisse der örtlichen Selbstverwaltung herangezogen war. Erst im Jahre 1872 wurde eine recht unbedeutende, in ganz Rußland nur 4 Mill. Rub. abwerfende Grundsteuer für staatliche Bedürfnisse eingeführt.

Das von Reutern im Jahre 1863 erlassene Handels- und Gewerbesteuerreglement zielte hauptsächlich dahin, diese Zweige der nationalen Arbeit von dem nach Abschaffung der Leibeigenschaft auf ihnen lastenden Drucke zu befreien und den Angehörigen aller Stände die kommerzielle und industrielle Tätigkeit zu ermöglichen. Als fiskalische Maßregel wurden nur neue Billettsteuern eingeführt, die anfangs recht unbedeutend waren.

Eine andere, die städtische Bevölkerung treffende Maßregel war die zu Beginn des Jahres 1863 erfolgte Einführung einer städtischen Immobiliensteuer, die zunächst nur zwei Mill. Rubel betrug und die bisher im Betrage von vier Mill. Rub. von den Kleinbürgern erhobene Kopfsteuer ersetzte. Die zweite Hälfte dieser letzteren Steuer wurde durch eine Patentsteuer ersetzt, die von den gewerbetreibenden Kleinbürgern erhoben wurde.

Der neue Zuschnitt des Volkslebens hatte den Bauern unzweifelhaft Erleichterung gebracht, aber auch mit ihrer Besteuerung ging Reutern außerordentlich vorsichtig zu Werke. Als er sein Amt antrat, betrug die Kopfsteuer einen

Rubel für das europäische Rußland und 90 Kopeken für Sibirien. Im Jahre 1862 wurde dieser Betrag um 25, im Jahre 1867 um weitere 50 Kopeken erhöht. Die Aufhebung der Kopfsteuer war der ständige Traum Reuterns, die schwierige Lage der Staatskasse machte es ihm aber unmöglich, diesen Traum zu verwirklichen.

Bei der Stempelsteuer wurde eine bedeutende Vereinfachung dadurch erzielt, daß statt der vorher existierenden neun verschiedenen Arten von Stempelbogen nur zwei — zu 40 und zu 5 Kopeken — eingeführt wurden.

In Sachen der indirekten Besteuerung wurde für den Alkohol statt des Pachtsystems, das der Regierung unmittelbar vor der Ernennung Reuterns 129 Mill. Rub. einbrachte, die Akzise eingeführt, und zwar mit dem 1. Januar 1863. Die Spiritusakzise wurde anfangs auf 4 Kop. pro Grad und Wedro festgesetzt, aber schon im Jahre 1864 auf 5 Kop. erhöht [1]). In den Jahren 1870 und 1874 erfolgte eine weitere Erhöhung um eine Kopeke.

Mit den Steuerverpachtungen wurde auch das Salzmonopol abgeschafft und an seine Stelle trat eine Salzakzise von 30 Kop. pro Pud. Einen bedeutenden Ertrag hat diese Akzise der Staatskasse nicht gebracht, immerhin aber betrugen die Einnahmen von der Salzakzise 10—13 Millionen, während das Monopol nur 9 Mill. Rub. eingetragen hatte. Die volkswirtschaftlichen Vorteile aber waren ungeheuer: es wurde ein neuer Zweig der privaten Industrie geschaffen, der freie Handel mit diesem notwendigen Bedarfsartikel wurde gefördert und die Mißbräuche, die sowohl mit der Salzgewinnung als mit dem Salzschmuggel verknüpft waren, wurden beseitigt.

Die Zolleinnahmen fand Reutern bei seinem Amtsantritt völlig desorganisiert vor. Im Jahre 1844 hatten sie 24½ Mill. Rub. betragen, im Jahre 1864 beliefen sie sich auf 34 Mill. Rub., d. h. in 20 Jahren waren sie nur um

---

[1]) Ein Wedro = 12,3 Liter.

10 Mill. Rub. gestiegen. Eine der Ursachen dieser Erscheinung waren die im Jahre 1857 eingeführten Vergünstigungen für den Import zu Lande. Diese Vergünstigungen fanden in der Schwierigkeit des Transports auf dem festen Lande ihre Rechtfertigung. Nachdem sich aber das Eisenbahnnetz entwickelt hatte, mußten die Ermäßigungen, die in vielen Fällen 50 % der Zollsätze für den Seeimport betrugen, als ein Anachronismus erscheinen und sowohl die Industrie als auch die Interessen des Fiskus schädigen. Außerdem schädigten sie unsere Häfen. Im Jahre 1863 stellte daher Reutern im Reichsrat den Antrag, das Maximum dieser Vergünstigung auf 50 Kop. pro Pud zu bemessen. Dieser Antrag ging durch. Hierauf wurden fast alle Ausfuhrzölle und im Jahre 1867 die Zölle auf Holz und Holzmaterialien aufgehoben. In demselben Jahre wurde unter dem Präsidium des Ministergehilfen Nebolssin eine Spezialkommission gebildet zum Studium der Tariffragen in ihrer Gesamtheit sowie der Frage der Beseitigung des Schmuggels. Die komplizierte Tarifklassifikation war zu einer Quelle erheblicher Mißbräuche geworden und bedurfte der Vereinfachung. Der neue Tarif wurde nach seiner Einbringung einem unter dem Präsidium G. A. Tschewkins stehenden besonderen zeitweiligen Reichsratsdepartement, an dessen Arbeiten der Großfürst Thronfolger Alexander Alexandrowitsch (der spätere Kaiser Alexander III.) unmittelbaren Anteil nahm, zur Prüfung überwiesen. Dieser am 5. Juli 1868 bestätigte Tarif machte vor allem einem jeglichem Unterschiede in den Sätzen für den Import auf dem See- und Landwege ein Ende, und in den meisten Fällen wurden die im Durchschnitt um 10 % erhöhten Sätze für den Import zur See als Normalsätze akzeptiert, manchmal auch das arithmetische Mittel der früheren Tarifsätze für die Land- und Seegrenze. Eine andere charakteristische Besonderheit des neuen Tarifs war seine Einfachheit: statt der 472 Paragraphen des Tarifs von 1850 und der 362 von 1857 hatte er im ganzen nur 260, wodurch die Anlässe zu Miß-

verständnissen, Schikanen und Willkürlichkeiten der Zollbeamten bedeutend verringert wurden. Der Tarif für Konsumartikel der bemittelten Klassen, z. B. für importierte Früchte, wurde bedeutend erhöht, der Tarif für Kaffee, dessen Konsum sich damals auch in den weniger bemittelten Klassen verbreitete, dagegen erheblich ermäßigt; ebenso wurde der Zoll auf andere Kolonialwaren ermäßigt, der Zoll auf Fabrikwaren höherer Qualität dagegen erhöht. Leinenfabrikate wurden mit einem recht bedeutenden Schutzzoll zum Schutze der echt nationalen Leinspinnerei und -weberei belegt, welche Industrie schon früher dank dem auf die Baumwollpreise einwirkenden amerikanischen Sezessionskriege etwas erstarkt war. Überhaupt wurden die Tarifsätze für diejenigen Konsumgegenstände ermäßigt, die bisher, weil sie auch in Rußland produziert wurden, mit Zöllen fast prohibitiven Charakters belegt waren. Gerade diese waren massenhaft eingeschmuggelt worden. Die ermäßigten Sätze brachten daher der einheimischen Industrie Nutzen, indem sie zur Abschwächung des Schmuggels beitrugen. Endlich wurden die Zölle auf ausländische Metalle ermäßigt, die für die neuen Eisenwerke und Stahlwalzwerke notwendig waren. Unter dem Einfluß des Großfürsten Thronfolgers erhöhte das temporäre Reichsratsdepartement in 65 Paragraphen die projektierten Sätze, teilweise zum Schutz der einheimischen Industrie. Dieser Tarif blieb 8 Jahre in Kraft, da Reutern die Frage der Zolltarife für eine der wichtigsten Fragen des Wirtschafts- und Finanzwesens hielt und der Ansicht war, daß man die Tarifsätze nicht oft ändern dürfe, weil sie auf die einheimische Industrie eine besonders einschneidende Wirkung ausübten. Die erste Tarifänderung wurde im Jahre 1876 aus rein finanziellen Gründen vorgenommen. Mit den erhöhten Aufwendungen für die Entwicklung unseres Eisenbahnnetzes wuchsen nämlich auch unsere Schulden und die obligatorischen Zahlungen für auswärtige Schuldverpflichtungen, während die Handelsbilanz fortdauernd nicht zu unseren Gunsten ausfiel, da die Ausfuhrwerte trotz ihrer Zunahme ständig von den Einfuhrwerten übertroffen wurden. Die Notwendigkeit einer Verringerung der Einfuhr ausländischer Waren fiel mit einer anderen, noch wichtigeren Aufgabe zusammen: in Anbetracht des drohenden (Türken-) Krieges mußte eine sichere Quelle für Beschaffung von Gold erschlossen werden, dessen wir zur Bezahlung der Coupons der auswärtigen Anleihen bedurften. Zu diesem Zwecke wurde bereits im Herbst 1876 der Beschluß gefaßt, vom 1. Januar 1877 an die Zölle in Gold zu erheben. Dadurch wurden die Zölle zunächst um etwa 10 % erhöht, gleichzeitig wurde aber auch ein Sinken unseres Kurses herbeigeführt. Diese Maßnahme bedeutete außerdem eine zum Schutz der nationalen Arbeit vorgenommene sehr fühlbare Erhöhung des Zolltarifs. Infolge dieser Maßnahme überstieg unsere Ausfuhr, die im Jahre 1875 um 162, im Jahre 1876 um 54 Millionen hinter unserer Einfuhr zurückgeblieben war, im Jahre 1877 die Einfuhr um die bedeutende Summe von 180 Mill., im Jahre 1878 um 14 und im Jahre 1879 um nicht volle 37 Mill. Rubel.

Endlich erwies sich der in Regierungsbestellungen zum Ausdruck kommende Schutz unserer Lokomotiven- und Waggonfabriken als ungenügend. Für je 30 aus in Rußland fabrizierten Teilen hergestellte Lokomotiven wurden daher den Fabriken Prämien ausgesetzt, und durch das Gesetz vom 10. Mai 1877 wurden die Zollsätze für Lokomotiven von 75 Kop. auf 1 Rub. 25 Kop. pro Pud erhöht, so daß sie etwa 15 % des Wertes der ausländischen Lokomotiven betrugen. Der Zoll auf Tender wurde von 30 Kop. auf 50 Kop. pro Pud erhöht. Eine Erhöhung der Zölle auf Klaviere, Pianinos und Orgeln erfolgte am 6. Juni 1871.

Im Jahre 1871 wurde die Gebühr für die Banderollen (Streifbänder), die von den Tabaksfabrikanten gelöst werden mußten, erhöht und auf 30—33 % des Verkaufswertes der Ware festgesetzt.

Die Zuckerakzise wurde damals in der Höhe von 60 Kop. pro Pud Sandzucker nach den veralteten Normen für die Tagesleistung der Apparate erhoben, tatsächlich betrug die Akzise durchschnittlich nur noch 20 Kop. pro Pud. Zur Wiederherstellung der Gleichmäßigkeit der Besteuerung und zu fiskalischen Zwecken wurde am 1. Mai 1864 die Höhe der Akzise von 20 Kop. pro Pud zwar beibehalten, ihr aber die faktische Leistungsfähigkeit der Apparate zugrunde gelegt. Vom 1. August 1866 an wurde die Akzise auf 30 Kop. erhöht und gleichzeitig die Patentsteuer heraufgesetzt; in den Jahren 1867, 1870 und 1875 ward die Akzise sukzessive weiter erhöht, erst um 20, dann zweimal um je 10 Kop. Die Fabriktechnik machte jedoch so rasche Fortschritte, daß sich auch die neuen Normen als nicht zweckentsprechend erwiesen und die Akzise tatsächlich bedeutend niedriger ausfiel, als man beabsichtigt hatte. Sie betrug im Durchschnitt gegen 25 Kop. pro Pud.

* * *

So sehen wir denn, daß sich Reutern bei der Füllung der Staatskasse hauptsächlich auf die natürlichen Konsequenzen der Befreiung Rußlands vom Joche der Leibeigenschaft, auf die Entwickelung der Bedürfnisse in den Volksklassen, auf die Verstärkung der Selbsttätigkeit und die hieraus resultierende Entwickelung der Kaufkraft verließ.

Diese Rechnung trog ihn nicht. Nach der Befreiung der Bauern begannen sich die produktiven Kräfte des Staates rasch zu entwickeln, wozu die durch den Eisenbahnbau ins Land fließenden Kapitalien natürlich nicht wenig beitrugen.

Ganz abgesehen von den Steuern und Gefällen, deren Ertrag von 63 Mill. Rub. im Jahre 1863 auf 118 Mill. Rub. im Jahre 1877 stieg, ergab die Steuer von den Handels- und Gewerbescheinen bei einer nur unbedeutenden Erhöhung der Normen im Jahre 1877 15 Mill. Rub. statt 6 Mill. Rub. im Jahre 1863. Der Ertrag der Getränkesteuer stieg während der Amtsführung Reuterns von 113 Mill. Rub. im Jahre

1863 (die Aufhebung des Pachtsystems brachte statt der Verluste, die die Branntweinpächter prophezeit hatten, im ersten Jahre einen Gewinn von einer Mill. Rubel) auf 201 Mill. Rub. im Jahre 1874, sank in den folgenden Jahren ein wenig und stieg im Jahre 1878 auf 214 Mill. Rub.

Zucker und Tabak gaben 1877 19 Mill. Rub. statt der vier Millionen des Jahres 1863.

Die Salzsteuer, deren Ertrag sich im Jahre 1869 auf 8½ Mill. Rub. belaufen hatte, ergab im Jahre 1877 mehr als 10½ Mill.

Die Einnahmen der Forsten stiegen von 3½ Mill. Rub. auf 11 Mill. im Jahre 1874.

Die Zolleinnahmen stiegen bis zur Einführung des neuen Tarifs sehr langsam — von 34 Mill. des Jahres 1846 auf 37 Mill. im Jahre 1868. Nach der Einführung des Tarifs vom Jahre 1868 sehen wir sofort einen Sprung auf 41 Mill., 1878 betrugen sie bereits 80 Millionen.

Die ordentlichen Einnahmen stiegen insgesamt von 382 Mill. im Jahre 1863 auf 548 im Jahre 1877.

Dank diesem Anwachsen unseres Einnahmenbudgets und der möglichsten Einschränkung der Ausgaben hatte sich gegen Ende der Finanzverwaltung Reuterns, und zwar zum 1. Januar 1876, in der Staatsrentei ein freier Barbestand von 40 547 843 Rub. angesammelt. „Wohl in keinem einzigen anderen Lande Europas ist der Finanzminister mit einem so glänzenden Status der Staatskasse in das neue Jahr eingetreten", schrieb aus dieser Veranlassung der Reichskontrolleur S. A. Greigh in seinem Bericht über die Realisierung des Budgets von 1875.

Ein besonders glänzendes Kapitel der Finanzverwaltung Reuterns stellen die Loskaufoperationen vor, über die damals gesondert Buch geführt wurde. Die Grundregeln für diese Operationen waren bekanntlich von der Finanzsektion der Redaktionskommission, die das Reglement vom 19. Februar 1861 ausarbeitete, unter unmittelbarer Beteiligung Reuterns projektiert worden. Reutern hatte mithin das

Glück, sich im Laufe seiner Verwaltung der Reichsfinanzen davon zu überzeugen, daß die „mit Land" befreiten Bauern vollkommen die Hoffnungen rechtfertigten, die an die höhere Produktivität der freien Arbeit geknüpft worden waren. In den Jahren 1862—78 wurden durch die Loskauf-Operation 272 274 459 Rub. Schulden der Gutsbesitzer an die Kreditinstitutionen getilgt und für 395 939 032 Rub. verschiedene Obligationen emittiert. Nach den genauen Berechnungen des Finanzministeriums betrugen die Zins- und Tilgungszahlungen für diese Obligationen, die Darlehen in barem Gelde sowie die Etats- und Operationsausgaben in dieser Zeit 409 502 821 Rub., während von den Bauern in derselben Zeit 487 880 401 Rub. bezahlt wurden. Auf diese Weise bildete sich eine Reserve, die die Möglichkeit gab, zu Beginn der Regierung Kaiser Alexanders III. die Loskaufzahlungen herabzusetzen und verschiedene Vergünstigungen zu gewähren, rückständige Zahlungen zu erlassen usw.

* * *

Ein Ziel, nach dem Reutern unablässig strebte, war die Heranziehung ausländischer Kapitalien und Unternehmer, da in Rußland sowohl an freien Kapitalien wie an industriellem Unternehmungsgeist Mangel herrschte. Die geringe Stabilität unserer Valuta und die aus ihr resultierenden Schwankungen unseres Kurses waren das Haupthindernis für den freien Zustrom ausländischer Kapitalien in unsere industriellen Unternehmungen. Die Ausländer konnten bei Geschäften mit Rußland nicht überzeugt sein, daß ihre Kalkulation nicht durch zufällige Momente gestört werden würde, besonders durch ein plötzliches Fallen des Kreditrubelkurses infolge von Ereignissen, die mit Rußland nichts zu tun hatten. Die Sorge für die Wiederherstellung unserer Metallvaluta hat Reutern nie verlassen. Durch die Erfahrung darüber belehrt, daß sie sich bei einem ungenügenden Goldvorrat nicht erreichen lasse und der Ankündigung der Einlösung von Kreditbilletten gegen Gold die

Sättigung des Geldverkehrs mit Gold vorausgehen müsse, begann Reutern im Jahre 1867 mit der Ansammlung von Gold in der Staatsbank. Er emittierte Kreditbillette speziell zum Zwecke der Goldbeschaffung; auf seine Anordnung setzte die Staatsbank von Zeit zu Zeit den Goldpreis zum Zwecke des Goldankaufs fest, und für den Ankauf verwandte er dann einen Teil der Anleihen. Auf diese Weise wurde der Rubelkurs schon, bevor es möglich war, die Einlösung der Kreditbillette festzusetzen, vor unerwarteten Schwankungen bewahrt, und der Betrag der Schwankungen nahm allmählich ab. Der Goldvorrat der Bank belief sich bereits im Jahre 1868 auf 67 434 320 Rub. bei einem Umlauf von Kreditbilletten im Betrage von 691 000 000 Rub., und im Jahre 1875 war der Vorrat auf 229 398 372 Rub. gestiegen, während Kreditbillette für 797 313 480 Rub. im Umlauf waren.

Besonders seit dem Jahre 1870, wo die Defizite aus den Budgetvoranschlägen und Rechnungsabschlüssen verschwanden, ja sogar bedeutende Überschüsse erzielt wurden, begann der Rubelkurs zu steigen. Im Jahre 1870 betrug er im Durchschnitt 77,5 Kop. Gold, im Jahre 1875 bereits 86, so daß die Abweichung von der Parität von $8^{23}/_{32}$ % auf $5^{37}/_{64}$ % gesunken war. Die Überzeugung der Gesellschaft, daß klingende Münze zur Wiederaufnahme der Barzahlung angesammelt werde, war so stark, daß im Jahre 1875 zum erstenmal wieder klingende Münze in unseren Südhäfen in den Verkehr gelangte. Selbst Migulin, der bei der Bewertung der Tätigkeit unserer Minister nicht zum Optimismus neigt, gelangt bei der Betrachtung unserer Finanzlage in den Jahren 1870—75 zum Schlusse, daß es dem Ministerium zweifellos gelungen wäre, durch bestimmte, sukzessive durchgeführte Maßregeln die Metallvaluta bei uns wiederherzustellen, wenn unsere Finanzlage so günstig geblieben wäre, wie in den Jahren 1870—75, und wenn es nicht zum „unseligen Türkenkriege von 1877—78“ gekommen wäre. Aus der weiter unten angeführten Denkschrift Reuterns ist ersichtlich, daß das wirklich seine Absicht war. Dadurch wird auch die Unruhe verständlich, mit der ihn die beginnenden politischen Komplikationen erfüllten.

Eine Folge der Politik Reuterns war die durch den Zustrom ausländischer Kapitalien bedingte wirtschaftliche Entwickelung Rußlands in dem Dezennium 1866—75; im Auslande wurden die zinstragenden Papiere untergebracht, mit denen unsere Eisenbahnen gebaut wurden, daselbst brachte man die Pfandbriefe der Agrarbank unter; unser Handel bekam Vorschüsse, unsere Bankiers, Banken und industriellen Unternehmungen hatten Kredit.

Wie sehr in der Epoche unseres verstärkten Eisenbahnbaus unsere landwirtschaftliche und industrielle Produktivität gestiegen war, läßt sich aus nachstehenden Daten ersehen.

Die Ausfuhr unserer vier wichtigsten Getreidearten (Weizen, Roggen, Hafer und Gerste), die im Jahrfünft 1856—60 69 254 000 Pud im Jahresdurchschnitt betragen hatte, stieg, allmählich wachsend, auf 257 143 000 Pud im Jahrfünft 1876—1880.

Die jährliche Produktion von Rübenzucker stieg von 795 000 Pud in den Jahren 1855—57 auf 12 399 000 Pud in den Jahren 1880—81.

Der Wert der in Rußland hergestellten Baumwollfabrikate betrug in den 50er Jahren 44 870 000 Rub., im Jahre 1880 240 690 000 Rub.

Der Wert der Lein- und Hanffabrikate stieg in derselben Zeit von 5 Mill. auf 31 584 000 Rub.; die Wollfabrikate hatten 1856 einen Wert von 25 500 000, 1880 einen von 86 700 000 Rub., abgesehen von der Produktion in den polnischen Gouvernements, die im Jahre 1879 für 16 500 000 Rubel Wollfabrikate erzeugten.

Die Seidenproduktion wurde 1879 auf 13 921 000 Rub. geschätzt und übertraf die des Jahres 1850 um das Doppelte.

Die russischen Papierfabriken produzierten im Jahre 1855 für drei Mill., im Jahre 1879 für 9 567 000 Rub. Der

Wert der Lederprodukte stieg von 1856 bis 1880 von 9 959 000 auf 41 986 000 Rub.

Im Jahre 1856 gab es in Rußland 25 Maschinenfabriken mit einer Produktion im Werte von 3 842 000 Rub., im Jahre 1879 — 247 Fabriken, deren Produkte einen Wert von 72 863 000 Rub. repräsentierten. Außerdem gab es im Weichselgebiet und in Finnland noch 88 solche Fabriken, die für 8 406 000 Rub. produzierten.

An Naphta wurden im Jahre 1872 1 500 000 Pud in Baku gewonnen, 1880 aber betrug der Wert der Ausbeute 25 Mill. Rub.

Endlich stieg der Wert unserer Ausfuhr von 212 Mill. Rub. im Jahre 1856 auf 382 Mill. im Jahre 1875, der Wert unserer Einfuhr von 192 auf 531 Mill. Rub. Während dieses Dezenniums fiel die Handelsbilanz allerdings siebenmal nicht zu unseren Gunsten aus, aber der Handelsumsatz verdoppelte sich beinahe.

Mit der ganzen Kraft seiner Überzeugung suchte Reutern Kaiser Alexander II. von dem Gedanken der Kriegserklärung abzubringen. Zu diesem Zweck unternahm er im Herbst 1876 eine Reise in die Krim, wo er die unten angeführte Denkschrift über die für Rußland verderblichen Folgen eines Krieges dem Kaiser vorstellte. Aber es gelang ihm nicht, den Monarchen genügend zu beeinflussen. Damals bat er um seinen Abschied, erhielt ihn aber nicht.

So mußte denn Reutern die schwere Aufgabe übernehmen, die Mittel zur Deckung der Kriegskosten ausfindig zu machen, und selbst Migulin läßt ihm die Gerechtigkeit widerfahren, daß er sich ihrer „mit bemerkenswerter Geschicklichkeit" entledigt habe. Vor allem wurde, um die Beschaffung von Gold zur Bezahlung der Coupons der früheren Anleihen zu sichern, eilig jene schon erwähnte Maßregel getroffen: vom 1. Januar 1877 an mußten die Zölle in Gold bezahlt werden. Am 9. Nov. 1876 wurde sodann die Subskription für eine 5 proz. innere Anleihe im Betrage von 100 Mill. Rub. eröffnet, die jedoch keinen Erfolg hatte. Aus dem Publikum kam fast gar keine Nachfrage, und auch die Moskauer Kaufmannschaft sowie der Moskauer Adel, die ihre Hilfe dem Kaiser kategorisch zugesagt hatten, leisteten fast gar keinen Beistand. Zur Realisierung der Anleihe mußte man Kreditbillette im Betrage von 54 Mill. Rub. herausgeben und den Privatbanken, bei denen die Anleihe untergebracht wurde, alle möglichen Vergünstigungen gewähren. In der heißesten Zeit des Krieges, im Jahre 1877, wurde eine 5 proz. Metallanleihe im Betrage von 375 Mill. Frcs. emittiert, die zu 74 % realisiert ward. Die Reichskontrolle stellte den Erlös mit 106 408 573 Rub. fest. Gleichzeitig wurde die Erste innere Orientanleihe zum Nominalbetrage von 200 Mill. Rub. emittiert, die 174 607 416 Rub., d. h. 87,304 %, brachte. Die Realisation dieser Anleihe wurde durch eine Emission von Kreditbilletten im Betrage von 249 900 000 Rub. bewerkstelligt. Im ganzen betrugen die Kriegskosten des Jahres 1877 — 429 328 089 Rub.; das Defizit im Ordinarium belief sich in diesem Jahre auf 30 Millionen, und für Eisenbahnen wurden 83 Mill. Rub. verausgabt.

Während Reutern für die Befriedigung der laufenden Bedürfnisse der Staatsrentei Sorge trug, dachte er gleichzeitig daran, wie diese Last in Zukunft zu erleichtern sei. Den durch die neuen Kreditbillett-Emissionen bedingten Kurssturz voraussehend, benutzte Reutern im Jahre 1877 eine günstige Gelegenheit, um die Verwaltungen mehrerer Eisenbahngesellschaften, und zwar die der Weichsel-, Orenburger, Ural- und Fastowo-Bahn, zu überreden, ihre Aktienkapitalien im Gesamtbetrage von 23 518 000 Rub. Metallvaluta in Kreditvaluta zu einem Kurse von 1 Rub. 25 Kop. für 1 Rub. Metall zu übertragen. Dasselbe gelang ihm mit der Rjashsk-Morschansker Bahn, deren Aktienkapital auf 2 972 500 Rub. statt 374 500 Pfund Sterling festgesetzt wurde.

Am Tage der Unterzeichnung der Protokolle der Berliner Konferenz erinnerte Reutern den Kaiser an das ihm gegebene Versprechen, nach Beendigung des Krieges ihm die Bürde der Finanzverwaltung abzunehmen, und am 7. Juli 1878 wurde ihm der Abschied gewährt.

Der Krieg hatte für die Finanzlage Rußlands schwere Folgen. Die Jahre 1876 und 1877 schlossen mit Defiziten von 5½ und 30 Mill. Rub., die aus den freien Restbeständen früherer Jahre gedeckt wurden. Die Befriedigung der militärischen Bedürfnisse und die Liquidation der Kriegskosten erforderten zusammen mit der Transkaspischen Expedition bis zum Jahre 1882 inklusive 1 113 481 517 Rub. Abgesehen von den Anleihen betrug die Summe der zur Stärkung der Kassenmittel temporär emittierten Kreditbillette am Schluß des Jahres 1879 — 446 000 000 Rub. Unser Kurs sank in den Jahren 1878—80 im Durchschnitt auf 63,2—64,8 Kop. Gold.

Ein nicht weniger wichtiges Dokument als die Denkschrift von 1866 ist das oben abgedruckte „finanzielle Testament" Reuterns, das er im Februar 1877 vor der endgültigen Kriegserklärung an die Türkei aufsetzte. In ihm sind schon alle nachfolgenden Ereignisse vorausgesehen. Indem Reutern davon spricht, wie die Zerrüttung zu beseitigen wäre, die er als Folge des ausbrechenden Krieges voraussieht, weist er auf jene Grundregeln jeder gesunden Finanzpolitik hin, die er 10 Jahre vorher aufgestellt hatte:

1. Möglichste Sparsamkeit bei den Ausgaben — wenn auch zum Schaden der Befriedigung dieser oder jener aufschiebbaren Bedürfnisse.
2. Beseitigung der Defizite im Staatsbudget.
3. Wiederherstellung des Metallfonds der Staatsbank.
4. Verstärkung der Schutzzollpolitik zur Verringerung der Einfuhr ausländischer Waren.
5. Wiederherstellung der Metallvaluta.

Das ist eine Wiederholung des in der Denkschrift von 1866 Gesagten, Reutern fügt aber noch etwas Bedeutsames hinzu.

Als es ihm vor dem Kriege gelungen war, die Abweichung

des Kurses von der Parität fast auf 5 % zu reduzieren, hatte er offenbar die Aufnahme der Barzahlung im Sinn. Jetzt zweifelt er an dieser Möglichkeit, hält aber die Wiederherstellung der Metallvaluta zum Zweck der Stabilisierung unserer wirtschaftlichen Lage und zur Ermöglichung des Zustroms ausländischer Kapitalien für das wichtigste Werk und weist auf die Möglichkeit hin, die Operation zu wiederholen, die Graf Cancrin seinerzeit durchgeführt hatte.

Die Richtigkeit des Weges, den Reutern für die Sanierung unserer Finanzen vorgezeichnet hatte, ist durch die systematischen und beharrlichen Bemühungen seiner Nachfolger im Laufe eines Vierteljahrhunderts bewiesen worden, und wenn ein neues Unglück, das Rußland ereilte — der japanische Krieg — uns nicht endgültig ruinierte, so ist das nur deshalb nicht geschehen, weil unsere Metallvaluta damals schon wiederhergestellt war, Wurzeln geschlagen hatte und dank der verständigen Finanzpolitik der letzten 6 Jahre während des Krieges aufrechterhalten wurde. Man kann sich leicht vorstellen, was bei der Rubelspekulation aus unseren Finanzen geworden wäre, wenn die Papiervaluta bei uns weiterbestanden hätte.

Als Graf Walujew am 1. Januar 1882 aus dem Amte des Präsidenten des Ministerkomitees schied, überredete Kaiser Alexander III. Reutern zur Übernahme dieses Amtes. Hier konnten die Charaktereigenschaften Reuterns, die für diesen Posten ganz besonders wertvoll waren — Schnelligkeit des Überblickes und der Konzeption in Verbindung mit Objektivität und Ruhe, sich voll entfalten und zum Ausdruck gelangen. Man konnte ihn geradezu einen idealen Präsidenten nennen, obgleich er es auch dabei verstand, seine eigene Richtung zu verfolgen und andere unter seinen Einfluß und seine Autorität zu bringen. Erst die vollständige Schwächung seiner Sehkraft, die sich durch eine Operation nicht mehr heben ließ, nötigte ihn, am 1. Januar 1887 auch dies Amt niederzulegen.

III.

Das Privatleben Reuterns.

Nach der Betrachtung der staatsmännischen Tätigkeit Michael von Reuterns sei es gestattet, auch das Privatleben dieses bemerkenswerten Mannes, wenn auch nur flüchtig, zu beleuchten, was um so mehr am Platz ist, als von dieser Seite seines Lebens nur sehr wenigen etwas bekannt geworden ist. Was wir im folgenden sagen, bezieht sich hauptsächlich auf die Zeit seiner Amtstätigkeit als Finanzminister, d. h. auf die 60er und 70er Jahre des vorigen Jahrhunderts.

Michael von Reutern ist unverheiratet geblieben. Seine Mutter, die im Alter das nordische Klima nicht mehr vertrug, siedelte nach Stuttgart über, wo sie im Jahre 1867 starb. So fehlte denn in seinem Heim die Hausfrau, und auch unter seiner Dienerschaft war das weibliche Element gar nicht vertreten. Trotzdem herrschten in seinem Hause tadellose Ordnung und Reinlichkeit, denn Reutern sah selbst auf alles und verlangte von seiner Dienerschaft genaue und vollkommene Erfüllung seiner Befehle. Vor ihm hatten die Finanzminister das luxuriöse, am Palais-Quai neben dem Marmorpalais gelegene Haus benutzt, Reutern aber wollte bei seinen einfachen Lebensgewohnheiten dies Palais nicht beziehen. Es wurde infolgedessen zum Besten des Fiskus verkauft. Er wählte sich eine kleine, aber bequeme Parterrewohnung von sieben Zimmern im Gebäude des Finanzministeriums an der Moika. Diese Wohnung, die früher der Kanzleidirektor innegehabt hatte, besaß im Entresol einige Zimmer für Gäste und für zwei Neffen und Hausgenossen Reuterns, die jungen Barone

Gustav und Woldemar Nolcken, ehemalige Lyzeisten, die damals in der Reichskanzlei dienten. Diese jungen Leute, die jüngern Söhne seiner ältesten lebenden Schwester, der Baronin Jutta v. Nolcken, lebten ständig bei ihm und bildeten sozusagen seine Familie. Im Winter war die Baronin Nolcken gewöhnlich längere Zeit bei ihrem Bruder zu Gast, und oft wohnte auch ihr Gemahl, der livländische Landrat und Landmarschall Gustav Baron Nolcken, bei seinem Schwager, wenn er in geschäftlichen Angelegenheiten in Petersburg weilte. Die Beziehungen Reuterns zu seinem Schwager und seiner Schwester waren außerordentlich intime und herzliche und erhielten sich so bis zu seinem Lebensende. Reutern verbrachte mehr als 20 Jahre hindurch die Sommerferien stets bei ihnen, erst auf dem Gute Kawershof bei Dorpat, dann, seit 1871, auf dem Gute Groß-Essern in Kurland, das Baron Nolcken damals erworben hatte und ständig bewohnte. Außer den Nolcken waren von Zeit zu Zeit Reuterns jüngere Schwestern, Frau von Stryk und Baronin Campenhausen, bei ihm zu Gast, ferner seine Vettern, die Generale Alexander und Hermann von Reutern, und sein Neffe, der Künstler Paul Shukowski, ein Sohn des unvergeßlichen Dichters Wassili Shukowski, dessen lichte Persönlichkeit ihrerzeit einen bedeutenden und wohltätigen Einfluß auf die Charakterbildung Reuterns gehabt hatte. Alle diese Verwandten und Freunde Reuterns genossen in seinem Hause eine weitgehende, wir möchten sagen, ländliche Gastfreundschaft, wenn auch alle sich dem feststehenden Regime des Hauses fügten und es vermieden, irgendwelche Unruhe und Hast in den streng eingeteilten Tag des vielbeschäftigten Staatsmannes zu bringen. Den Verwandten und Freunden widmete Reutern nur die Zeit während des Frühstücks von 12 bis 12½ Uhr und des Mittagessens, das zusammen mit dem nachfolgenden Geplauder bei einer Tasse Kaffee von 6—8 Uhr abends dauerte. Der übrige Tag gehörte nicht dem Menschen, sondern dem Minister, und war genau eingeteilt: Reutern stand um 8 Uhr morgens auf und machte bei einigermaßen leidlichem Wetter von 9 bis 10 Uhr einen Spaziergang am Newa-Quai oder auf dem Newski Prospekt und der Morskaja. Von 10 bis 12 Uhr empfing er die Personen, die geschäftlich mit ihm zu tun hatten, d. h. sowohl Chargen des Ministeriums und andere Regierungsbeamte als auch aus der Provinz eingetroffene Vertreter des Handels, der Industrie, der Landschaften, des Adels und der Städte. Ausgenommen waren die Bittsteller, die nur einmal wöchentlich in seinem amtlichen Kabinett empfangen wurden. Nach dem Frühstück, von 12½ bis 5 Uhr, folgten die Vorträge, die Sitzungen im Reichsrat, Minsterkomitee usw. Von 5 bis 6 Uhr beschäftigte sich Reutern mit der Lektüre seiner Lieblingsschriftsteller oder neuer Erzeugnisse der Literatur. Auf seinem Tische konnte man bald Goethe, Heine, Auerbach, P. Heyse, Balzac, Turgenjew und Tolstoi, bald die grundlegenden Werke von Thiers, Guizot, Macaulay, Motley, Roscher, Schleiden, Darwin und anderer Schriftsteller auf den verschiedensten Gebieten des menschlichen Gedankens finden. Diese eine der Lektüre gewidmete Stunde erhielt und verstärkte, dank einem kolossalen Gedächtnis und der Fähigkeit der Klassifizierung und Systematisierung der gewonnenen Kenntnisse, jenes Bild einer allseitigen und dabei soliden Bildung, das seine Zeitgenossen oft in Erstaunen setzte, die in dem strengen und geschäftstüchtigen Finanzminister kaum einen Kenner der Geschichte und Literatur aller Kulturvölker und einen philosophisch gebildeten Mann zu finden erwarteten. Genau um 6 Uhr speiste Reutern in Gesellschaft seiner beiden Neffen Nolcken und seines Vetters Gerhard von Reutern, damals Obersekretärs und Oberprokureurs des Senats, jetzigen Senators, der fast täglich geladen wurde, zu Mittag. Das Mittagessen war einfach, aber ausgezeichnet gut zubereitet, bestand aus vier Gängen, wurde rasch serviert und verlief unter friedlichem, häufig fröhlichem Geplauder, wobei Reutern nicht selten in witziger und treffender, immer aber gutmütiger Weise seine jungen Freunde neckte. Dann ging es zum

Rauchen und Kaffeetrinken ins Kabinett, wo das Geplauder bis 8 Uhr abends dauerte. Um diese Stunde erschien der Sekretär Reuterns mit den Papieren, die zu unterschreiben waren, und wieder begann die Tätigkeit des Ministers, bei Vorträgen, Berichterstattungen usw. Hierauf, und zwar unbedingt vor 12 Uhr, legte sich Reutern zur Ruhe.

Diese Tagesordnung wurde während der ganzen Zeit der Tätigkeit Reuterns als Finanzminister, d. h. 16 Jahre hindurch, unverändert eingehalten; die Ausnahmen waren so selten und dabei so typisch für die Kennzeichnung der Persönlichkeit Reuterns, daß auch von ihnen einige Worte gesagt werden müssen. Reutern verkehrte nicht mit der großen Welt und nahm Einladungen zu Diners und Soupers prinzipiell nicht an. Nur wenn er Allerhöchst zur Mittagstafel im Winterpalais geladen war oder wenn am 19. Oktober das Jahresdiner des Lyzeums im Kreise der alten Kameraden stattfand, speiste Reutern nicht zu Hause zu Mittag; aber die Jahresdiners des Lyzeums fanden auch mehrfach in seinem eigenen Hause statt. Sehr selten fuhr er des Abends aus; jedoch pflegte er, der schon früher zum auserwählten Kreise der Großfürstin Helene gehörte, auch als Minister auf den musikalischen Abenden der Großfürstin zu erscheinen, wo ihm der herrliche Gesang des Frl. Stubbe (der spätern Madame Abasa), das Spiel Anton Rubinsteins, des Geigers Wilhelmi und anderer großer Künstler jener Zeit wahren Genuß bereitete. Reutern hatte eine Loge in der italienischen Oper abonniert, stellte sie jedoch seinen Verwandten und Gästen zur Verfügung und erschien selbst nur selten und auch dann nur auf kurze Zeit, nur für einen Teil der Vorstellung.

So verlief das Leben Reuterns in ständiger ununterbrochener Arbeit. Die Arbeit bildete sein Leben, so daß die Erfolge und Mißerfolge seiner staatmännischen Tätigkeit nicht nur auf seine Gemütsverfassung, sondern auch auf sein physisches Befinden einwirkten. So litt er während der schwierigen ersten Perioden seiner ministeriellen Tätigkeit sehr unter Kopfschmerz und Blutandrang zum Gehirn, während ihm die glänzende Epoche seiner Finanzverwaltung etwa die Zeit von 1868—75, wo unsere Papiere und unsere Valuta hoch standen und endlich das Gleichgewicht im Budget erzielt worden war, Gesundheit und gute Laune brachte. Der Beginn der Orientkrisis, der serbische Krieg und endlich unser Türkenkrieg von 1877—78 hatten auf unsere Finanzlage die verderblichste Wirkung, sie vernichteten auf lange Zeit alles, was Reutern vorher erreicht hatte, all seine Träume und Hoffnungen. Das wirkte auch verderblich auf seine Gesundheit. Er alterte sichtlich, Podagra und Zuckerkrankheit stellten sich ein, die Sehkraft nahm ab, und aus einem kraftvollen und lebensfreudigen, häufig fröhlichen Mann wurde in wenigen Jahren ein schweigsamer und hinfälliger Greis. Seine Verwandten und die ihm nahestehenden Menschen liebte Reutern aufrichtig, an der Natur und an der Musik hatte er stets Freude, Kunst und Wissenschaft schätzte er, für Humor und Scherz hatte er viel Sinn, aber über allem andern standen ihm immer die Staatsinteressen, sie erfüllten ihn derart, daß der Zusammenbruch seiner langjährigen staatsmännischen Arbeit naturgemäß auch einen jähen Umschwung in seinem physischen und geistigen Leben bedeuten mußte. Er war eben voll und ganz Staatsmann.

Dank seiner oben geschilderten regelmäßigen Lebensweise war Reutern der zugänglichste von allen Ministern. Da er täglich von 10—12 empfing und sich außerdem durch die Schnelligkeit und Bestimmtheit seiner Entscheidungen auszeichnete, konnten im Laufe einer Woche Hunderte von Menschen sein Kabinett passieren. Die Handels- und Geschäftswelt war ihm für seine Zugänglichkeit und die Schnelligkeit seiner Resolutionen außerordentlich dankbar, obwohl er auch abschlägig zu sein verstand. Sobald aber Reutern einmal seine Einwilligung gegeben hatte, konnte man sicher sein, daß die Sache tatsächlich und endgültig entschieden sei.

Um noch einmal zum Privatleben Reuterns zurückzukehren, sei bemerkt, daß er, obgleich er selbst keine Besuche machte, es sehr gern sah, daß Freunde und Bekannte sich ohne Einladung zum Mittagessen bei ihm einfanden. Ihre Anwesenheit brachte weder in das Menü eine Änderung noch hinderte sie, daß die Konversation um 8 Uhr ein Ende nahm. Von solchen Gästen Reuterns nennen wir: das Reichsratsmitglied Golownin, den Fürsten Nikolai Michailowitsch Golizyn, die Senatoren Zee und Salomon, den Statthalter von Polen Feldmarschall Graf Berg, Baron Nikolai Pawlowitsch Nikolai, Dmitri Wassiljewitsch Sinowjew nebst seinem Sohne A. D. Sinowjew, dem späteren Gouverneur von St. Petersburg, den Generalgouverneur von Neurußland Grafen Kotzebue, Baron Constant Ungern-Sternberg, Admiral Baron Wrangell, Baron A. Stieglitz, Akademiker G. von Helmersen und Geheimrat P. von Helmersen, Baron Arved Nolcken-Allatzkiwi und Professor Zdeckauer. Die Mittage zeichneten sich durch Zwanglosigkeit und Fröhlichkeit aus; das hohe geistige Niveau, die umfassende Lebenserfahrung dieser Männer waren eine Garantie für den reichen Inhalt und das Interesse ihrer Gespräche.

Nachdem Reutern vom Posten des Finanzministers zurückgetreten war, erwarb er ein kleines gemütliches Einzelhaus am Englischen Quai (14), wo er die letzten 12 Jahre verlebte. Diese Periode seines Lebens brachte ihm, wenn sie auch durch seine staatliche Tätigkeit als Reichsratsmitglied und Präsident des Ministerkomitees erhellt wurde, doch sonst viel Einsamkeit. Seine Augenkrankheit steigerte sich zu zeitweiliger völliger Blindheit, bis eine glückliche Staroperation ihm wenigstens einen Teil der Sehkraft wiedergab. Seine Neffen und ständigen Hausgenossen, die beiden Brüder Nolcken, hatten Petersburg verlassen, aus dem gewohnten Freundeskreise waren viele bereits nicht mehr am Leben, und nach neuen Menschen trug der greise Staatsmann einer vergangenen Epoche keinerlei Verlangen. So wurde das Leben um ihn her immer stiller, und je mehr die äußere Welt sich von ihm entfernte, desto mehr füllte er seine Mußestunden mit seiner Lieblingsbeschäftigung aus — mit Lektüre. Abgesehen von den Akten des Ministerkomitees, die ihm — je nach der Wichtigkeit des Gegenstandes — zwei- oder dreimal vorgelesen wurden, wechselten in seinem Kabinett zwei Vorleser — einer für die russische, der andere für die fremde Literatur — miteinander ab, die mehrere Stunden lang sein Bedürfnis nach Lektüre befriedigten. Staunenswert war sein Gedächtnis, das ihm gestattete, auf Grund des ihm am Tage vorher gehaltenen Vortrages mit Sicherheit und Erfolg im Ministerkomitee zu präsidieren und ohne eigene Einsicht in die Akten mit allen vorliegenden Angelegenheiten vertraut zu sein. Endlich veranlaßte ihn die wieder fast bis zur Blindheit gesteigerte Augenkrankheit, im Dezember 1886 auch vom Amt eines Präsidenten des Ministerkomitees zurückzutreten.

Am 20. Januar 1890 wurde Reutern zu seinem 50jährigen Dienstjubiläum von Kaiser Alexander III. vermittelst eines gnädigen Reskripts in den Grafenstand des Russischen Reichs erhoben. Das war gleichsam der letzte Lichtstrahl im Leben des würdigen Staatsmannes. Seine Kräfte nahmen immer mehr ab, und am 11. August d. J. verschied er sanft in Zarskoje Selo, wo ihm vom Staat eine Villa zur Verfügung gestellt war, nur wenige Schritte von jener Stätte entfernt, wo die Entwickelung seines reiferen geistigen Lebens begonnen hatte — vom Gebäude des alten Lyzeums von Zarskoje Selo. Seine Leiche wurde auf das Gut Groß-Essern in Kurland übergeführt, wo er in der Familie seiner Schwester den Sommer zu verbringen pflegte, und auf dem Familienfriedhofe der Barone Nolcken bestattet.

Der Grafentitel und der Name Reutern wurden nach dem letzten Willen Reuterns seinem jüngsten Neffen, Woldemar Baron Nolcken, dem Herausgeber dieser Skizze, Allerhöchst verliehen.

Zum Schluß wollen wir noch mit wenigen Worten die sittlichen und geistigen Eigenschaften dieses bedeutenden Staatsmannes aus der ruhmvollen Epoche Alexanders II. hervorheben. Hervorragend waren in Reutern Redlichkeit,

Pflichtgefühl und Energie; mit seltener Geradheit und Treue verhielt er sich zu sich selbst wie zu allen andern Personen und zu allen den mannigfaltigen Geschäften, die ihm oblagen. Diese Charaktereigenschaften wurden durch einen ungemein raschen, gleichmäßig geklärten und folgerichtigen Verstand, ein außergewöhnliches Gedächtnis, eine vielseitige und solide Bildung vervollständigt. Reutern beherrschte fast in gleichem Maße die deutsche, russische, französische und englische Sprache und in allen diesen Sprachen zeichnete sich seine Rede durch Klarheit und Plastik der Darlegung bei korrekter und gedrängter Form aus. Als Redner bediente er sich niemals tönender Phrasen und appellierte selten an das Gefühl, stets an das eigene Urteil seiner Zuhörer, so daß ihm seine Reden dank ihres Reichtums an Inhalt und durch ihre Sachlichkeit gewöhnlich ein sicheres Übergewicht über die gegnerischen Meinungen verschafften. Dadurch wird es verständlich, daß Reutern im Laufe einer langen Zeit eine der bedeutendsten Gestalten des russischen Reichsrats und Ministerkomitees war. Das begründet hinlänglich unsern Wunsch, das Andenken an seine lichte, in sich abgeschlossene staatsmännische Persönlichkeit auch den kommenden Geschlechtern zu überliefern.

Seiner baltischen Heimat war Reutern treu ergeben, und innige Beziehungen verbanden ihn mit seinem großen Verwandtenkreise in Livland. In seinem Privatleben blieb er stets ein guter Livländer. Das hat ihn nie gehindert, ein durchaus russischer Staatsmann zu sein und die Staatsinteressen stets über die Heimatinteressen zu stellen, sobald sie in Konkurrenz traten. So z. B. hatte er weit mehr Interesse für das zentral- und südrussische Eisenbahnnetz als für das baltische weil er dem ersten, das das gewaltige Gebiet der russischen Schwarzen Erde erschließen sollte, eine weit größere staatliche Bedeutung einräumte.

Rußland hat nie einen treueren und nicht oft einen begabteren Staatsmann gehabt, als Michael von Reutern es war.

FSC
www.fsc.org
MIX
Papier | Fördert gute Waldnutzung
FSC® C083411

Kolibri 360 GmbH
Ferdinand-Jühlke-Straße 7
99095 Erfurt, Deutschland
produktsicherheit@kolibri360.de